CARSTEN MÜLLER

MIT SARAH SIEGL

SEX IST WIE BROKKOLI, NUR ANDERS

echt EMF

CARSTEN MÜLLER
MIT SARAH SIEGL

SEX IST WIE BROKKOLI, NUR ANDERS

Ein Aufklärungsbuch für die ganze Familie

MIT ILLUSTRATIONEN
VON VERONIKA GRUHL

echt EMF

Alle in diesem Buch veröffentlichten Aussagen und Ratschläge wurden vom Autor und vom Verlag sorgfältig erwogen und geprüft. Eine Garantie kann jedoch nicht übernommen werden, ebenso ist die Haftung des Autors bzw. des Verlags und seiner Beauftragten für Personen-, Sach- und Vermögensschäden ausgeschlossen.

Für die Inhalte der in dieser Publikation enthaltenen Links auf die Webseiten Dritter übernehmen wir keine Haftung, da wir uns diese nicht zu eigen machen, sondern lediglich auf deren Stand zum Zeitpunkt der Erstveröffentlichung verweisen.

Die Fallgeschichten in diesem Buch sind echt. Aus Gründen des Personenschutzes sind Namen und Details jedoch so verfremdet worden, dass die darin handelnden Personen nicht erkennbar sind.

MIX
Papier | Fördert gute Waldnutzung
FSC® C145070

echtEMF ist eine Marke der Edition Michael Fischer

4. überarbeitete Auflage 2024
Originalausgabe

Covergestaltung: Yvonne Witzan, unter Verwendung einer Illustration von Veronika Gruhl und eines Fotos von Amanda Dahms
Autorenfoto: Stefan Schroer
Layout/Satz: Yvonne Witzan
Gedruckt bei GGP Media GmbH, Karl-Marx-Straße 24, 07381 Pößneck

ISBN 978-3-96093-744-9

www.emf-verlag.de

„Der Mensch wird auf natürlichem Wege hergestellt, doch empfindet er dies als unnatürlich und spricht nicht gern davon."

Kurt Tucholsky

INHALT

KAPITEL 1:

WARUM DIESES BUCH?

Wenn wir das Wort „Brokkoli" hören, dann passiert ... nichts. Kaum jemand wird wegen „Brokkoli" ins Schwitzen kommen. Bei „Sex" sieht die Sache schon anders aus. Der Puls steigt, die Hände werden feucht, der Blick wandert betreten zu Boden. Wieso eigentlich?

Die große Befangenheit in Sachen Sex hat eine wesentliche Ursache: Viele von uns wissen zu wenig darüber. Was ist „normal", was nicht? Und gibt es „normal" überhaupt? Dieses Unwissen erzeugt Unsicherheit. Wir könnten andere Menschen fragen, um mehr zu erfahren, aber wir haben nie gelernt, über Sex zu reden – und über die damit verbundenen Gefühle und Vorstellungen auch nicht. Deshalb lassen wir es lieber. In Sachen Sex sind wir sprachlos – im wahrsten Sinne des Wortes.
Aber dann treffen wir an jeder Straßenecke, unter vielen Knöpfen der Fernbedienung und auf unzähligen Seiten im Internet auf: SEX. Tollen Sex, großartigen Sex, erfüllten Sex. Wo auch immer

wir hingucken: Überall sehen wir heiße Menschen mit perfekten Körpern.
Dank Werbung, Fernsehen, Youtube, Instagram & Co. ist unser Bild von Sex in den vergangenen Jahrzehnten gehörig aus dem Gleichgewicht geraten. Und dass dieses Bild nicht „normal“ ist, kann ich Ihnen an dieser Stelle schon mal verraten. Aber es taugt dazu, uns die Lust auf unaufgeregten, vertrauten Sex gehörig zu vermasseln.

Im September 2019 erschien eine Studie, die besagt: Die Deutschen haben immer weniger Sex.[1] Das wundert mich nicht. Denn der Overkill an Hochglanz-Sex setzt uns unter Druck. Und Druck ist ein riesiger Lustkiller.

Sex ist in der Öffentlichkeit also übermäßig perfekt – oder sehr negativ besetzt. Wenn in den Medien über Sexualität berichtet wird, dann oft in Verbindung mit Gewalt: Sexualisierte Gewalt (ob innerhalb der Familie, am Arbeitsplatz oder in der Kirche), Gruppenvergewaltigungen, Pädophilie, #metoo, sexuelle Übergriffe unter Kindern oder im Leistungssport – die Liste ist lang. All diese Dinge führen zu noch mehr Verunsicherung – und bisweilen zu regelrechter Hysterie.
Im Sommer 2015 etwa ging ein Vater mit seiner zehnjährigen Tochter in der Nähe von München Arm in Arm spazieren. Plötzlich wurde er von Passanten attackiert, geschlagen und als Kinderschänder beschimpft. Laut Polizei hatte der Vater nichts getan, das den Pädophilie-Verdacht hätte schüren können. Er hatte lediglich den Arm um seine Tochter gelegt.[2] Eine vertraute, liebevolle Geste. Aber die Angreifer hatten darin etwas ganz anderes gesehen – nämlich einen Mann, der ein junges Mädchen belästigt.
Die Öffentlichkeit wird blind für das Naheliegende (Vater und Tochter), weil das Abseitige so dauerpräsent ist. Fälle von sexualisierter Gewalt werden in den Medien breitgetreten und versetzen viele Menschen in Alarmstimmung. Sex = Gefahr.

Aus dieser Angst heraus versuchen manche Eltern, ihre Kinder von allem Sexuellen abzuschirmen. Aber Sexualität ist etwas, das zu uns Menschen dazugehört – und sexuelle Entwicklung ist etwas, das man nicht aufhalten kann. Kinder brauchen Antworten auf die Fragen, die im Zuge ihrer sexuellen Entwicklung entstehen. Sonst werden die Fragezeichen größer. Und damit die Unsicherheit. Wie soll ein Kind einen sexuellen Übergriff einordnen können, wenn es seinen Körper nicht kennt? Wie soll es sich jemandem anvertrauen, wenn es nie gelernt hat, über Sexualität zu sprechen? Das Gleiche gilt übrigens für Jugendliche und Erwachsene. Sexualität zu ignorieren ist kein Schutz. Im Gegenteil.

Sexualisierte Gewalt ist ein wichtiges Thema, mit dem die Gesellschaft sich auseinandersetzen muss – keine Frage. Und dazu gehört, dass darüber berichtet wird. Aber ich finde es schade, dass Sexualität in der Öffentlichkeit nur strahlend weiß oder tief schwarz stattfindet. Kein Wunder, dass wir zunehmend den Bezug dazu verlieren.

DURCH SACHLICHKEIT DIE SPRACHE WIEDERFINDEN

Ich möchte Ihnen mit diesem Buch Wissen vermitteln, das Ihr Bild von Sexualität wieder in Balance bringt. Ich möchte hierbei vor allem die schönen, warmen Seiten beleuchten. Die verzerrten Bilder von Medien und Gesellschaft werden wir nicht abschaffen können. Aber wir können etwas in die Waagschale legen, um ein Gleichgewicht herzustellen.

Sex ist etwas Tolles, das uns nicht unter Druck setzen oder verunsichern sollte. Und je unverkrampfter wir uns dem Thema nähern, umso besser. Dass das nicht von jetzt auf gleich klappt, ist mir klar. Es passiert schrittweise. Und ein wichtiger Schritt ist es, die richtigen Worte zu finden.

Die meisten Menschen haben ihre Sprachlosigkeit geerbt. Wenn schon Eltern nicht wissen, wie sie über Sexualität reden sollen, dann lernen auch ihre Kinder das höchstwahrscheinlich nicht. Die sprachlosen Kinder werden zu sprachlosen Erwachsenen ... Sie sehen, wo die Reise hinführt: in einen Teufelskreis.

Sie haben dieses Buch gekauft und sind offensichtlich bereit, aus dem Teufelskreis auszuscheren. Das freut mich sehr.
Dieses Buch soll Ihnen sachliche Informationen liefern, auf deren Grundlage Sie sich als Erwachsene untereinander und als Eltern mit Ihren Kindern austauschen können. Denn: Wenn Sie Sexualität sachlich betrachten, dann ist sie ein Thema wie jedes andere auch – so wie Brokkoli eben.

DEN BROKKOLI HAT DER STORCH GEBRACHT?! WOHL KAUM ...

Je entspannter Sie das Thema Sexualität innerhalb Ihrer Familie angehen, umso einfacher werden Ihre Kinder es später haben. Sie werden zu Erwachsenen, die bewusste Entscheidungen treffen können. Deshalb möchte ich Sie ermutigen, mit ihnen von klein auf darüber zu reden. Kapitel 5 behandelt alle Themen, die für Kinder ab zwei Jahren bis zum Ende der Grundschulzeit interessant sind. Und es ist so gestaltet, dass Sie es gemeinsam lesen und angucken können.

Kinder sind neugierig auf *alle* Themen – auch auf die, die mit Sex zu tun haben. Sie möchten wissen, wie Babys in den Bauch kommen. Und sie haben meiner Meinung nach ein Recht darauf, eine ehrliche und sachliche Antwort zu hören. Völlig unbefangen erklären wir ja auch, wie aus einem Brokkolisamen ein Brokkoli entsteht. Wir würden niemals behaupten, ein Storch habe das Gemüse im Supermarktregal abgelegt. Aber wenn es um die Frage geht, wie ein Baby entsteht, packen wir die dollsten Geschichten aus.
Versuchen Sie mal, Kindern ganz sachlich – ohne Verniedlichungen und mit den richtigen Vokabeln – zu erklären, wie Zeugung funktioniert. Sie werden feststellen, dass es für Kinder kein Unterschied ist, ob Sie über Sex oder Brokkoli reden. Sie betrachten beides mit der gleichen Sachlichkeit. Nur wir Erwachsenen haben das wegen der Sprachlosigkeit unserer Eltern und deren Eltern (und deren Eltern ...) *ver*lernt oder gar nicht erst *ge*lernt. Viele sehen auch die Notwendigkeit nicht oder haben Angst, etwas falsch zu machen. Ich höre häufig die Aussage: „Aber damit überfordert man Kinder doch!“ Nein, das tut man nicht. Dazu später mehr.

Ich werde immer wieder gefragt, warum man Kinder heutzutage überhaupt noch aufklären muss. Schließlich können sie sich doch alle Infos im Netz besorgen. Ich halte das für einen gefährlichen Irrglauben. Denn das, was Kinder im Netz finden, kann sie nachhaltig verschrecken. Die Bilder sind für Kinder brutal und krass, der dort dargestellte Sex ist in der Regel gefühllos und frauenverachtend. Mit liebevoller Zuwendung hat das nichts zu tun. Ich komme in Kapitel 4 noch mal darauf zurück.

Meine Meinung ist: Bei der Aufklärung ist die Herzensbildung besonders wichtig. Laut Duden ist Herzensbildung „durch Erziehung erworbener Besitz einer reichen und differenzierten Gefühls- und Empfindungsfähigkeit“. Kinder sollen lernen, dass Sex etwas Schönes ist – und viel mehr als Fortpflanzung und reine Penetration. Hierfür brauchen sie Kontakt zu den eigenen Gefühlen. In der Regel ist der bei Kindern von Natur aus vorhanden, aber wir Erwachsenen fördern nicht, dass sie über ihre Emotionen reden. Und so geht der Kontakt zur eigenen Gefühlswelt irgendwann verloren. Das ist schade.
Die gute Nachricht ist: Über Gefühle zu reden und so den Zugang lebendig zu halten (oder wiederzubeleben), kann man üben – und zwar am besten in einem geschützten Biotop: der Familie. Hierzu finden Sie im Buch Anregungen.

Kapitel 6 soll Ihnen helfen, mit Ihren jugendlichen Kindern in Austausch zu treten. Hier finden Sie alle Themen, die aus meiner Sicht wichtig werden, sobald die Pubertät am Horizont auftaucht: Selbstbefriedigung, Verhütung, Körperhygiene, Orgasmus, häufige Streitthemen, Stimmungsschwankungen, Pornografie – und vieles mehr. Jugendliche können das Kapitel auch selbst lesen, wenn ihnen oder Ihnen dabei wohler ist.
Mein Tipp: Legen Sie „Sex ist wie Brokkoli, nur anders“ so hin, dass Ihre Kinder (ob klein oder jugendlich) Zugang dazu haben. Mit dem Buch signalisieren Sie, dass Sexualität innerhalb Ihrer Familie ein wichtiges

Thema ist – und kein schambesetztes. Sagen Sie Ihrem Kind, dass es Ihnen Fragen stellen darf, falls es welche hat. Wie Sie mit den Fragen umgehen, erfahren Sie weiter hinten.

Aber es soll in diesem Buch nicht nur um Kinder und Jugendliche gehen, sondern auch um Sie. Kapitel 7 widmet sich der Sexualität von Erwachsenen. Dort erhalten Sie einen Einblick, warum Schönheitsoperationen des Intimbereichs gerade so im Trend liegen. Sie erfahren, wie Sie Ihre Beziehung lebendig halten, wie Sie mit sexuellen Flauten umgehen, welche Auswirkungen die Geburt eines Kindes auf Beziehung und Intimleben der Eltern hat, wie Sie die Wechseljahre meistern und welche neuen Ausdrucksformen Sexualität im Alter entfalten kann.
Außerdem habe ich ein paar Übungen für Sie zusammengestellt, die Sie gemeinsam mit Ihrem Lieblingsmenschen ausprobieren können. Sie sollen Ihnen unter anderem helfen, über Sex und Gefühle zu kommunizieren, Ihre Beziehung abzuklopfen und sich bei langen Durststrecken körperlich wieder anzunähern. Dabei geht es nicht nur um Probleme, sondern auch darum, gemeinsam auf die schönen Seiten der Partnerschaft zu blicken.

Sie dürfen beim Lesen dieses Buchs übrigens erröten – oder sogar herzlich lachen. Denn, ganz ehrlich, das gehört – bei aller Sachlichkeit, mit der wir uns dem Thema nähern – dazu.
Und wenn Sie erst einmal geübt haben, ein bisschen lockerer an die Sache heranzugehen, werden Sie feststellen: Über Sex kann man genauso reden wie über Brokkoli. Fragen Sie Ihre Kinder.

KAPITEL 2:

WAS HAT BROKKOLI MIT SEX ZU TUN? EIN PLÄDOYER FÜR MEHR SACHLICHKEIT

Was ist diese Sexualität überhaupt? Kann das jeder kriegen? Und wenn ja: Ab wann? So viel steht fest: Ohne Sexualität wären wir alle nicht hier. Niemand hätte diese Zeilen geschrieben, niemand würde sie lesen. Denn Sexualität ist das Fundament, das Fortpflanzung erst möglich macht. So weit, so klar. Sie ist aber noch so viel mehr als Geschlechtsverkehr. So weit, so unklar. Sexualität spielt sich auf physischer und psychischer Ebene ab, sie umfasst Körperempfindungen und Emotionen gleichermaßen. Und da beides immer in Bewegung ist, befindet sich auch Sexualität im ständigen Wandel. Sie wird davon bestimmt, ob wir glücklich oder traurig, gelassen oder angespannt sind, ob wir unseren Körper mögen oder nicht, ob wir gesund sind oder krank, ob wir uns geborgen oder einsam, von anderen gesehen oder übergangen fühlen.

Sexualität ist ein unabdingbarer Teil des menschlichen Verhaltens – vom Mutterleib bis ins Grab.

Neben der Fortpflanzung spielt sie beim Aufbau und der Pflege von Beziehungen eine entscheidende Rolle. Außerdem spendet sie Lebensenergie und gibt uns Selbstbestätigung.

SEXUALITÄT UND BEZIEHUNG

Wir Menschen haben von Geburt an das Bedürfnis nach Zuwendung und Geborgenheit – und wir finden sie in Beziehungen. Körperlicher Kontakt zu anderen Menschen ist dabei ein wichtiger Aspekt: Mit einer sanften Berührung oder einer festen Umarmung spenden wir uns gegenseitig Sicherheit und Wärme. Solche Körperlichkeiten tauschen wir mit unseren Eltern, Kindern, Freund*innen oder Partner*innen aus – aber auch mit nahestehenden Personen bei der Arbeit, im Verein oder alten Bekannten. Erotik und Ekstase dagegen sind – sofern sie mit anderen Menschen ausgelebt werden – auf Paar- oder sexuelle Beziehungen beschränkt. Sie sind Ausdruck von besonders großer Zuneigung in einem geschlechtlichen Sinne.

Der Wunsch nach engen Bindungen und Körperkontakt ist uns Menschen in die Wiege gelegt: Babys sind darauf angewiesen, dass sich jemand um sie kümmert. Sie können sich nicht selbst versorgen, Beziehungen sind für sie also überlebenswichtig.

Wenn Säuglinge gefüttert werden – ob mit Flasche oder Brust –, dann fühlen sie sich durch die körperliche Zuwendung sicher und angenommen.

Babys, Klein- und Grundschulkinder haben noch kein bewusstes sexuelles Verlangen – aber die Anlagen sind bereits vorhanden. Enger Körperkontakt mit geliebten und vertrauten Menschen löst schöne Gefühle aus und baut diese Anlagen aus. Das heißt NICHT, dass Kinder sexuelle Lust empfinden, wenn sie mit Erwachsenen kuscheln.

Mit der Pubertät bekommt das Bedürfnis nach Nähe eine neue Dimension: Körper und Psyche durchleben einen Umbruch, wir fühlen uns sexuell zu anderen Menschen hingezogen. Der Wunsch, sich geborgen zu fühlen, wird durch den Wunsch nach gemeinsam gelebter Sexualität ergänzt. Der Sexualtrieb ist erwacht und schreit nach genitaler Befriedigung – manchmal auch ohne emotionale Bindung zu der Person, mit der man Sex hat.

Von da an spielt die eigene Sexualität in Beziehungen zu anderen Menschen eine Rolle – und zwar nicht nur in Paarbeziehungen. Ob andere in der Schulklasse, Lehrkräfte, Kolleg*innen, Führungskräfte, Freund*innen, prominente Persönlichkeiten oder Personen an der Supermarktkasse: Heranwachsende und erwachsene Menschen betrachten sich gegenseitig immer durch die Brille der Sexualität. Unser Verhalten – und damit letztlich die Beziehung – wird dadurch bestimmt, wie attraktiv wir unser Gegenüber finden. Und zwar nicht nur in einem erotischen oder körperlichen Sinne. Auch heterosexuelle Frauen können sich attraktiv finden – gegebenenfalls auf einer rein geistigen Ebene. Ihre Beziehung zueinander wird eine andere sein als zwischen zwei Frauen, die sich nicht in irgendeiner Form (platonisch) zueinander hingezogen fühlen. Das gilt genauso für Männer.

Bemerkenswerterweise haben Frauen oft keine Probleme damit, ihre gegenseitige Zuneigung durch Körperkontakt auszudrücken. Sie umarmen sich, küssen sich freundschaftlich oder gehen Arm in Arm über die Straße. Männer in unseren Breitengraden sind in dieser Hinsicht deutlich zurückhaltender. Sie haben auch heutzutage noch Angst, als homosexuell abgestempelt zu werden. In vielen Ländern Asiens hingegen ist es für Männer ganz normal, Arm in Arm zu gehen. Dort gilt es als Ausdruck ihrer Freundschaft, es hat nichts Sexuelles. Männer, lasst euch also sagen: Drückt euch mal gegenseitig – das tut gut!

Im Alter kann bei einigen die geschlechtlich gelebte Sexualität in Beziehungen wieder mehr in den Hintergrund treten – alleine schon wegen der körperlichen Veränderungen, die die späteren Lebensjahre mit sich bringen. Das Bedürfnis nach Nähe aber bleibt.

SEXUALITÄT UND LUST

Aber Sexualität prägt nicht nur unsere Beziehungen zu anderen Menschen – sondern sie befeuert auch unsere Lebensenergie. Diese entsteht, wenn wir unsere Lust befriedigen – und zwar nicht nur die sexuelle. Vielmehr geht es um die Lust, den eigenen Körper auf allen Ebenen zu erfahren.

Wenn Kinder im Matsch spielen oder rumtoben, dann weckt das ihre Sinne. Sie spüren sich selbst – und das bereitet ihnen große Freude. Auch den eigenen Körper zu erkunden, macht Kindern großen Spaß. Dabei macht es für sie keinen Unterschied, ob sie sich voller Wonne am Anus anfassen oder lustvoll in der Nase bohren. Kindliche Sexualität hat nichts mit der von Jugendlichen oder Erwachsenen zu tun. Kinder haben keine Bilder und Fantasien im Kopf, ihre Sexualität ist schlichtweg noch nicht sozialisiert. Für sie gilt: Eine Vulva ist eine Vulva ist eine Vulva ist eine Vulva ist eine Vulva – und damit ein Körperteil wie jedes andere

auch. Wenn ein dreijähriges Kind neugierig den Penis seines Vaters untersucht, dann ist das dem Vater möglicherweise unangenehm – dem Kind aber nicht. Denn für das Kind macht es keinen Unterschied, ob es Papas Penis oder sein Ohr erkundet.
In solch einer Situation ist es aber das gute Recht des Vaters, Grenzen zu setzen. Er darf dem Kind sagen, dass er das nicht möchte. Er *muss* diese Grenze aber nicht ziehen. Denn die Interaktion zwischen Vater und Kind hat nichts Sexuelles in einem sozialisierten Sinn. Solange beide sich in der Situation wohlfühlen, ist alles okay. Klar aber ist: Sobald der Vater sexuelle Erregung spürt, muss er die Situation *sehr wohl* sofort beenden.

Spätestens ab der Pubertät haben Geschlechtsteile nicht mehr die gleiche Bedeutung wie andere Körperteile. Lust kann jetzt eindeutig sexuell sein. Sie wird durch Masturbation oder Sex mit anderen befriedigt.
Nur, weil Lust ab da sexuell sein *kann,* bedeutet das aber nicht, dass sie sexuell sein *muss*. Auch bei Jugendlichen und Erwachsenen kann Lust sich aus allen möglichen Quellen speisen: leckeres Essen, durch den Wald rennen, in eiskaltes Wasser springen oder in die warme Badewanne eintauchen.

SEXUALITÄT UND SELBSTBESTÄTIGUNG

Und nicht zuletzt ist Sexualität ein Instrument, um Anerkennung und Selbstbestätigung zu erhalten. Die Frage, ob wir „richtig“ oder „normal“ sind, treibt viele von uns um. Vor allem Jugendliche beschäftigen sich damit – aber im Grunde zieht sie sich durch unser ganzes Leben. Teenies rätseln, ob Penis oder Busen groß genug sind. Menschen ab dreißig plagen sich möglicherweise mit der Frage, ob sie die besten Jahre hinter sich haben und es mit ihrer Attraktivität abwärtsgeht. Ältere Menschen denken darüber nach, ob und wie es auch im Alter noch sexuell aufregende Momente geben kann.

Wer vom tollsten Mädchen der Schule zum Eis eingeladen wird, wer auf der Straße anerkennende Blicke erntet, wer im Altenheim vom attraktiven Krankenpfleger übers Parkett gewirbelt wird, fühlt sich geschmeichelt. Wer die Zuneigung anderer spürt, der kann sich auch selbst besser annehmen wie er ist.

Hierzu habe ich ein Beispiel aus dem echten Leben: Ich habe vor ein paar Jahren mit einem Mann gearbeitet, der damals Mitte 30, sehr dick, sehr unglücklich und sehr einsam war. Im Job lief's nicht gut, er hatte kaum noch Freund*innen – und Sex hatte er seit Jahren nicht mehr gehabt. Nach ein paar Monaten lernte er ganz unerwartet eine Frau kennen, die sich an seiner Körperfülle überhaupt nicht störte. Er konnte zunächst nicht glauben, dass sie Interesse an ihm hatte – so sehr war sein Selbstbewusstsein im Keller. Die beiden wurden ein Paar. Und von jetzt auf gleich war sein Übergewicht auch für den Mann selbst kein wichtiges Thema mehr. Er blühte regelrecht auf. Im Job lief's plötzlich wieder. Und durch seine neu gewonnene Lebensfreude und die positive Ausstrahlung zeigten nun auch andere Frauen Interesse an ihm. Er ging auf die Avancen zwar nicht ein – aber sie beflügelten ihn noch mehr. Letzten Sommer flatterte mir die Einladung zu seiner Hochzeit ins Haus.

All diese Ausführungen machen deutlich, dass Sexualität nicht auf Sex reduziert werden kann. Sie ist ein Zusammenspiel aus Zärtlichkeit, Beziehungen, Leidenschaft, Geborgenheit, Körperlichkeit, Erotik, Sinneserfahrungen und, und, und … All das ist mal mehr, mal weniger ausgeprägt – sowohl in den unterschiedlichen Altersstufen als auch im Hier und Jetzt eines jeden Menschen und im Verlauf einer Beziehung.
Sexualität begleitet uns Menschen ein Leben lang. Sie ist Teil unserer Persönlichkeit und erfüllt in jedem Lebensabschnitt einen anderen Sinn. Sexualität ist so lebendig wie wir selbst.

DAS KOPFKINO UND DER ROSA ELEFANT

Sexualität ist ein Grundbedürfnis – genauso wie Nahrung und Schlaf. Trotzdem nimmt sie in unserer Gesellschaft einen anderen Stellenwert ein. Hier ein paar Beispiele aus meinem Berufsalltag: Wir haben mit unserer „Praxis für Sexualität“ lange nach Räumlichkeiten gesucht. Und das mitten im Ruhrgebiet, wo viele Immobilien leer stehen. Die Vermieter wollten uns trotzdem nicht haben – oder nur unter der Bedingung, dass wir außen kein Schild anbringen. Wäre das auch so gelaufen, wenn wir ein Restaurant oder ein Bettengeschäft hätten eröffnen wollen? Wohl kaum.

Mittlerweile haben wir Praxisräume gefunden, und ein Schild durften wir auch aufhängen. Das ist sogar riesengroß – und muss immer wieder als Fotomotiv für Junggesell*innen-Abschiede herhalten. Hihi.

Wir bekommen in der Praxis immer wieder Anrufe und E-Mails von Leuten, die denken, wir stünden für sexuelle Dienstleistungen zur Verfügung oder seien eine Art Swingerklub. Eine Frau wollte sogar wissen, wie wir „das mit der Hygiene“ handhaben und ob bei uns „jeder, der mitmachen will, einen HIV-Test vorlegen“ muss. Dass unsere Praxis ein geschützter Raum ist, in dem Menschen über ihre Sexualität *reden*, in der wir Täter*innen und Betroffene sexualisierter Gewalt *begleiten*, in der wir Paare und Menschen mit sexuellen Problemen *beraten*, in denen wir Lehrkräfte und Kindergartenpersonal zu sexueller Bildung *schulen*, in der sich aber ganz sicher noch niemals eine Person ausgezogen hat – das passt nicht mit dem Kopfkino zusammen, das das Wort „Sexualität“ bei vielen auslöst.

Wenn wir auf Tagungen unterwegs sind und in Hotels einchecken, dann fragt uns das Personal an der Rezeption in der Regel nach Namen und Firma. Mit „Carsten Müller“ kommen alle noch klar. Bei „Praxis für Sexualität“ entsteht sehr oft eine Pause. Gefolgt von: „Können Sie das aufschreiben? Ich bin nicht sicher, ob ich das richtig verstanden habe.“

Wenn ich beruflich bei Versicherungen oder Banken anrufe, dann läuft das häufig so:

Ich: „Guten Tag, Carsten Müller hier, von der ‚Praxis für Sexualität‘.“

Am anderen Ende der Leitung: Schweigen. Schweigen. Schweigen. Schwei ...

Und gerade, wenn die Stille unangenehm wird, finden die meisten Menschen ihre Sprache wieder.

Niemand rechnet damit, dass ihm am Arbeitsplatz das Thema „Sexualität“ entgegenspringt – außer in Form anzüglicher Witze oder Sprüche, die sind wir gewohnt. „Sexualität“ ohne plumpes „Haha“ löst bei einem Großteil der Menschen Unsicherheit und häufig auch Schamgefühle aus. Das Wort triggert die eigenen Empfindungen, die plötzlich wie ein Elefant im Raum stehen. In das berufliche Umfeld dringt etwas Privates ein. Und damit kommen viele nicht klar.

Die Teilnehmenden unserer Fortbildungen – meistens Fachkräfte aus dem sozialen Bereich, wie zum Beispiel Erzieher*innen oder Sozialpädagog*innen – werden meist nicht so kalt erwischt wie die Personen im Telefongespräch mit mir Immerhin wissen

sie, worum es in dem Seminar gehen wird. Genügend Zeit also, sich darauf einzustellen. Und trotzdem fällt es vielen von ihnen schwer, sich auf einer sachlichen Ebene auszutauschen. Sie befürchten, dabei zu viel Privates preiszugeben – obwohl es darum nicht geht. Die meisten haben im Rahmen ihrer Ausbildung nicht gelernt, sich fachlich mit Sexualität auseinanderzusetzen. Und nun sitzen sie in der Weiterbildung und haben ausschließlich *ihre* Bilder, *ihre* Vorstellungen, *ihre* Fantasie – kurzum: *ihren eigenen* Sex im Kopf. Und dass sie darüber nicht sprechen möchten, ist für mich sehr nachvollziehbar. Das tue ich auch nicht.
Ich rede mindestens 250 Tage im Jahr über Sex – es ist schließlich mein Job. Und trotzdem kann daraus niemand Rückschlüsse ziehen, was ich privat für Vorlieben habe. Wenn ich das den Teilnehmenden erzähle, sind viele erleichtert. Dass sie sich – im übertragenen Sinn – nicht nackig machen müssen, löst bei vielen eine Blockade. Die Gesprächsrunden laufen dann meist viel flüssiger.

SEXUALITÄT = SCHAM? SCHADE!

„Der Mensch wird auf natürlichem Weg hergestellt, doch empfindet er dies als unnatürlich und spricht nicht gern davon." Schon Kurt Tucholsky erkannte, dass Sexualität keine einfache Sache ist. Für viele von uns ist sie schlichtweg ein schambesetztes Thema. Und Scham ist ein großes, richtig großes Gefühl. Jetzt mal ehrlich: Wann haben Sie das letzte Mal zugegeben, dass Sie sich für etwas geschämt haben? Vermutlich ist das sehr lange her. Es ist viel einfacher, über Wut, Freude oder Enttäuschung zu reden. Scham ist extrem unangenehm.
Dass „sich für etwas schämen" und Sexualität bei uns gesellschaftlich eng miteinander verknüpft sind, zeigt sich schon in unserer Sprache: Schamlippen, Schamhaare, Schambein. Die englischen Wörter für Schamlippen (labia), Schamhaare (pubic hair) oder

Schambein (pubic bone) haben mit „sich für etwas schämen" (to be ashamed, to be mortified, to be embarrassed) nichts gemeinsam. Ob Menschen in der englischsprachigen Welt deswegen weniger Scham empfinden, kann ich Ihnen nicht sagen. Ich kenne jedenfalls keine Studien dazu. Aber so viel ist klar: Bei uns diktiert die Sprache, wie wir unsere Geschlechtsteile zu betrachten haben. Wie sollen – vor allem junge Menschen – lernen, etwas wertzuschätzen, wenn es sprachlich schon zum Schämen ist?

Ich habe mit Mädchen gearbeitet, für die war alles unterhalb der Gürtellinie ein „toter" Bereich. Sie hatten keine Begriffe dafür – außer „da unten rum". Und ich bin der festen Überzeugung, dass das anders gewesen wäre, wenn Schamlippen sprachlich ohne Scham auskommen würden. Oder die Eltern nicht so schamvoll mit dem Intimbereich umgehen würden. Wo es hinführen kann, wenn Kinder falsche Begriffe für ihren Intimbereich lernen, erfahren Sie weiter hinten in diesem Kapitel.

Grundsätzlich ist Scham ein wichtiges Regulativ für unser gesellschaftliches Zusammenleben – nicht nur im Bereich der Sexualität. Die allerallerallermeisten Menschen schämen sich, wenn sie andere bestehlen, wenn sie Müll auf die Straße werfen oder etwas kaputt machen, das ihnen nicht gehört. Wo kämen wir hin, wenn niemand sich schämen würde? Alle würden machen, wonach ihnen der Sinn steht – ohne Rücksicht auf Verluste. Nein, Scham ist wichtig – *auch* im Bereich der Sexualität. Aber: Im vertrauten Umfeld von Freundschaft, Partnerschaft und Familie braucht es sie nicht. Dort ist es wichtig, miteinander zu reden. Wo sonst sollen wir uns über unsere Sexualität austauschen?

Wenn Kinder Sexualität als ein rein schambesetztes Thema kennenlernen (oder eben nicht kennenlernen, weil „man darüber nicht spricht"), dann ist es für sie deutlich schwieriger, eine gelungene Beziehung zu ihrem eigenen Körper, ihren Gefühlen und letztendlich zur eigenen Sexualität zu entwickeln. Das Verpasste später nachzuholen, ist viel harte Arbeit. Hart, aber machbar. Hätten alle Menschen ein unverkrampftes Verhältnis zu ihrer eigenen Sexualität, könnten wir unsere Praxis dichtmachen.

WAS HAT DIE SEXUALITÄT, WAS DER BROKKOLI NICHT HAT?

Der Genuss von Essen ist etwas, das jede Person allein betrifft. Was der einen schmeckt, muss der anderen nicht schmecken. Zur Not werden zwei Süppchen gekocht. Bei Sexualität geht es – ab der Pubertät – auch um die Bedürfnisse, Gedanken und Sichtweisen eines anderen Menschen. Sie ist so vielfältig, dass die Wahrscheinlichkeit einer gemeinsamen Schnittmenge gering ist: A steht auf Kuschelsex, B mag es kurz und heftig. C hat morgens Lust, D kommt erst nach der Arbeit richtig in Fahrt. E probiert gerne Sexspielzeuge aus, F ist Purist.

Das hat zur Folge, dass A sich fragt, ob E sich langweilt, B Sorge hat, dass F alles viel zu schnell geht – und C und D sich sowieso für inkompatibel halten.

BLOSS KEINE LANGEWEILE! – ABER WARUM EIGENTLICH NICHT?

Hinzu kommt, dass – wie schon in Kapitel 1 erwähnt – viele Menschen schlichtweg nicht wissen, was „normal" ist. Das verzerrte Bild, das die Medien von Sex erzeugen, ist deshalb so übermächtig, weil es auf das große Schweigen in den eigenen vier Wänden trifft. Würden Menschen sich mehr austauschen, hätten sie ein Gegengewicht zu all den Behauptungen, die Werbung, Fernsehen, Social Media etc. aufstellen. So aber halten sie das, was sie auf allen Kanälen sehen, hören oder lesen für gängige Praxis – und machen es zu ihrem eigenen Maßstab. Sie setzen sich unter Leistungsdruck und meinen, beim Sex ständig etwas Neues ausprobieren zu müssen. Viele sind von der Sorge getrieben, die andere Person könne sie verlassen, sobald es im Bett langweilig wird – schließlich gilt der immer gleiche Sex gemeinhin als öde. Wenn dann der Austausch unter Sexualpartner*innen fehlt – ob bei einem flüchtigen One-Night-Stand oder in einer langfristigen Beziehung – dann kann es zu großen Missverständnissen kommen: Man hat plötzlich Sex, den man so gar nicht haben wollte – von dem aber jede*r für sich glaubt, dass er*sie den Wünschen der anderen Person entspricht. Mit den eigenen Bedürfnissen hat das in den meisten Fällen nichts mehr zu tun. Und der Sex, der eigentlich etwas Warmes, Schönes, Vertrautes sein sollte, fühlt sich leer und fremd an.

Gerade Männer trauen sich kaum zuzugeben, dass sie beim Sex mit wenigen Stellungen und wenigen Partner*innen zufrieden sind. Wenn die Kumpels mit ihrem aufregenden, erfüllten und abwechslungsreichen Sexleben mit immer neuen „Betthäschen" prahlen, dann wagen sie es nicht, mit Blümchensex und der Jugendliebe dagegenzuhalten.

Viele Frauen dagegen denken, sie müssten im Bett besonders vielseitig und verführerisch sein, um ihrem Partner zu gefallen. Dessen sexueller Befriedigung räumen sie nämlich häufig einen höheren Stellenwert ein als der eigenen. Sie sehen seine Lust als ihre Pflicht – zur Not auf Kosten des eigenen sexuellen Verlangens. Klingt nach einem längst überholten Rollenbild? Ist es aber bedauerlicherweise nicht. Aus vielen Gesprächen in meiner Praxis weiß ich, dass genau dieses Bild heutzutage von vielen Paaren gelebt wird.

Ich hatte vor einiger Zeit eine Patientin, die mit beiden Beinen im Leben stand. Sie war Ende 30, seit vielen Jahren verheiratet, hatte zwei Kinder und einen gut bezahlten Job. Ihre Ehe bezeichnete sie als „glücklich" – sich und ihren Mann als „ein gutes Team". Aber sexuell war sie sehr unglücklich. Der Grund: Während ihr Mann ständig Lust hatte, war ihre Libido seit der Geburt der Kinder stark gesunken. Da er den Sex „zum Stressabbau" brauchte, stand sie ihm im Bett trotzdem immer zur Verfügung. Und nicht nur das: Sie ließ sich ständig etwas Neues für ihn einfallen – schließlich waren die beiden vor der Geburt der Kinder recht experimentierfreudig gewesen. Sexy Dessous, Sexspielzeuge, Rollenspiele – die ganze Palette eben. Es hat lange gedauert, bis sie ihrem Mann anvertraut hat, wie sie sich beim Sex *wirklich* fühlt. Mittlerweile haben sie gemeinsam einen Weg gefunden, der für beide okay ist. Der Mann stillt sein sexuelles Bedürfnis unter anderem durch den Konsum von Pornografie und Selbstbefriedigung – mit dem Wissen seiner Frau. An diesen Punkt zu gelangen, war für beide nicht leicht und ein langer Prozess. Den Mut, so etwas innerhalb einer langen, stabilen, von Gewohnheiten geprägten Beziehung zu besprechen und dann etwas zu ändern, haben nicht viele Frauen. Und daher ist es bis zur Gleichberechtigung noch ein weiter Weg – vor allem auch im Bett.

In letzter Konsequenz adaptiert die Gesellschaft, und in ihr jeder einzelne Mensch, also das Bild von Sexualität, das durch die Medien geprägt wird: Bloß keine Langeweile aufkommen lassen. Stattdessen geht's immer höher, schneller, weiter. Beim Essen dagegen haben wir mit Langeweile kein Problem. Das finde ich bemerkenswert. Die meisten von uns haben zwei bis drei Lieblingspizzen, die sie beim Italiener abwechselnd bestellen. Bei mir ist das Pizza Funghi. Mal mit Schinken, mal mit Oliven – aber meistens nur mit Pilzen. Ich würde niemals auf die Idee kommen, jedes Mal eine andere Pizza zu bestellen, weil mir Funghi zu langweilig ist. Und auch zu Hause kochen wir meistens das Gleiche und machen uns keine Gedanken darüber, ob das zu eintönig sein könnte. Wieso auch? Viele Alltagsgerichte sind einfach, gut und trotzdem lecker.

Die meisten Menschen können die eigenen kulinarischen Vorlieben benennen und offen sagen, was ihnen nicht schmeckt. Selten ist das eigene Essverhalten peinlich. Vielleicht liegt es daran, dass wir über Brokkoli reden können – aber über Sexualität nicht? Dass uns „Ich mag Brokkoli mit Kochschinken" viel leichter über die Lippen geht als „Ich mag's oral"?

WAS HAT DER KÜCHENTISCH MIT SEXUELLER BILDUNG ZU TUN?

In Kindergarten und Schule ist Essen ein großes Thema. Die meisten Eltern legen viel Wert darauf, was ihre Kinder serviert bekommen. Ist das Essen ausgewogen? Wie oft gibt es Fleisch? Süßes zum Frühstück? Vollkorn? Bio? Oder gar vegan? Immer wieder höre ich von Elternabenden, an denen stundenlang über den Speiseplan diskutiert wird. Und es gibt Eltern, die sich jeden Nachmittag beim Abholen von den Erziehern aufzählen lassen, was genau der Spross an diesem Tag verzehrt hat. Wenn's ums Essen geht, mutieren viele Eltern zu Kontrollfreaks.

Ganz anders sieht es beim Thema Sexualität aus. Die sexuelle Bildung ihrer Kinder überlassen Eltern häufig anderen – oder schlimmer noch: den Medien, den Nachbarskindern oder dem Internet. Aber wieso eigentlich? Denn so viel steht fest: Nur, wer selbst kocht, weiß wirklich, was sein Kind isst. Und nur, wer sein Kind bei der Entwicklung seiner Sexualität begleitet, kann diese Entwicklung lenken. Trotzdem tun Eltern sich mit der sexuellen Bildung ihrer Kinder oft schwer. Zum einen hat das mit der bereits erwähnten eigenen Scham und Sprachlosigkeit zu tun. Zum anderen denken viele, Sexualität sei für Kinder kein Thema. Dass Kinder sexuelle Wesen sind – wenn auch in anderer Ausprägung als Erwachsene – möchten Eltern nicht wahrhaben. Und viele treibt die Sorge um, dass ihre Kinder früher Geschlechtsverkehr haben, wenn sie früher Bescheid wissen.

Dabei ist es mit Sex wie mit Süßigkeiten: je größer das Verbot, umso größer die Versuchung. Kinder, die zu Hause in Maßen Süßigkeiten bekommen, können ein entspanntes Verhältnis dazu entwickeln. Es gibt Kinder, die dürfen nie oder nur sehr, sehr, sehr selten Süßes essen. Wenn diese Kinder irgendwann freien Zugang zu Süßigkeiten bekommen, dann ist das Risiko deutlich größer, dass sie in ihrem Konsum maßlos werden. Hätten sie häufiger Süßes essen dürfen, dann hätten sie ein Gefühl dafür, wie viel ihnen guttut.

Genauso ist es mit Sexualität. Für unaufgeklärte Jugendliche kann die Versuchung, früh Sex zu haben, sehr groß sein. Denn sie möchten *endlich* wissen, was es damit eigentlich auf sich hat. Oft wissen sie nicht, wie sie mit Sex umgehen sollen, und lassen sich dann häufiger fremdbestimmen.

In meiner Praxis habe ich die Erfahrung gemacht, dass gut aufgeklärte Jugendliche hingegen meist überlegtere und bewusstere Entscheidungen treffen. Sie haben Sex, weil sie das möchten – nicht, weil sie glauben, Sex haben zu müssen oder weil Sex den Reiz des Verbotenen hat.

Und darum ist die Familie genau der richtige Ort, um über Sexualität zu reden. In diesem geschützten Raum fühlen Kinder und Jugendliche sich sicher. In der Geborgenheit der Familie können sie ihre Sexualität in Ruhe entfalten. Und genauso, wie Kinder und Jugendliche mit Unterstützung ihrer Eltern ein gesundes Essverhalten lernen können, befähigt sie die Hilfe ihrer Eltern dazu, ein unverkrampftes Verhältnis zu ihrer eigenen Sexualität zu entwickeln.

Viele Eltern denken, ihre Kinder hätten kein Interesse, mit ihnen über Sex zu sprechen. Aus meiner Arbeit mit Jugendlichen und Kindern weiß ich, dass das häufig eine Fehleinschätzung ist. Vor Kurzem sagte ein Teenie zu mir: „Hey, Carsten. Mich würde ja mal interessieren, wie bei meinen Eltern das erste Mal war." Ich habe ihn ermutigt, sie einfach zu fragen. Ich hoffe, er traut sich das. Wie cool wäre es, wenn seine Eltern erzählen, wie sie ihren ersten Sex erlebt haben?! Es wäre ein großer Vertrauensbeweis ihrerseits und damit das Signal an ihren Sohn, dass er sich ihnen umgekehrt ebenfalls anvertrauen kann.

Denn: Der Grundstein für spätere Partnerschaften und sexuelle Beziehungen wird am Küchentisch der Familie gelegt.

SEX IST EBEN DOCH WIE BROKKOLI

Sexualität ist eine sehr intime Angelegenheit – so viel ist klar. Aber gerade deshalb ist es umso wichtiger, sie sachlich zu behandeln.

Auch hier können wir uns von Kindern viel abgucken – was folgende Szene beweist, die ich vor einiger Zeit in einem Kindergarten erlebte: Marie und Klara (beide fünf Jahre alt) saßen morgens vor ihrem Gruppenraum auf dem Boden und zogen ihre Hausschuhe an. Ihre Mütter standen daneben und unterhielten sich. Marie erzählte vom Schwimmbadbesuch am Wochenende. Toll war's – vor allem die lange, heiße Dusche am Ende.

Marie: „Unter der Dusche hab ich gesehen, dass es Mamas und Frauen gibt, die Haare an der Scheide haben."
Klara: „Meine Mama hat auch Haare an der Scheide."
Marie: „Meine Mama hat keine Haare da. Aber vielleicht haben nicht alle Erwachsenen da unten Haare. Manche haben ja auch eine Glatze auf dem Kopf."
Während die beiden Mädchen sich ganz sachlich über die Intimfrisuren ihrer Mütter unterhielten, standen diese daneben und liefen rot an. Und versuchten, ihre Töchter zum Schweigen zu bringen. Diese wiederum verstanden die ganze Aufregung nicht.
Marie: „Aber Mama, du hast doch keine Haare an der Scheide. Hat Oma da welche? Sind die auch grau wie auf ihrem Kopf?"
In diesem Moment rief die Erzieherin Marie und Klara in die Gruppe – sehr zur Erleichterung der Mütter.

Der Dialog der beiden macht deutlich, dass man sich über intime Themen genauso sachlich austauschen kann, wie über Essgewohnheiten. Ich weiß, dass das schwer ist. Denn Sexualität ist ein hoch emotionales Thema.
Wichtig ist: Jeder Mensch darf selbst bestimmen, wann, wie und mit wem er über Sexualität reden möchte. Ohne Rettung durch die Erzieherin hätten die Mütter das Gespräch über Schamhaare also mit gutem Gewissen auf später verschieben können. Was beim Vertagen wichtig ist, erfahren Sie in Kapitel 4.
Doch Sachlichkeit in Sachen Sexualität ist eben nicht immer so einfach. Wenn in einer Männerrunde über Penisgrößen philosophiert wird, gibt es in der Regel niemanden, der sagt: „Mein Penis ist wirklich klein – aber ich komme gut damit klar." Sexualität und Selbstwert sind bei Männern eng mit der Penisgröße verknüpft: kleiner Penis = wenig Selbstwert, kleiner Penis = schlechter Sex.
In meine Praxis kommen immer wieder Männer, die Sorge haben, ihr Penis sei zu klein. Ihnen erkläre ich – ganz sachlich – was man – rein fachlich – unter einem kleinen Penis (Mikropenis)

versteht: Bei einem Erwachsenen gilt ein Penis als klein, wenn er höchstens drei Zentimeter und in erigiertem Zustand maximal sieben Zentimeter lang ist. Ich merke häufig, dass die Männer sich sofort etwas entspannen, wenn sie das hören. Denn auf rund 98 Prozent der Penisse trifft das nicht zu. Auf der reinen Sachebene kann ich den Männern ihre Sorge also direkt nehmen. Natürlich sind ihre Probleme dann nicht auf Knopfdruck gelöst. Aber die – rein sachliche – Erkenntnis, dass sie – rein fachlich – keinen kleinen Penis haben, ist ein erster wichtiger Schritt auf dem Weg zu mehr Selbstwertgefühl.

VULVEN SUCHEN AM STRAND

Ich habe in meinem Beruf sehr häufig mit Menschen zu tun, die, vor allem im Umgang mit Kindern, nicht wissen, wie sie Geschlechtsorgane bezeichnen sollen. Pippimann? Mumu? Schnipi? Muschi? Pullermann? Schnecke? Kirsche? Lulu? Alleine diese Verniedlichung zeigt schon, wie unsachlich die Gesellschaft mit Sexualität umgeht.

Viele von uns haben kein Problem damit, die Teile einer Hand zu benennen: Handfläche, Handballen, Finger, Fingerkuppe, Fingernagel, Knöchel. Aber kaum einer fühlt sich wohl damit oder hält es für nötig, von Hoden, Vorhaut, Klitoris, Harnröhre oder Vagina zu sprechen. Dass Vagina nicht das korrekte Wort für das weibliche Geschlechtsorgan ist, weil es nur die Körperöffnung bezeichnet, wissen selbst viele Erwachsene nicht. Richtig wäre Vulva.

Wer korrekte Begriffe verwendet, statt um den heißen Brei zu reden, hat einen ersten wichtigen Schritt hin zur Sachlichkeit getan. Gerade für Kinder ist es unabdingbar, die richtigen Bezeichnungen für ihre Geschlechtsteile (mit allem Drum und Dran!) zu kennen. Wie sonst sollen sie lernen, dass Sexualität ein wichtiges Thema ist? Wie sonst sollen sie merken, dass ihre Grenzen überschritten werden? Es ist ein riesiger Unterschied, ob jemand aus dem Umfeld den „Schmetterling“ anfasst oder die Vulva. „Schmetterling“ klingt nach Spiel, nach „Stell dich nicht so an, ist doch nur ein bisschen Spaß“. Vulva klingt nach dem, was es ist: eine schlimme Grenzüberschreitung.

Wenn Kinder und Jugendliche keine Ahnung haben, wie ihre Geschlechtsteile heißen, kann das zu großer Verwirrung führen. Ich habe es erlebt, dass ein junges Mädchen ganz aufgelöst durch eine Jugendeinrichtung rannte und rief: „Hilfe. Meine Mimi blutet. Meine Mimi blutet!“ Zunächst wussten die Betreuer alle nicht, was sie meint. Erst nach ein paar Momenten haben sie verstanden, dass sie ihre erste Periode hatte.

Die Kollegin einer Freundin nutzte für die Vulva ihrer Tochter die Bezeichnung „Muschel“. Als die Familie mit dem Mädchen das erste Mal am Strand war, sagte der Vater: „Komm, wir gehen Muscheln suchen.“ Die Kleine bekam riesengroße Augen – und war komplett verwirrt. „Muscheln? Wieso liegen hier am Strand denn Muscheln?!“

WIE SACHLICHKEIT HILFT, EINE BEZIEHUNG LEBENDIG ZU HALTEN

Die meisten von uns denken, Sachlichkeit und Liebe stünden in direktem Widerspruch zueinander. Dabei ist Sachlichkeit eine wichtige Basis für alle Formen von Beziehungen – auch für Liebesbeziehungen.

Sex ist ein sehr aufgeladenes Thema, so viel steht fest. Hinzu kommt, dass viele Erwachsene Sex als ultimativen Gradmesser für eine Beziehung betrachten. Im Bett läuft's gut? In der Beziehung auch. Herrscht dagegen Flaute, sehen viele die Beziehung in Gefahr oder auf dem absteigenden Ast. Aber: Um gemeinsam guten, erfüllenden Sex zu haben, müssen die Partner*innen sachlich miteinander reden. „Einfach machen" reicht nicht. Hier ein Beispiel von einem Paar, das ich vor einigen Jahren in meiner Praxis begleitet habe: Der Mann hatte auf dem Nachttisch seiner Partnerin *Shades of Grey* entdeckt (das unerotischste Stück Literatur, das mir jemals untergekommen ist – aber das ist ja bekanntlich Geschmackssache) und fragte sich, ob das Buch ihren erotischen Fantasien entspricht. Aber er traute sich nicht, sie darauf anzusprechen. Stattdessen setzte er sich unter Druck. Die Frage, ob er oder der gemeinsame Sex seiner Freundin zu langweilig sei, nagte und nagte und nagte an ihm. Irgendwann hielt er es nicht mehr aus und stellte sie zur Rede. Sie war ganz erstaunt und erklärte, dass sie nur einmal kurz in das Buch reingeguckt und es für uninteressant befunden habe. Eine Kollegin hatte es ihr ausgeliehen und sie habe schlichtweg vergessen, es zurückzugeben. Der Mann war sehr erleichtert. Seine über Wochen aufgebaute Anspannung ließ sich also durch einen kurzen, sachlichen Austausch aus dem Weg räumen.

Aber selbst wenn der Sex aus *Shades of Grey* den heimlichen Wünschen der Frau entsprochen hätte, wäre eine sachliche Auseinandersetzung darüber unausweichlich gewesen. Gerade wenn die Vorstellungen von Sexualität in einer Partnerschaft auseinanderliegen, hilft nur eines: reden.

Und auch wenn in späteren Lebensjahren die Zeichen der Zeit, am Körper nagen, bleibt nur das offene Gespräch. Der Mann hat Erektionsprobleme, die Frau wird nicht mehr feucht. All das sind Dinge, die man besprechen muss. Sonst wird es krampfig. Und krampfig ist die denkbar schlechteste Voraussetzung für guten Sex.

SEXUELLE BILDUNG – CHANCE UND HERAUSFORDERUNG

Liebe und Zuneigung über einen langen Zeitraum in einer Beziehung halten zu können, ist wichtig. Es ist die Champions League der Beziehungsarbeit. Denn Partnerschaft und Sexualität befinden sich in einem stetigen Wandel – und da am Ball zu bleiben, erfordert viel Wachsamkeit.

Um Sexualität in allen Lebensphasen angemessen ausgestalten zu können, brauchen wir sexuelle Bildung. Wer als Kind Zugang dazu hat oder sich als Erwachsener selbst Zugang verschafft, hat die Chance, mit seiner Sexualität zu wachsen und Verantwortung für sie zu übernehmen. Er kann lernen, umlernen, verlernen. Er kann seine Sexualität jederzeit auf den Prüfstand stellen und den Blick darauf ändern, er kann sie den Bedürfnissen und Gegebenheiten anpassen und mit ihr ins Reine kommen. Sexuelle Bildung ist nichts, hinter das man irgendwann einen Haken setzen kann – anders als beim Fahrradfahren, das man einmal lernt und dann für immer beherrscht. Nein. Sexuelle Bildung ist ein lebenslanger Prozess. Ja, das klingt anstrengend, weil wir nie fertig werden. Aber die Möglichkeiten, die sich dadurch auftun, sind vielfältig. Die Mühe lohnt sich – ganz sicher. Es ist eine Investition in Lebensqualität. Und es ist das beste Mittel gegen Langeweile und Alltag. Wobei ich hier nicht die Langeweile im Bett meine, die ist – wie oben erwähnt – völlig okay. Ich rede von der Langeweile im Austausch miteinander – von Paaren, die sich einfach nichts mehr zu sagen haben.

Das Schöne ist: Es ist nie zu spät, damit anzufangen. Wer – wie viele von uns – als Kind keine sexuelle Bildung erfahren hat, kann das Verpasste als Erwachsener nachholen. Die einzige Voraussetzung ist Offenheit. Wer unverkrampft an die Sache rangeht und sich Menschen zur Unterstützung sucht, der kann seine eigene Sexualität verstehen lernen. Dieses Buch soll Sie bei Ihrem Lernprozess unterstützen. Und es soll Ihnen helfen, Ihre Kinder von Anfang an in ihrer sexuellen Entwicklung zu begleiten.

KAPITEL 3:

VOM SAMEN BIS ZUM KOMPOST – SEXUELLE ENTWICKLUNG DAUERT EIN LEBEN LANG

Unsere Gesellschaft wird immer älter, die Medien sind voll davon. In den vergangenen 40 Jahren ist das Durchschnittsalter der Deutschen um rund zehn Jahre gestiegen – von 36,2 Jahre (1980) auf 46,3 Jahre (Prognose des Statistischen Bundesamts für 2020).

Trotzdem spielt Sexualität ab einem gewissen Alter in der Öffentlichkeit und in den Köpfen vieler Menschen keine Rolle mehr. Denn die meisten von uns setzen sie mit Geschlechtsverkehr und Zeugung gleich. Sie hat in der gesellschaftlichen Wahrnehmung keine Berechtigung, sobald Fortpflanzung nicht mehr möglich ist. Deshalb wird älteren Menschen und auch Menschen mit Behinderung das Recht auf Sexualität oft abgesprochen – was diese Geschichte aus einer deutschen Kleinstadt zeigt: Ein 50-jähriger Schlaganfallpatient lebte dort in einem Alten- und Pflegeheim. Eines Tages bat er seinen Betreuer, ihn zu einer Prostituierten zu bringen. Der Pfleger kam der Bitte nach. Er fuhr den Patienten zu einem Bordell und wartete vor der Tür. Da stand nun also ein

Kleinbus mit der Aufschrift des Heims vor dem stadtbekannten Freudenhaus. Bei vielen Menschen war die Empörung groß. Die Geschichte verbreitete sich wie ein Lauffeuer im ganzen Ort. In den Tagen danach erhielt die Pflegeeinrichtung unzählige Briefe. Die Absender echauffierten sich, dass ein „alter Mann“ die Dienste einer Prostituierten in Anspruch genommen hatte. Dass der Mann erst 50 war, wussten sie ja nicht. Interessanterweise regten sie sich nicht über den Sex mit einer Prostituierten auf – was ja normalerweise eine Riesenwelle auslöst. Vielmehr nahmen sie Anstoß an seinem vermeintlichen Alter. Hätten sie gewusst, dass er durch einen Schlaganfall an massiven körperlichen Beeinträchtigungen litt, wäre die Reaktion vermutlich die gleiche gewesen. „Wo sollen wir denn da hinkommen?“, war übrigens noch einer der freundlicheren Kommentare.

Das gleiche Unwohlsein befällt die meisten von uns, wenn Kinder etwas tun, das Erwachsene durch ihre Brille betrachtet als sexuell wahrnehmen und es deshalb als Sex abstempeln. Wenn Kinder sich an den Geschlechtsteilen anfassen, finden Erwachsene das peinlich. Dabei gehört es zur Entwicklung der Kinder dazu. Sie haben keine sexuellen Fantasien, wenn sie sich berühren. Mit Sex nach erwachsener Definition ist das also nicht vergleichbar. Aber das verstehen viele von uns nicht. Deshalb bekommen Kinder häufig ein „So was macht man nicht“ zu hören. Bei Kindern bis ins (späte) Grundschulalter – das genaue Alter hängt von der individuellen Entwicklung ab – ist das Verbot, sich an Penis, Po oder Vulva anzufassen, gleichzusetzen mit dem Verbot, Ohrläppchen oder Ellenbogen zu berühren. Und das würde wohl kaum jemand von uns tun. Erst durch sexuelle Sozialisierung verbinden Kinder mit ihren Geschlechtsteilen etwas Erotisches. Die sexuelle Sozialisierung erfolgt durch Aufklärung oder im Rahmen der Pubertät.

Bitte verstehen Sie mich nicht falsch: Auch Kinder sollen sich nicht in jeder Situation nackt ausziehen. Der Supermarkt ist auch für sie kein geeigneter Ort, um ihren Intimbereich zu erkunden.

Im Kinderzimmer hingegen ist das völlig in Ordnung. Da Kinder noch nicht auseinanderhalten können, bis wohin Privatsphäre reicht und wo öffentlicher Raum beginnt, müssen wir Erwachsenen ihnen Orientierung geben. Kurz zusammengefasst: Es ist grundsätzlich okay, *dass* Kinder sich nackig machen und ihre Geschlechtsteile erforschen. *Wo* sie das tun, müssen wir ihnen beibringen.
Trotzdem gilt für viele Erwachsene: Vor der Pubertät haben Kinder gefälligst keine sexuellen Wesen zu sein. Punkt. So ist es aber nicht. Sexualität hat in jeder Lebensphase eine andere Ausdrucksform. Kinder leben ihre Sexualität anders als Pubertierende, Pubertierende anders als junge Erwachsene, junge Erwachsene anders als Erwachsene mittleren Alters, diese anders als ältere Menschen.
Die sexuelle Entwicklung eines Menschen ist immer ein Teilaspekt der Entwicklung insgesamt – genauso wie die motorische, die kognitive, die psychosoziale oder die sprachliche. Sie erfolgt in erster Linie durch Erlebnisse und Erfahrungen in nicht sexuellen Bereichen – und ergibt sich so gesehen nebenbei.
Ein Beispiel: Wenn ein Kind kaum Kontakt zu Gleichaltrigen hat, lernt es nicht, Freundschaften aufzubauen und zu pflegen. Es wird sich später als Erwachsener sehr wahrscheinlich nur schwer auf intime Beziehungen einlassen können – sexuell wie psychisch. Es fehlt schlichtweg die Übung, zwischenmenschliche Nähe auf Augenhöhe auszuhalten und Konflikte unter gleichberechtigten Partner*innen zu lösen.
Jeder von uns hat seine ganz eigene Bedürfnis-, Körper-, Beziehungs- und Geschlechtsgeschichte.[3] Alle frühen – oft noch unbewussten! – biografischen Erfahrungen prägen unser späteres sexuelles Verlangen, unsere sexuellen Fantasien, unser sexuelles Verhalten. Neben vielen anderen Einflüssen formen sie also einen Teil unseres Charakters und unserer Persönlichkeit.
Es ist vergleichbar mit dem Bau eines Hauses: Zwischen Säuglingsalter und Ende der Pubertät erschaffen wir einen Rohbau – vom Keller bis zum Dach und mit allen tragenden Wänden.

Danach gestalten wir es aus. Irgendwann ist das Haus zwar fertig – aber umgestalten können wir es als Erwachsene trotzdem noch. Es steht uns frei, die Zimmer in einer neuen Farbe anzupinseln, hier eine Wand einzureißen, dort eine neue zu ziehen. Möglicherweise müssen wir zwischendurch einen Sturmschaden reparieren. Vielleicht haben wir irgendwann das Bedürfnis, alle Möbel auf den Sperrmüll zu werfen und neue zu kaufen … Jeder, der ein Haus hat, weiß: Mit einem Haus wird man nie fertig. Aber so vielfältig wir es auch gestalten mögen: Das Haus selbst bleibt gleich – vom Keller bis zum Dach und mit all seinen tragenden Wänden. Es ist das Haus, das wir als Säuglinge angefangen haben zu bauen.
Der Großteil der sexuellen Entwicklung ist also mit der Pubertät abgeschlossen. Trotzdem ist es für Sie als Erwachsener spannend, die Informationen zu kindlicher und jugendlicher sexueller Entwicklung mit Ihrer eigenen Geschichte abzugleichen. Durch die Selbstreflektion erhalten Sie möglicherweise Ideen, warum Sie mit Ihrer Sexualität und mit Ihrem Blick auf Beziehungen genau da stehen, wo Sie stehen. Vielleicht reizt es Sie ja sogar, mit Ihrem Lieblingsmenschen darüber zu reden. Klingt nach einem aufschlussreichen Abend mit einer Menge Gesprächsstoff. Die

sexuelle Entwicklung von uns Erwachsenen ist zwar deutlich weniger rasant als die von Pubertierenden oder Kindern – aber sie bleibt trotzdem nie stehen. Und das Nachdenken über Ihre eigene Geschichte und der Austausch darüber markieren möglicherweise bereits Ihren nächsten Entwicklungsschritt.

SÄUGLINGE UND KLEINKINDER: DIE WURZELN UNSERER SEXUALITÄT

Die Geburt ist ein Schock. Der Säugling ist plötzlich nicht mehr symbiotisch mit der Mutter verbunden – sondern allein. Daher ist körperliche Nähe für Babys in den ersten Lebensmonaten genauso wichtig wie Nahrung. Durch das Festgehaltenwerden beim Stillen und Flaschegeben fühlen Säuglinge sich sicher und geborgen. Liebevoll berührt, gestreichelt und geküsst werden, die Körperwärme anderer Menschen spüren – all das gibt Babys ein wohliges Gefühl und seelisches Gleichgewicht. So lernen bereits Neugeborene die beruhigende Wirkung von Umarmungen und Hautkontakt kennen. Und das werden sie ihr Leben lang nicht vergessen.

Wir alle haben den Impuls, traurige Menschen zu streicheln. Wir alle fühlen uns getröstet, wenn wir fest in den Arm genommen werden. All das liegt in dieser frühen Erfahrung begründet. Genauso wie unsere Fähigkeit, anderen Menschen zu vertrauen und ihre Nähe zuzulassen. Sie sehen: Das Fundament für unser ganz persönliches Haus wird hier gegossen.

Weil Berührungen sich so schön anfühlen und Vertrauen und Sicherheit geben, fassen Babys sich mit großer Freude an. Sie begreifen schnell, dass sie sich auf diese Weise selbst beruhigen können – der erste kleine Schritt in die Unabhängigkeit von anderen. Wieder was fürs Leben gelernt.

Auch das Saugen gibt Säuglingen ein schönes Gefühl – egal, ob an der Brust oder der Flasche. Ist die körperliche Nähe vorhanden, ist es für sie schlichtweg eine Wonne – wie das Wort „wonnesaugen“ so treffend beschreibt.

Im ersten Lebensjahr ist der Mund ohnehin das wichtigste Lustorgan des Menschen. Sobald Babys greifen können, stecken sie sich nahezu alles, was sie in die Finger bekommen, in den Mund. Aber nicht nur, weil es ihnen Freude bereitet. Sondern auch, weil sie auf diese Weise die Welt erkunden. Ob die eigenen Zehen, Mamas Autoschlüssel oder der Wachsmalstift des großen Bruders – alles wird erst mal genüsslich mit der Zunge erforscht. Der Sohn von Bekannten war so eifrig bei der Sache, dass er seine Gummigiraffe innerhalb weniger Wochen blank gelutscht hatte. Da war kein Fleck mehr zu sehen.

Säuglinge sind also auf ihren Mund und körperliche Nähe fixiert. Deshalb kann das Abstillen bei ihnen zu großer Frustration führen. Vor allem Stillkinder versuchen oft noch lange, an die Brust ihrer Mutter zu kommen. Das hat weniger mit dem Versorgungsaspekt zu tun (Nahrung erhalten Babys nach dem Abstillen ja weiterhin, wenn auch in anderer Form), als vielmehr mit der Nähe, die beim Füttern mit dem Löffel nicht im gleichen Maße gegeben ist.

Babys und Kleinkinder sind noch mit *allen* Sinnen auf der Suche nach maximaler Lustgewinnung. Im Gegensatz zu Erwachsenen, die unter „Lust“ in erster Linie genitale Lust verstehen, ist Lust bei Kindern eine Rundum-Erfahrung. Laute testen, sich wälzen, zappeln, lachen, mit Händen im Katzenfutter matschen – all das sind Lusterfahrungen, die dazu dienen, sich körperliches Wohlbefinden zu verschaffen. Und weil Lust bei Kindern etwas Universelles ist, gehört das Erkunden der eigenen erogenen Zonen ebenso dazu – bevorzugt beim Wickeln, wenn sie freien Zugang haben. Aber auch das ist Teil der normalen Entwicklung.

Kindliche Sexualität ist instinktiv, spontan, spielerisch und unbefangen. Kinder machen einfach, was ihnen gefällt. Sie bewerten nicht und schränken sich nicht ein. Ihre sexuellen Handlungen nehmen sie nicht als sexuell wahr. Für Kinder gibt es keinen Unterschied zwischen Zärtlichkeiten, Kuscheln und genitaler Sexualität. Ihnen ist alles willkommen, was ihnen schöne Gefühle bereitet. Sie möchten Erregung spüren und ihren Körper kennenlernen, sie möchten durch sinnliche Erfahrungen die Sicherheit und Geborgenheit fühlen, die sie von Geburt an kennen.

Das bedeutet allerdings NICHT, dass es im Umgang mit Kindern kein Unterschied ist. Natürlich dürfen Erwachsene Kindern körperlich nahe sein. Aber sie dürfen NIEMALS Sex mit Kindern haben. Und sie dürfen NIEMALS ihre sexuelle Lust auf Kinder projizieren. Punkt und drei Ausrufezeichen hintendran.

Ich bekomme in meiner Praxis immer wieder Anrufe von besorgten Eltern. Sie möchten wissen, ob der Vater mit dem eigenen Kind baden oder es auf den Mund küssen darf. Ich stelle dann die Gegenfrage: Finden Sie es okay, wenn die Mutter das macht? In der Regel beantworten die Eltern das mit ja. Und ich finde: Was für Mama gilt, sollte auch für Papa gelten. Das Einverständnis des Kindes immer vorausgesetzt.

Wenn ein Elternteil allerdings aus sexueller Lust mit dem Kind in die Badewanne steigt oder es mit sexuellen Hintergedanken küsst, dann ist das ein absolutes No-Go. Und auch das gilt für Mama und Papa gleichermaßen. Wer sich durch Kinder sexuell erregt fühlt, muss sich unverzüglich professionelle Hilfe holen. Da gibt es keinen Platz für Diskussion.

Ab dem zweiten Lebensjahr fangen Kinder an, sich für ihre eigenen Körperausscheidungen zu interessieren. Diesen warmen Haufen am Po haben sie ganz alleine produziert. Und das macht sie mächtig stolz. Kinder erkennen, dass Urin und Kot etwas ganz Eigenes sind. Das erklärt die große Faszination, die sie dafür haben.

In diesem Alter stecken Kleinkinder sich gerne den Finger in den Po. Der Damm ist ein sensibler Bereich. Sich dort anzufassen, ist für sie sehr angenehm. Aber auch die eigenen Geschlechtsteile rücken mehr und mehr in den Fokus. Sie werden – viel zielgerichteter als zuvor beim Wickeln – nach allen Regeln der Kunst inspiziert. Wenn Kinder sich dort berühren, erzeugt das ein schönes Gefühl. Das kann sich darin äußern, dass Jungs eine Erektion und Mädchen eine feuchte Vagina bekommen. Mit der sexuellen Erregung von Erwachsenen ist es dennoch nicht vergleichbar. Vielmehr handelt es sich hierbei um eine – rein körperliche – Reaktion.

EIN KLEINER, ABER WICHTIGER EXKURS: KINDLICHE SELBSTBEFRIEDIGUNG

Begriffe wie „Selbstbefriedigung“ oder „Masturbation“ mögen für Sie in Zusammenhang mit Kindern befremdlich klingen. Ich verstehe das. Ich würde auch lieber andere Wörter verwenden, denn eigentlich sind diese irreführend – aus den schon so oft genannten Gründen. Selbstbefriedigung bei Kindern ist etwas anderes als Selbstbefriedigung bei Erwachsenen – auch wenn es ähnlich aussieht. Und daher haben sich die Begriffe auch für das etabliert, was Kinder mit ihrem Körper tun. Aus Mangel an Alternativen werde auch ich mich dieser Wörter aus der Erwachsenenwelt bedienen.

Manche Kinder masturbieren bereits ab dem Babyalter sehr regelmäßig und bisweilen auch exzessiv, indem sie sich an Gegenständen reiben. Oft ist es ein Zufall, der sie auf den Geschmack kommen lässt: Sie sitzen im Kinderstuhl und haben die Strebe zwischen den Beinen, oder sie rutschen beim Vorlesen auf einem Kissen hin und her. Das schöne Kribbeln zwischen ihren Beinen erzeugt wahre Glücksgefühle. Es ist, als ob sie auf dem Fußballplatz das entscheidende Tor schießen, als ob sie zu Pizza Pommes und noch einen Nachtisch bekommen oder als ob Weihnachten und Geburtstag auf den gleichen Tag fallen. Und für all das sind sie ganz alleine verantwortlich! Mehr Selbstwirksamkeit geht fast gar nicht. Weil es sich so bombastisch anfühlt, kann es sein, dass Kinder ihre körperlichen Grenzen nicht mehr wahrnehmen. Manche reiben sich wund oder verletzen sich an spitzen Gegenständen. Für Eltern ist kindliche Masturbation häufig sehr unangenehm. Sie schämen sich für ihre Kinder. Sie schämen sich, wenn ihr Kind in ihrer Anwesenheit plötzlich anfängt, sich selbst zu befriedigen. Und erst recht schämen sie sich, wenn Außenstehende dabei sind. Wenn man bedenkt, was in erwachsenen Köpfen in solchen Situationen vorgeht, ist die Scham der Eltern sehr nachvollziehbar. Denn bedauerlicherweise ist kindliche Selbstbefriedigung ein großes Tabuthema. Kaum jemand weiß, was es damit auf sich hat. Und deshalb ist es mir sehr wichtig, Ihnen ein paar Informationen an die Hand zu geben. Diese sollen Ihnen helfen, kindliche Masturbation richtig einzuordnen und – ob als Eltern oder Außenstehende – gelassen damit umzugehen. Denn auch hier hilft es, die Emotionen wegzulassen und das Ganze rein sachlich zu betrachten. Und Sie werden gleich feststellen, dass es zu diesem Thema viel weniger zu sagen gibt, als Sie sich vermutlich gerade in Ihrer Fantasie ausmalen.

Wie oben bereits beschrieben, sind Kinder immer auf der Suche nach maximaler Lustgewinnung. Wenn sie ihren Körper erkunden, ist es daher nur logisch, dass sie besonders gerne und lange dort verweilen, wo es sich für sie am schönsten anfühlt. Und dass Berührungen im Genitalbereich sehr intensiv sind, wissen wir alle. Ganz unbedarft möchten Kinder das schöne, intensive

Gefühl immer und immer wieder erzeugen – einfach, weil es das tollste von allen ist.

Kinder würden am liebsten ständig Eis essen. Eis ist ja schließlich sooooo lecker. Mit der Masturbation ist es genauso: Es macht Spaß. Also möchten sie mehr davon. Für Erwachsene ist wichtig zu wissen, dass Kinder keine erotischen Bilder im Kopf haben, wenn sie sich selbst befriedigen. Es geht ihnen wirklich nur um die schöne Empfindung. Würde es sich genauso sensationell anfühlen, wenn sie ihr Kinn auf der Sofalehne reiben – sie würden auch das ständig tun.

Kindliche Masturbation in ihrer exzessiven Form tritt tendenziell eher bei Kindern auf, die wenig bis kein Gefühl für ihren eigenen Körper haben. Das kann daran liegen, dass sie als Babys nicht genügend Nähe erfahren haben. Tablet und Fernseher können das mangelnde Körperbewusstsein ebenfalls begünstigen, weil Kinder beim Konsumieren von Medien physisch nicht gefordert werden. Es gibt aber auch Kinder, die viel körperliche Zuwendung bekommen und ein gutes Körpergefühl haben und sich trotzdem gerne selbst befriedigen.

Wenn Ihr Kind regelmäßig masturbiert, habe ich eine riesengroße Bitte an Sie: Schimpfen Sie nicht mit Ihrem Kind und machen Sie sich keine Vorwürfe, etwas versäumt zu haben. Begleiten Sie Ihr Kind und zeigen Sie ihm Alternativen auf. Sie können es in jedem Alter dabei unterstützen, ein gutes Körperbewusstsein zu entwickeln. Spielen Sie gemeinsam Fangen, veranstalten Sie eine Meisterschaft im Sackhüpfen, lassen Sie es auf Bäume klettern, in der Erde buddeln – oder nehmen Sie es fest in den Arm (wenn es das möchte). All das hilft Ihrem Kind, sich selbst zu spüren.

Es wird sich vermutlich trotzdem weiterhin selbst befriedigen – und das ist auch gar nicht schlimm. Noch mal: Kindliche Selbstbefriedigung gehört zu der breiten Palette der sexuellen Entwicklung dazu. Bei manchen Kindern steht sie mehr im Fokus, bei anderen weniger.

Wenn Ihr Kind sich durch die Masturbation im Genitalbereich verletzt, dann sollten Sie es vor sich selbst schützen. Sie können ihm erklären, dass die Wunden erst mal heilen müssen, bevor es sich wieder schöne Gefühle machen darf. Besprechen Sie, wie es den Verletzungen vorbeugen kann – zum Beispiel: Sich selber mit der Hand anfassen ist okay, sich nackt am Baumstamm reiben nicht. Nutzen Sie als Eltern die Möglichkeit, gemeinsam mit Ihrem Kind Regeln für die Selbstbefriedigung festzulegen. Meine Empfehlung: Arbeiten Sie mit Räumen. Sie können Ihrem Kind erklären, dass die Familie in der Küche kocht, im Wohnzimmer spielt und redet – und dass das Kinderzimmer der Raum ist, in dem es sich schöne Gefühle machen darf. Kinder verstehen das.

Wenn Sie Ihrem Kind den Eindruck vermitteln, dass es völlig in Ordnung ist, was es da tut, dann haben Sie sehr viel für seine gesunde sexuelle Entwicklung getan.

DER KINDERGARTEN: VON DER WURZEL ZUM KEIMBLATT

Ab dem dritten Lebensjahr lernen Kleinkinder, Urin und Kot festzuhalten – ein weiterer wichtiger Meilenstein in ihrer (sexuellen) Entwicklung. Denn ab jetzt erlangen sie mehr und mehr Kontrolle über ihren eigenen Körper. Und das ist der nächste große Schritt in ihre Unabhängigkeit. Von jetzt an können sie mitbestimmen, wann es Zeit für eine neue Windel ist. Herrlich, sich so groß zu fühlen!

Nun beginnt die Sauberkeitserziehung, die – je nach Kind – mit ungefähr drei bis vier Jahren abgeschlossen ist.

In diesem Alter interessieren Kinder sich nicht nur für die eigenen Genitalien, sondern auch für die anderer. Ob für die von Mama oder Papa – oder die von Luca, Eymen oder Greta.

Spätestens mit Start des Kindergartens sind Kinder plötzlich regelmäßig mit Gleichaltrigen in Kontakt. Das erweitert ihren sozialen Horizont und eröffnet ganz neue Möglichkeiten. Hier werden sie nicht mehr auf Schritt und Tritt von ihren Eltern verfolgt und können sich ganz ungestört mit anderen Kindern austauschen. Sie möchten wissen, ob sie so sind wie andere – und fangen an, sich untereinander zu vergleichen. Und das schließt auch den Intimbereich mit ein.

Allerdings befriedigen Kinder ihre Neugier auf fremde Geschlechtsteile nie zielgerichtet. Vielmehr kommt der Körperkontakt zu anderen spontan zustande, meist im gemeinsamen Spiel – zum Beispiel so: Philipp und Aylin machen Wettrennen. Er versucht, sie zu stoppen, und erwischt sie an der Strickjacke. Sie zieht die Strickjacke aus und zeigt Philipp dabei ihren Bauchnabel. Und wenn sie schon mal dabei ist, kann sie ihm auch gleich ihren Po noch vorführen. Philipp möchte Aylin nicht nachstehen und zieht sich nun ebenfalls die Hose runter. Und innerhalb von zwei Minuten sind beide komplett nackt. Aber genauso schnell kann die Situation wieder vorbei sein. Ein vorbeirollender Ball zieht die Aufmerksamkeit der beiden auf sich – und schon sind Vulva, Po und Penis vergessen.

Bei diesen sogenannten Doktorspielen (früher hat man sich nur vor dem Doktor nackt gezeigt, daher das eigentlich längst überholte Wort) lernen Kinder, dass es unterschiedliche biologische Geschlechter gibt und zu welchem sie gehören: Vulva = Mädchen, Penis = Junge. Mehr Unterschiede machen sie zunächst nicht, die sozialen Geschlechterrollen entwickeln sich etwas später. Auch bei Erwachsenen wenden sie zunächst nur äußerliche Merkmale an: tiefe Stimme, Bart = Mann, Brüste = Frau.

Wenn Kinder andere Kinder im Genitalbereich berühren, hat das nichts mit Grenzüberschreitung zu tun. Auch wenn es schwer zu begreifen ist: Kinder bewerten die Geschlechtsteile nicht anders als das oben zitierte Kinn. Sie sind einfach neugierig. Sie möchten sich vergleichen und sich (auch untereinander) erforschen. Beim gegenseitigen Erkunden lernen Kinder, welche Empfindungen

ihnen gefallen und welche nicht. Und sie lernen, Nein zu sagen, wenn sie etwas nicht möchten.
Wir alle wünschen uns, dass unsere Kinder zu Jugendlichen heranwachsen, die sexuell selbstbestimmt sind und sich nicht fremdsteuern lassen. Hier im Kindergarten – etwa in der gemütlichen, selbst gebauten Höhle – wird die Basis dafür gelegt. Hier stärken die Kinder ihr Körperbewusstsein. Und davon werden sie ihr Leben lang profitieren.
Deshalb sollten wir solche Spiele nicht verbieten. Es mag Sie irritieren, dass Kinder die gegenseitigen Berührungen als lustvoll empfinden. Aber grundsätzlich gilt: Kindliche Sexualität ist egozentrisch, nicht beziehungsorientiert. Sexuelle Handlungen von Kindern zielen immer nur auf das eigene Wohlbefinden ab und dienen nicht dazu, Zuneigung zu anderen auszudrücken. Das zeigt sich unter anderem darin, dass intimer körperlicher Kontakt auch zwischen Kindern entsteht, die sich vorher gar nicht kennen. Zwei Familien sind beim gleichen Italiener Pizza essen, die gelangweilten Kinder treffen sich zufällig unterm Tisch – und nach ein paar Minuten sind alle halb nackt.
Kindgemäße sexuelle Aktivitäten sind Ausdruck einer gesunden psychischen Entwicklung. Wir sollten uns also darüber freuen, wenn Kinder Doktor spielen.

Zu Beginn der Kindergartenzeit greifen Jungs in der Verkleidungskiste noch häufig nach dem Tutu, während Mädchen sich das Feuerwehrmann-Outfit schnappen.
Der dreijährige Sohn eines befreundeten Paares – nennen wir ihn Paul – war lange Zeit verrückt nach allem, was lila war. Er bekam einen Wutanfall, wenn ein anderes Kind ihm den letzten lila Trinkbecher vor der Nase wegschnappte. Er wollte eine Winterjacke in lila und konnte nicht fassen, dass sein älterer Bruder sich keinen lila Schulranzen aussuchte. Eines Tages – mittlerweile war er vier – kam Paul mit lila lackierten Fingernägeln in die Kita. Ein älterer

Junge im Vorschulalter betrachtete die Fingernägel und sagte: „So was haben doch nur Mädchen!"
Woraufhin Paul erwiderte: „Stimmt nicht. Ich bin ein Junge, und ich habe das auch."
Da wusste der ältere Junge nichts drauf zu sagen – und zog von dannen.
Ich erzähle diese Anekdote aus zwei Gründen. Zum einen zeigt es – mal wieder – wie herrlich sachlich Kinder argumentieren können. Und zum anderen können wir daran ablesen, wann ungefähr sich die soziale Geschlechterrolle entwickelt. Denn während sich Paul mit seinen vier Jahren voller Freude die Fingernägel lila pinseln ließ, war der knapp sechsjährige Junge überzeugt, dass Nagellack nur auf Mädchenhände gehört. Und es dauerte kein Jahr mehr, bis Paul alles bäh fand, was lila war. Plötzlich weigerte er sich, aus lila Bechern zu trinken. Seine Winterjacke war ihm peinlich. Er wollte nicht mal mehr mit einem lila Stift malen. Pauls Eltern haben seine Lila-Besessenheit immer unterstützt. Trotzdem konnten sie seinen Sinneswandel nicht aufhalten. Denn Kinder lernen von anderen Kindern, von pädagogischen Fachkräften, Onkeln, Tanten, Omas und Opas, von der Verkäuferin hinter der Käsetheke und dem Eismann am Spielplatz. In unserer Gesellschaft existiert eine ganz klare Vorstellung davon, was Jungs- und was Mädchenkram ist. Ein Einhorn-Rucksack für Jungs? Niemals! Ein Rennauto-Shirt für Mädchen? Auf keinen Fall.
Natürlich sollen Kinder erkennen, dass es unterschiedliche Geschlechter gibt und zu welchem sie gehören. Aber wieso müssen wir ihnen den Spaß an Dingen verderben – nur, weil wir meinen, diese seien nicht geschlechtskonform?
Dass wir Kinder oft viel zu früh in eine Geschlechterrolle pressen, zeigt sich auch daran, dass viele Mädchen bereits im Kindergartenalter in Bikinioberteilen rumrennen. Wieso? Solange Mädchen keinen Busen haben, sehen ihre Brüste genauso aus wie die von Jungs. Mit dem Bikinioberteil sollen Mädchen etwas

verhüllen, wo es nichts zu verhüllen gibt. Wir Erwachsene sexualisieren so die Nacktheit von Kindern und geben Mädchen das Gefühl, dass sie sich für ihre Brust schämen müssen.

Ab ungefähr vier Jahren sind Rollenspiele, die sich rund um die Familie drehen, sehr beliebt. Bezeichnenderweise will bei „Mutter-Vater-Kind" bald niemand mehr das Kind sein. Kinder fühlen sich erwachsen, da passt die Rolle des Kindes nicht ins Selbstbild. Und weil sie schon so groß sind, möchten sie, dass ihre Bedürfnisse ernst genommen werden und sie „Nein" sagen dürfen. Jungs und Mädchen spielen immer häufiger auch getrennt voneinander. Jungs sind wild und laut und messen ihre Kräfte. Alles dreht sich um die Frage, wer stärker oder besser ist. Mädchen dagegen ziehen sich in eine Ecke zurück und versorgen ihre Puppen. Das klingt nicht nur nach Klischee, das ist auch eines. Kinder erfüllen mehr und mehr die Rollenbilder, die die Gesellschaft ihnen vorgibt.

Während Mädchen in dieser Phase für Papa schwärmen, würden Jungs am liebsten Mama heiraten. Aber sie entwickeln auch starke Gefühle für Gleichaltrige und suchen bei ihnen nach Nähe, Wärme und Geborgenheit. Die vielen Hochzeiten, die im Vorschuljahr in Kindergärten gefeiert werden, sind ein Beweis dafür.

Durch das Umfeld kommen Kinder in diesem Alter häufig mit dem Thema Schwangerschaft in Kontakt. Mama bekommt noch ein Baby. Und auch bei Tante Imke ist der Bauch ganz rund. Kindern dämmert es allmählich, dass Fortpflanzung nur mit zwei Geschlechtern funktioniert – und so sind Fragen zu Zeugung, Schwangerschaft und Geburt die logische Konsequenz. Bedauerlicherweise beantworten Erwachsene diese Fragen oft nicht oder in verniedlichter Form. Da kommen dann Bienchen und Blümchen zum Einsatz – und die Kinder verstehen die Welt nicht mehr. Zu Recht. (In Kapitel 5 erfahren Sie, wie Sie Ihr Kind aufklären können – altersgemäß und trotzdem wahrheitsgerecht.)

Gegen Ende der Kindergartenzeit fangen Kinder an, sich körperlich vor anderen zu schämen – vor allem vor Menschen des anderen Geschlechts. Plötzlich darf Mama nicht mehr ins Bad kommen, wenn Luis auf dem Klo thront.
Die Entwicklung von Körperscham ist ein Prozess, der hier startet und sich bis in die Pubertät hineinzieht.
Körperscham ist häufig anerzogen. Ohne gesellschaftliche Einflüsse würden Kinder bis Ende der Grundschulzeit in einer Blubberblase leben, in der sie körperlich ganz unbefangen sind. Aber weil wir Erwachsene ihnen vorleben und vorsagen, dass Nacktheit peinlich ist, ist die „unschuldige" Zeit häufig schon viel früher vorbei.
Der fünfjährige Sohn eines befreundeten Paares wollte sich beim Kinderarzt plötzlich nicht mehr ausziehen. Die Mutter verstand gar nicht, warum. Der Arzt hingegen durchblickte die Situation sofort. Er bat die junge Arzthelferin, den Raum zu verlassen. Und schwupps war das Entkleiden für den Jungen kein Problem mehr. Hut ab vor Kinderärzt*innen die solche Antennen haben.
Bei den meisten ist spätestens gegen Ende der Grundschulzeit die Körperscham so groß, dass sie sich nicht mehr freiwillig entblößen. Es gibt Kinder, die laufen länger unbefangen nackt durch die Gegend. In seltenen Fällen kann dies bis zum Einsetzen der Pubertät dauern.

Mit Auftreten des Schamgefühls fangen Kinder auch an, sexuelle Handlungen vor Erwachsenen zu verheimlichen. Doktorspiele finden jetzt meist hinter verschlossenen Türen statt. Und wenn Kinder sich selbst schöne Gefühle machen, dann nicht mehr ungeniert im Wohnzimmer.

AB IN DIE SCHULE, RAUS IN DIE WELT

Um die eigene Geschlechterrolle zu vertiefen, grenzen Grundschulkinder sich häufig vom andere Geschlecht ab. Jungs spielen mit Jungs, Mädchen mit Mädchen. Mehr noch als im Kindergarten bedienen sie die Erwartungshaltung der Erwachsenen: Mädchen sind vernünftig, Jungs machen sich dreckig und raufen.

Mittlerweile macht das Kräftemessen auch vor dem Intimbereich nicht halt. Dass Jungs sich gegenseitig zwischen die Beine treten, ist normal. Sie wollen damit den anderen dort treffen, wo dieser am empfindlichsten ist – und so ihre körperliche Überlegenheit demonstrieren. Sagen Sie bitte trotzdem was dazu. Schließlich kann so ein Tritt zu Verletzungen und dauerhaften Schäden führen.

In der Grundschule kommen Kinder das erste Mal mit organisierter Geschlechtertrennung in Kontakt: Es gibt Toiletten für Mädchen, es gibt Toiletten für Jungs. Bei den Sportumkleiden ist es genauso. All das war im Kindergarten noch anders. Das bestärkt Kinder darin, sich zu einer Seite zugehörig zu fühlen. Ihnen wird endgültig bewusst, dass sie ihr Geschlecht nicht einfach so ablegen können. Manche Kinder fühlen sich schon in so jungen Jahren mit ihrem biologischen Geschlecht nicht wohl. Das ist ein wichtiges Thema – das ich in diesem Buch aber nicht ausführen kann, weil es den Rahmen sprengen würde. Wenn Sie den Eindruck haben, dass dies auf Ihr Kind zutrifft, empfehle ich Ihnen, Unterstützung von außen hinzuzuziehen. Es gibt Beratungsstellen, entsprechende Adressen finden Sie hinten im Buch.

Kinder weisen die Zärtlichkeiten ihrer Eltern jetzt häufig zurück. Während der Schulfeier bei Papa auf dem Schoß sitzen? An Mamas Hand über die Straße gehen? Nein, danke. Sie sind doch keine Babys mehr.

Sie nabeln sich zunehmend ab und werden selbstständig. Anton hält es für überflüssig, in sein Hausaufgabenheft zu schreiben. Er hat doch alles im Kopf. Sofie weigert sich, weiter Blockflöte zu spielen. Es muss Akkordeon sein. Und Tom trägt eines Morgens seinen Autoteppich zur Mülltonne – den braucht er jetzt nicht mehr. Spätestens mit der Klassenfahrt sind Kinder das erste Mal alleine weg von zu Hause. Und auch wenn es nur wenige Nächte sind, so ist es für sie doch eine extrem wichtige Erfahrung. Das geht schon mit der Frage los: Kuscheltier mitnehmen oder zu Hause lassen? Das Kuscheltier ist Geborgenheit to go – aber eben auch uncool. Eine Zwickmühle.

In der Jugendherberge wagen Kinder dann Dinge, die zu Hause verboten sind oder die ihre Eltern nicht gut fänden. Aber die sind ja sooooo weit weg. Sie essen heimlich Süßigkeiten (nach dem Zähneputzen!), sie versuchen, die Nacht durchzumachen, sie ziehen drei Tage die gleiche Unterhose an. Sie testen aus, was sie im Familienkontext nicht austesten können – und bauen sich so ihre eigene kleine Welt zusammen, die von nun an immer größer wird.

Auf dem Schulhof kommen Kinder mit sexualisierter Sprache in Berührung. Von den Älteren lernen sie Wörter, die sie ganz ungefiltert übernehmen – „Hurensohn" gehört plötzlich zum normalen Wortschatz. Und weil sie merken, dass sie bei Erwachsenen damit eine – bisweilen heftige – Reaktion auslösen, nutzen sie sie zur Provokation.

Viele Kinder haben zu diesem Zeitpunkt verinnerlicht, dass ihre Fragen zum Thema Sexualität von Erwachsenen nicht ernst genommen oder nur ausweichend bis gar nicht beantwortet werden. Deshalb haben viele aufgegeben, solche Fragen zu stellen. Aber den

„Hurensohn" sehen sie als Chance, aus den Erwachsenen eine Haltung herauszukitzeln und vielleicht nebenbei ein paar Informationen abzugreifen. Was ist eine Hure eigentlich genau?
In dieser Phase steigt die Bedeutung der eigenen Peergroup. Kinder möchten dazugehören. Sie definieren sich über Filme und Serien, über Fußballvereine oder Gadgets, die die Klassenzimmer erobern. In meiner Kindheit waren es Jojos, heute sind es Fidget Spinner (auch schon wieder out) oder Beyblades.
Mädchen finden Jungs (angeblich) total doof, umgekehrt verhält es sich genauso. Heimlich interessieren sie sich brennend füreinander – nur zugeben würde das niemand. Eine beliebte Beschäftigung auf dem Schulhof ist „Mädchen fangen Jungs". Dieses Spiel ist ein erstes erotisches Necken und ein wichtiger Schritt in der Sozialisierung von Sexualität. Denn hier können Kinder ihren Marktwert testen. Welchem Jungen rennen die Mädchen besonders gerne hinterher? Vor welchem Mädchen bauen die Jungs sich bevorzugt auf, in der Hoffnung, dass sie zuschnappt?
Ein weiterer Aspekt ist die körperliche Tuchfühlung. Wer sich fangen will, *muss* sich anfassen. Wie praktisch. Die Berührungen sind nicht mehr unbefangen wie bei den Doktorspielen, sondern erreichen allmählich eine neue Dimension.
Dass der Körperkontakt im Rahmen von klaren Spielregeln abläuft, macht die Sache für alle einfacher. Ohne das Spiel als Rahmen würden die Kinder sich niemals an das andere Geschlecht heranwagen. Noch.

Plötzlich macht es peng! – und es ist passiert: Emily hat sich in Jonas verknallt. Das hält ein paar Tage oder auch ein paar Wochen – die Gefühle sind in dieser Phase sehr flatterhaft. Von heute auf morgen ist Jonas abgemeldet und ihr neuer Auserwählter heißt Can.
Mädchen erzählen sehr freimütig, für wen ihr Herz gerade schlägt. Ganz anders sieht es bei den Jungs aus. Pavel hat sich ebenfalls verliebt. Aber er würde das *niemals* zugeben. Die meisten Jungs

tun lieber so, als ob ihnen das Gekicher und Geflirte der Mädchen fürchterlich auf die Nerven geht. Dass sie sich heimlich geschmeichelt fühlen, verrät nur ihr breites Grinsen.
Die Körperscham ist mittlerweile so ausgeprägt, dass viele Kinder sich nicht mehr nackt vor vertrauten Menschen zeigen wollen – und vor Fremden schon gar nicht. Es ist sehr wichtig, das zu respektieren. Wenn ein Kind darauf besteht, alleine in die Badewanne zu gehen – und nicht mehr mit Mama, Papa, Bruder oder Schwester – dann sollten Sie das unbedingt akzeptieren. Genauso okay ist es, wenn Kinder sich nicht mehr auf den Mund oder gar nicht mehr küssen lassen möchten. Vielen ist das ab diesem Alter unangenehm.
Viele Erwachsene nehmen es nicht ernst, wenn Kinder sich genieren. Vor allem Jungs wird das nicht zugestanden.
Das zeigt folgende Geschichte aus einem Schwimmverein: Dort sollen die Kinder des Seepferdchenkurses sich nach Möglichkeit alleine umziehen. Wenn die Eltern ihnen das nicht zutrauen (und das sind erstaunlich viele), dann müssen sie mit den Kindern in die Umkleide, die ihrem eigenen Geschlecht entspricht. Der Grund: Im Anschluss folgt eine Schwimmgruppe mit Neun- bis Zwölfjährigen. Und für die ist es unangenehm, sich vor Erwachsenen des anderen Geschlechts nackt zu machen. Viele Mütter ignorieren das. Sie finden, die älteren Jungs sollten sich nicht so anstellen, sie „gucken ihnen schon nichts weg“. Also marschieren sie Woche für Woche mit ihren fünfjährigen Söhnen in die Herrenumkleide. Woche für Woche müssen die Schwimmlehrer mit den Müttern über den Sinn der Regel diskutieren. Woche für Woche erweisen diese sich als völlig unbelehrbar. Würden Väter sich mit dem gleichen Selbstverständnis zu neun- bis zwölfjährigen Mädchen in die Damenumkleide stellen, wäre das Geschrei vermutlich groß.
Aber nicht nur in Bezug auf Körperscham liegen Erwachsene in ihrer Einschätzung häufig daneben. Auch zu vielen anderen

Problemen von Kindern haben sie keinen Zugang. Sagt ein Kind zum Beispiel, dass es die Hausaufgaben nicht kann, meint der Vater nicht selten zu wissen, dass das Kind könnte, wenn es nur wollte.

Das führt dazu, dass Kinder sich von ihren Eltern und anderen Bezugspersonen missverstanden fühlen. Deshalb sind sie auf der Suche nach Vorbildern, die ihre Fragen beantworten, ihnen Halt geben – und ihnen dadurch Selbstwert und Sicherheit vermitteln. Das kann der Betreuer aus der Offenen Ganztagsschule sein, die Trainerin im Sportverein oder der Leiter der Jugendgruppe um die Ecke.

Gegen Ende der Grundschulzeit fangen Kinder an, auf ihr Aussehen zu achten. Jetzt darf es nicht mehr der abgelegte Pulli des älteren Cousins sein. Und das von Oma Selbstgenähte fliegt in hohem Bogen in die Ecke. Die Eitelkeiten haben ein Ziel: Die Aufmerksamkeit des anderen Geschlechts auf sich zu ziehen. Denn die Pubertät kratzt schon an der Tür.

DIE GROSSE ACHTERBAHNFAHRT: MIT VOLLGAS IN DIE PUBERTÄT

Mit Beginn der weiterführenden Schule werden Karten und Gruppen noch mal neu gemischt. Manche Freundschaften verlaufen im Sande, neue entstehen.
Die eigene Clique wird für Kinder immer wichtiger und ist bald der Mittelpunkt ihres Universums. Hier fühlen sie sich aufgehoben und verstanden – anders als bei ihren Eltern. Viele Kinder suchen nun bewusst den Streit mit ihnen. Das ist normal und gehört zum Abnabelungsprozess dazu.
„Ich bin kein Kind mehr!" – welcher Vater, welche Mutter kennt ihn nicht, diesen Satz aller Sätze, den Frühpubertierende so häufig raushauen.
Gut, tun wir ihnen diesen Gefallen. Ab jetzt werde ich die Kinder „Jugendliche" nennen. Vielleicht probieren Sie das auch mal. Ihr Kind wird mächtig stolz sein, kein „Kind" mehr zu sein.
Um sich dem Einfluss der Eltern zu entziehen, treffen Jugendliche sich immer öfter außerhalb der eigenen vier Wände. Jungs und Mädchen fangen an, sich in Gruppen miteinander zu verabreden. Beim Eisessen, Schlittschuhlaufen oder im Schwimmbad flirten sie miteinander – oft getarnt als gegenseitiges Piesacken. Aber es dauert nicht lange, dann lösen Spiele wie „Flaschendrehen" oder „Wahrheit oder Pflicht" das Ärgern ab. Auch hier bildet das Spiel die Möglichkeit, das eigene Attraktivitätslevel zu testen und sich mit anderen zu vergleichen. Und auch hier dienen die festgelegten Regeln als Vorwand, um die sexuelle Neugier aufs andere Geschlecht zu befriedigen. Häufig sind sie der Anstoß für mehr: Bei vielen kommt es in dieser Phase zum ersten richtigen Kuss.
Kleidung wird für Jugendliche an der Schwelle zur Pubertät immer wichtiger. Sie definieren sich darüber. Dabei geht es nicht mehr nur ums Optische. Nein. Ab jetzt müssen Kleider von einer bestimmten Marke sein. Denn wer coole Klamotten hat, genießt ein hohes Ansehen. Sie sind ein Statussymbol – genauso wie Handys.
Die jugendliche Kleiderfrage dient zunehmend dazu, die Eltern zu provozieren. Die Hosen der Jungs rutschen immer tiefer, die

Röcke der Mädchen werden immer kürzer. Bei Jungs blitzen die Boxershorts heraus, bei Mädchen die Träger der BHs. Mit Absicht. Die Eitelkeit ist bei der Unterwäsche angekommen – und jeder will zeigen, was er drunter trägt. Die Eltern legen ein Veto ein, der Krach ist vorprogrammiert. Was der Nachwuchs wann, wo und wie anziehen darf, ist in vielen Familien ein zentrales und hochemotionales Streitthema.

Sprache ist für Jugendliche ein weiteres Mittel, um sich von Erwachsenen abzugrenzen und ihre Aufmerksamkeit zu erregen. Oft werfen sie mit sexualisierten Schimpfwörtern um sich. Anders als in der Grundschule wissen sie zwar mittlerweile, was die Wörter bedeuten, die sie benutzen. Aber einen Sinn ergeben die verbalen Ausfälle deswegen noch lange nicht. Wie Sie damit umgehen, erfahren Sie später.

In den frühen Jahren der weiterführenden Schule schwärmen Jugendliche häufig für ältere Jugendliche und Erwachsene – oder für Youtube-Stars, Sänger*innen, Schauspieler*innen oder Influencer*innen. Hauptsache, das Objekt der Begierde ist unerreichbar. Das nimmt ihnen den Druck, die Initiative ergreifen zu müssen. Heute himmeln sie auf Instagram, wir hatten den BRAVO-Starschnitt. Unterm Strich ist beides das Gleiche.

Mit ungefähr zehn bis zwölf Jahren macht die Pubertät sich durch erste körperliche Veränderungen bemerkbar. Der Zeitraum, in dem diese auftreten, kann mehrere Jahre umspannen. Manche Jugendliche sind sehr früh dran, andere sehr spät. Normalerweise setzt die Pubertät nicht vor dem zehnten und nicht nach dem 16. Lebensjahr ein. Wenn Sie unsicher sind, ob Ihr Kind sich normal entwickelt, holen Sie sich bitte ärztlichen Rat.

Die folgenden Illustrationen zeigen, was in der Pubertät passiert.[4] Viele Veränderungen ziehen sich über einen längeren Zeitraum und laufen parallel. Bei Mädchen dauert die Pubertät durchschnittlich vier, bei Jungs drei Jahre.

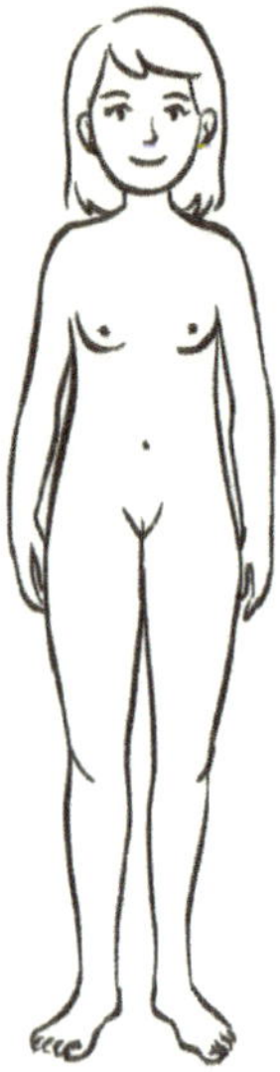
HIRNSTRUKTUREN VERÄN-
DERN SICH
12 - 16 JAHRE
KÖRPERHAARE
9 - 16 JAHRE
BRÜSTE WACHSEN
9 - 17 JAHRE
EIERSTÖCKE
PRODUZIEREN
HORMONE
9 -14 JAHRE
ERSTE PERIODE
9 - 16 JAHRE

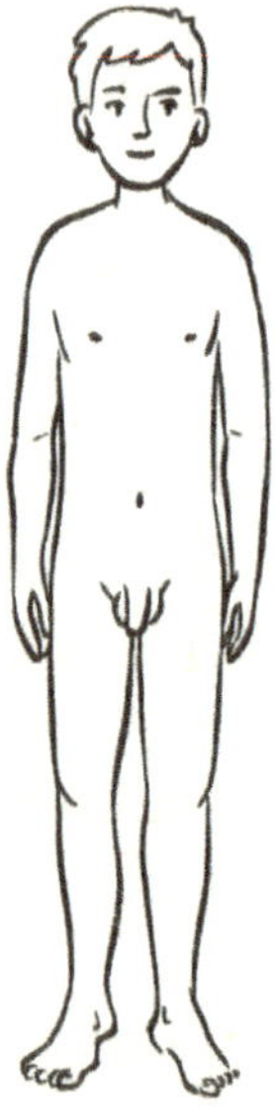
HIRNSTRUKTUREN
VERÄNDERN SICH
12 - 16 JAHRE
BARTWACHSTUM
15 - 19 JAHRE
STIMMBRUCH
11 - 16 JAHRE
HODEN PRODUZIEREN
HORMONE
9 - 14 JAHRE
KÖRPERHAARE
10 - 16 JAHRE
ERSTER SAMENERGUSS
11 - 15 JAHRE
PENIS UND HODEN
WACHSEN
9 - 16 JAHRE

Mädchen sind kurz vor der ersten Menstruation geschlechtsreif und können schwanger werden. Der erste Samenerguss hingegen enthält nicht unbedingt Spermien. Nur die wenigsten Jungs sind ab der Ejakularche zeugungsfähig, bei den meisten dauert dies bis zum 13. Lebensjahr.

Die Pubertät geht mit starken Stimmungsschwankungen einher. Am Frühstückstisch ranzt Timo erst mal alle an, fünf Minuten später wirft er sich in Mamas Arm und will sie nicht gehen lassen. Eine echte Achterbahn eben.

Teenies sind oft lustlos, ihnen ist nach eigenen Worten „alles scheißegal". In dieser Phase hängen viele ihre Hobbys an den Nagel. Jungs, die vorher bei jeder Gelegenheit auf dem Bolzplatz standen, würdigen ihre Fußballschuhe keines Blickes mehr. Mädchen finden Ballett plötzlich total out. Jugendliche würden in dieser Phase am liebsten den ganzen Tag mit ihren Freund*innen abgammeln.

Und natürlich macht die Lustlosigkeit auch vor der Schule nicht halt. Das siebte und achte Schuljahr beschreiben Lehrer oft als besonders schwierig. Jugendliche lassen sich kaum noch motivieren – nicht durch gutes Zureden, und durch Strafen schon mal gar nicht. Denn Teenies juckt das schlichtweg nicht. Sie lieben es, in Opposition zu gehen. Sie streiten, sie diskutieren, sie stellen infrage. Sie bocken, sie machen dicht und ziehen sich zurück. Die Pubertät ist für Eltern, Lehrkräfte und andere erwachsene Bezugspersonen ein Höllenritt. Und für die Jugendlichen selbst letztendlich auch.

Sie haben nun ein großes Bedürfnis nach Privatsphäre. Die Türen zum eigenen Reich werden mit Stoppschildern und Warnhinweisen vollgetackert. Und wehe, Papa kommt rein, ohne anzuklopfen. Das kann schon mal einen hysterischen Schreikrampf zur Folge haben. Jüngere Geschwister verstehen die Welt nicht mehr. Wer ist das übellaunige Wesen, das sie regelmäßig hochkant aus dem Zimmer wirft?

Jugendliche in der Pubertät wissen oft nicht, wohin mit sich. Und deshalb hat die Identifizierung über Mode, Musik und Idole eine so große Bedeutung. Wer auf die gleiche Band steht, die gleichen Klamotten trägt, den gleichen Accounts folgt wie andere, fühlt sich zugehörig und normal. Und „normal" zu sein, ist für Jugendliche extrem wichtig.
Außerdem sind sie ständig auf der Suche nach Bestätigung – die ihnen dann wiederum hilft, ihre Identität weiter auszubilden. Wenn ein Mädchen auf TikTok viele Herzen für ihr Video erhält, wenn ein Junge von anderen Komplimente für seinen neuen Schulrucksack bekommt, dann fühlen sie sich angenommen und auf dem richtigen Weg.
Wir Erwachsenen sind da übrigens nicht anders. Fragen wie „Bin ich beliebt?", „Bin ich wichtig?" treiben die meisten von uns um – selbst wenn wir das nicht gerne zugeben. Auch Jahre nach der Pubertät schaffen wir Identität über Äußerlichkeiten – exklusiver Weinkeller, cooles Hobby, fetter SUV – und ziehen Selbstbewusstsein aus der Bewunderung durch andere.

In der Pubertät erlangen Jugendliche einen kognitiven Zugang zu Sexualität. Plötzlich kann ein Gegenüber Lustgefühle auslösen. In erotischen Träumen und Fantasien spielen andere Menschen auf einmal eine tragende Rolle. Die körperliche Erregung, wie wir Erwachsene sie kennen, steht in den Startlöchern und macht erste Gehversuche. Es geht nicht mehr nur um das schöne Gefühl selbst, sondern um das Drumherum. Ein Busen ist kein Busen ist kein Busen mehr.

Die vermehrte Hormonausschüttung befeuert die sexuelle Begierde. Und irgendwo auf dem Weg zwischen Kindheit und Erwachsensein befriedigen Jugendliche sich das erste Mal selbst – und zwar in vollem Bewusstsein dessen, was sie da tun. Mit kindlicher Masturbation hat das nichts mehr zu tun. Nein. Die Sexualität ist endgültig erwachsen geworden. Ich möchte Ihnen hier bewusst kein konkretes Alter für die erste „echte" Selbstbefriedigung nennen. Denn der Zeitpunkt ist so individuell wie jeder Mensch einzigartig ist.

Sich und den eigenen Körper kennenzulernen, ist ein wichtiger Baustein der Sexualität. Dazu erfahren Sie später mehr.

Von der Natur ist vorgesehen, dass wir Menschen uns selber erregen können. Damit soll in Phasen des Alleinseins der sexuelle Trieb vor dem Verkümmern bewahrt werden. Denn er ist Grundvoraussetzung für das, was die Menschheit am Leben hält: die Fortpflanzung.

Jugendliche haben ein großes Interesse an erotischen oder pornografischen Videos. Anders als früher, als der Kauf des Playboys oder das Leihen eines Pornos zum Spießrutenlauf wurde, sind solche Inhalte heutzutage nur einen Klick weit entfernt. Diese Videos dienen als Aufhänger, um mit Gleichaltrigen über Sexualität zu sprechen. So weit, so gut. Aber viele Jugendliche nutzen die Pornos auch, um sich körperlich mit den Darstellern abzugleichen. Was darin für Möglichkeiten und Gefahren liegen, und wie Sie diesen als Eltern begegnen können, erfahren Sie in Kapitel 6.

Mit circa elf bis 17 Jahren wagen die meisten Teenies das erste Mal den Schritt in eine „feste" Beziehung (wir nannten das früher „miteinander gehen"). Diese kann drei Wochen halten oder auch sieben. Von großer Dauer ist sie in der Regel nicht. Jugendliche müssen Zusammensein und Zusammenbleiben zunächst mal üben. Je älter sie werden, umso größer ihr Durchhaltevermögen. Manche schaffen Monate, andere gar Jahre. Und natürlich gibt es junge Menschen, die viel später dran sind – und welche, deren erste Beziehung gleich ein Volltreffer ist und sehr lange hält. Alles okay, alles normal.

Übrigens: Viele Menschen bezeichnen später eine dieser frühen Beziehungen als die erste große Liebe ihres Lebens. Das hat oft damit zu tun, dass die Beziehung nicht nur eine emotionale Ebene hat – sondern auch eine sexuelle.

Auf das erste Petting – mit ungefähr zwölf bis 17 Jahren – folgt mit circa 14 bis 18 Jahren der erste Geschlechtsverkehr. Und auch hier gilt: All das sind nur Durchschnittswerte. Niemand sollte sich unnormal fühlen oder unter Druck setzen, weil er oder sie in den eigenen Augen besonders spät dran ist. Den ganzen Mythos, der sich um das erste Mal rankt, werde ich später noch beleuchten.

Die kommenden Jahre stehen ganz im Zeichen der sexuellen Orientierung. Mit der Pubertät richtet sich die sexuelle Lust auf Geschlechtlichkeit – und damit auf ein bestimmtes Geschlecht. Manche Teenies wissen sehr früh, dass sie homosexuell sind – aber viele von ihnen wagen nicht, das auszuleben. Andere wiederum suchen homoerotische Erfahrungen, um ihre Neugier zu befriedigen. In diesem Fall geht es wirklich nur um die Erfahrung, mit sexueller Orientierung hat das nichts zu tun. Mädchen sind hier meistens experimentierfreudiger als Jungs. Diese schrecken oft auch deswegen davor zurück, weil „schwul" – alleine durch den inflationären Gebrauch als Schimpfwort – immer noch negativ behaftet ist. Bedauerlicherweise.

Es ist nicht verwerflich, wenn Jugendliche häufig wechselnde Sexualpartner*innen haben. Es geht darum, den Erfahrungsschatz zu erweitern. Unsere kulinarischen Vorlieben erkennen wir, indem wir viele unterschiedliche Speisen kosten. Beim Sex ist das nichts anderes. Nur wer sich ausprobiert, weiß, worauf er steht. Und deswegen ist es okay, wenn in diesem Lebensabschnitt viel geknutscht und gefummelt wird.

Neurobiologische Forschungen haben zu der Erkenntnis geführt, dass das Gehirn während der Pubertät tiefgreifenden Reorganisationsprozessen unterliegt. Das bietet Jugendlichen die Möglichkeit, bisherige Denk- und Verhaltensmuster aufzulösen oder zu modifizieren. Vielleicht schmeckt Spargel gar nicht sooooo eklig, möglicherweise ist Mamas Playlist doch nicht soooo scheiße – und eventuell hat Papa recht: Es ist es angenehmer, mit dem Fahrrad zur Schule zu fahren als stundenlang auf den Bus zu warten. Umgekehrt muss Papa damit klarkommen, dass seine Tochter sich plötzlich als FC-Bayern-Fan outet. Vorbei die schöne Zeit, als sie jedes Wochenende mit ihm ins Stadion tingelte, um *seinem* Verein zuzujubeln.

Die Pubertät bietet eine riesige Chance, die Bindung zwischen Eltern und Kind zu vertiefen. So paradox das klingt: Am besten klappt das, wenn Sie loslassen. Ihr Kind muss die Möglichkeit haben, ein eigenes Konzept zur Lebensgestaltung zu entwickeln. Fehler, Missgeschicke und schlechte Erfahrungen gehören dazu. Davor können und sollten Sie Ihr Kind nicht bewahren. Aber Sie können der sichere Hafen sein, in den es heimkehren kann, wenn die See da draußen zu rau ist. Diese Gewissheit schafft eine tiefe Bindung.

Für das Gehirn ist die Pubertät wie eine zweite Geburt. Und deshalb ist sie auch so irre anstrengend – für alle Beteiligten. Aber irgendwann ist es da, das Licht am Ende des Tunnels. Willkommen auf der anderen Seite.

ENDLICH RUHE: DIE SEXUALITÄT VON ERWACHSENEN

Die sexuelle Entwicklung des Menschen ist zu diesem Zeitpunkt eigentlich abgeschlossen. Eigentlich. Denken Sie an das Beispiel vom Anfang des Kapitels: Der Rohbau ist fertig. Nun geht es darum, das Haus auszugestalten, sich einzurichten und im besten Fall wohlzufühlen.

Viele Erwachsene zwischen 20 und 30 Jahren leben ihre Sexualität mit ausgewählten Partner*innen. Für die meisten sind die ganz turbulenten Zeiten in diesem Alter vorbei. Für manche, weil sie sich an gesellschaftlichen Normen orientieren. Andere haben genügend Erfahrungen gesammelt und wissen nun, was ihnen gefällt. In unserem Haus veranstalten wir also nicht mehr jeden Abend eine wilde Party, sondern nur noch ab und zu. Wir mögen es lieber aufgeräumt. Aber nicht nur mit unserem Sexleben passen wir uns an moralische und gesellschaftliche Standards an. Unser Verhalten wird insgesamt regelkonformer. Wir legen in der U-Bahn die Füße nicht mehr auf der Sitzbank ab und trennen artig unseren Müll.

Die Definition von Sex ist in dieser Lebensphase deutlich enger gefasst als zuvor: Er ist auf die Genitalien ausgerichtet und soll zu einem hoffentlich befriedigenden Höhepunkt führen. Merken Sie, wie viel Druck alleine schon in diesem Satz steckt? Und was macht der Druck mit dem Sexleben in unseren Beziehungen? Das ist eine ganz wichtige Frage, zu der ich Ihnen später Antworten liefern werde.

Sex kann der Fortpflanzung dienen, muss aber nicht. Zwar steht auch für Jugendliche ab der Geschlechtsreife der Aspekt der Fortpflanzung, rein biologisch, im Raum. Aber für die allermeisten von ihnen geht es darum, Sex zu haben und dabei *kein* Kind zu zeugen. Bei Erwachsenen ist das anders, wenn plötzlich der Kinderwunsch erwacht. Der Fortpflanzungstrieb hat übrigens nichts mit der sexuellen Orientierung zu tun. Auch homosexuelle Paare beschäftigen sich mit der Nachwuchsfrage. Wer dagegen keine Kinder will, muss in dieser Phase häufig nervige Kommentare von Familie, Freund*innen und Bekannten über sich ergehen lassen. Manche Paare schweißt das enger zusammen, andere zerbrechen daran.

Wer einen Kinderwunsch verspürt, ändert sein Beuteschema. Plötzlich zählt bei der Partnerwahl Verlässlichkeit mehr als Abenteuergeist. Finanzielle Sicherheit ist nicht mehr spießig, sondern beruhigend. Vor dem ersten Sex, werden die wichtigen Fragen geklärt: Sind die Vorstellung von Familien- und Lebensplanung die gleichen? Gibt es eine gemeinsame Vision für das, was kommt?

Auch bestehende Beziehungen erhalten eine neue Dimension, sobald die Familiengründung zu einer ernsthaften Option wird. Die Zukunft bekommt mehr Gewicht und nimmt Einfluss auf die Gegenwart. Paare werden kompromissbereiter. Das Handtuch zu werfen, kommt für viele an diesem Punkt nicht mehr infrage.

Es gibt wohl kaum ein Ereignis, das sich einschneidender auf das Sexualleben von Menschen auswirkt als die Geburt eines Kindes. Plötzlich drängelt sich ein Miniwesen zwischen das Paar und nimmt mehr Raum ein, als die Eltern jemals für möglich gehalten hätten. Wie Sie damit umgehen, erfahren Sie in Kapitel 7.

Ab Ende 30, Anfang 40 fängt der Körper an, sich gravierend zu verändern. Bei Frauen wird die Brust schlaffer, das Gewebe schwächer. Männer legen – vorwiegend am Bauch – ein paar Kilo zu. Jung und knackig sieht anders aus. Gerade Frauen haben in dieser Phase häufig Angst, durch eine jüngere, straffere Konkurrentin ersetzt zu werden. Puh, schon wieder die Druckkeule.

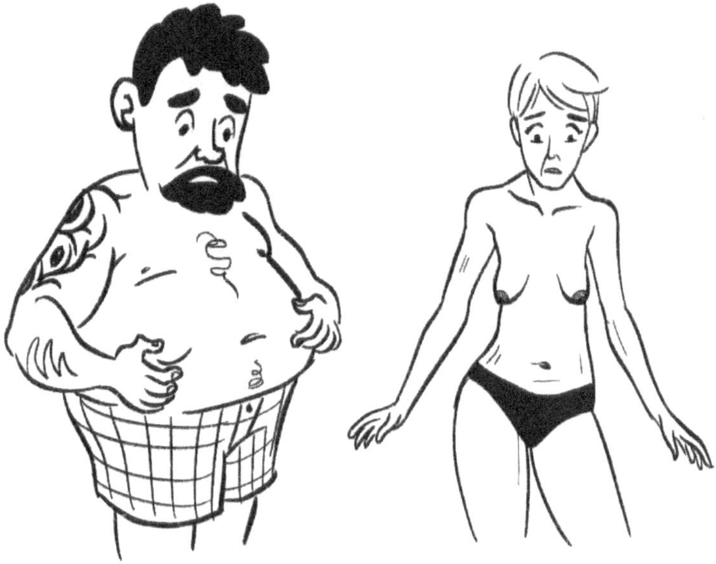

Während Männer bis ins hohe Alter fortpflanzungsfähig sind, setzen bei Frauen ab Mitte 40 die Wechseljahre ein. Die Aussicht, bald nicht mehr fruchtbar zu sein, ist für viele ein Problem. Nicht, weil sie noch mal Kinder bekommen möchten. Aber die Menopause ist in ihren Augen der endgültige Beweis, dass sie die besten Jahre hinter sich haben. Sie wird definiert als zwölf Monate ohne Regelblutung. Im Durchschnitt sind Frauen 51 Jahre alt, wenn sie die Menopause erreichen.

Ihre sexuelle Lust ändert sich – rein faktisch – durch die hormonellen Veränderungen nicht. Ihr Körper produziert zwar weniger Testosteron, aber dafür schüttet er andere Sexualhormone aus, die den weiblichen Sexualtrieb am Leben halten.

An anderer Stelle macht sich Umbruch allerdings doch bemerkbar: Die Vagina ist trockener, die Scheidenwand weniger elastisch.

Auch Männer kommen in die Wechseljahre. Und entgegen der landläufigen Meinung sind sie durch die körperlichen Veränderungen, die diese mit sich bringen, viel stärker beeinträchtigt als Frauen. Der Penis funktioniert nicht mehr so selbstverständlich wie all die Jahrzehnte zuvor. Der Mann braucht länger, um eine vollständige Erektion aufzubauen – und auch länger, um nach einem Orgasmus erneut startklar zu sein. All das passt nicht in das (Selbst)-Bild des ständig potenten Kerls, der immer will und immer kann. Ich habe viele Männer in meiner Praxis, die mit der Diskrepanz zwischen Wunsch und Wirklichkeit nicht klarkommen. Sie fühlen sich minderwertig. Und wenn der Sex mal schiefgeht – was passieren kann – fangen einige an, sexuelle Kontakte aus Unsicherheit, Scham und Versagensangst zu meiden.
Das Tröstliche ist: Die Wechseljahre gehen vorbei, ganz bestimmt. Und was danach kommt, ist besser, als die meisten denken.

JUCHU, ES GEHT WEITER: SEXUALITÄT IM ALTER

Die meisten älteren und alten Menschen definieren Sexualität neu. Nach Hausbau und Umbau, nach Sanierung und Schönheitsreparaturen, nach Möbelkauf und Möbelrücken, nach Sperrmüll und Neuanschaffung wird ihnen bewusst: So viel brauchen sie gar nicht. Die meisten nutzen nur noch einen kleinen Teil ihres großen Hauses und sind happy dort. Weniger ist das neue Mehr. Genitale Befriedigung war gestern – alleine schon der körperlichen Grenzen wegen. Die meisten Menschen nehmen das gelassen hin. Statt koitaler Lust gewinnen Nähe und Zärtlichkeit an Bedeutung. Hand in Hand durch den Wald zu spazieren oder eng beieinander auf einer Parkbank zu sitzen, kann für ältere Menschen das höchste sexuelle Glück bedeuten.
Der Verlust des*der Partner*in markiert für viele alte Menschen

einen besonders harten Einschnitt in ihrer sexuellen Entwicklung. Manche ziehen sich komplett zurück, andere blühen noch mal richtig auf. Natürlich ist es nicht leicht, sich in so hohem Alter neu zu verlieben. Aber es ist möglich. Und mit den Frühlingsgefühlen kommt vielleicht auch der Sexualtrieb zurück. Denn bei der sexuellen Entwicklung gibt es immer einen Cliffhanger. Es ist nie vorbei.

Wir alle können nicht beeinflussen, wann wir in die Pubertät kommen, ob unser Penis gerade oder unser Busen von Natur aus perfekt geformt ist. Aber wir können unsere eigene sexuelle Entwicklung und die unserer Lieblingsmenschen liebevoll begleiten. Ihr und unser sexuelles Glück liegt allein in unserer Verantwortung.

LEBENSLANGE AUFKLÄRUNG: WER SOLLTE WAS WANN WISSEN?

Für die Aufklärung gilt: Grundsätzlich sollten Kinder das Tempo selbst bestimmen. Wenn Sie ihnen zuhören und sie sorgsam beobachten, dann werden sie merken, wann sie wofür bereit sind. Wenn sie kein Interesse an Themen zeigen, die längst „überfällig“ sind, dann können und sollten Sie sie behutsam heranführen. Für kleinere Kinder gibt es zum Beispiel Puzzle und Spiele rund um den Körper. Oder Sie kaufen Ihrem Kind ein (Bilder-) buch zu einem bestimmten Thema. Außerdem gibt es Puppen mit Geschlechtsteilen. All das sind geeignete Hilfsmittel, um die Neugier Ihres Kindes zu wecken.
Die folgende Tabelle[5] zeigt, in welchem Lebensabschnitt welche Aufklärungsthemen ungefähr anstehen. In Kapitel 5 und 6 greife ich die wichtigsten Themen daraus auf. Wenn Sie diese mit Ihrem Nachwuchs besprechen, dann sind Ihre Sprösslinge gut gerüstet.

Für das Erwachsenenalter gibt die Tabelle eine Anregung, mit welchen Themen Sie sich in Bezug auf Ihre eigene Sexualität auseinandersetzen können. Wie Sie das umsetzen können, erfahren Sie in Kapitel 7.

Alter/ Lebensabschnitt	Was?
0–3 Jahre	Konkrete Bezeichnung aller Körperteile inklusive der Geschlechtsorgane; hierbei wichtig: die richtigen Begriffe. Ich empfehle „Penis“ und „Vulva“.
	Unterschiede zwischen den Geschlechtern erkennen können (erst körperliche, später soziale).
	Verschiedene Gefühle wahrnehmen und verbalisieren.
	Erstes Erlernen von Körperhygiene.
	Positive Haltung zum eigenen Körper entwickeln, zum Beispiel durch Streicheln des eigenen Körpers oder körperliche Rollenspiele mit anderen Kindern.
	Erste Ideen zu Familie und unterschiedlichen Verwandtschaftsgraden (Mama/Papa/Opa/Oma/Geschwister/Onkel/Tante).
3–6 Jahre	Weiterführung von Körperhygiene.
	Körperliche Altersunterschiede: Körper von Erwachsenen sehen anders aus als die von Kindern (Schambehaarung, Busen etc.)

3–6 Jahre	Konkretes Wissen, wie ein Kind entsteht.
	Das Leben: Kenntnis über Schwangerschaft, Geburt, Babys – und das Lebensende.
	Anerkennung von körperlichen, gesellschaftlichen, emotionalen und sozialen Unterschieden zwischen Menschen.
	Emotionen und Gefühle festigen/ausbauen.
	Möglichkeiten für Privatsphäre und Schamentwicklung schaffen.
	Wissen darum, dass nicht alle Menschen immer nett zu Kindern sind – egal ob Fremde, Freund*innen oder Familie. „Du darfst dir immer Hilfe holen!"
	Möglichkeiten der Mitbestimmung schaffen.
	Erste Auseinandersetzung mit Werten, Normen und Kulturen in Bezug auf Sexualität.
Grundschulalter	Körperwissen: Menstruation, Ejakulation, (biologische) Unterschiede Mann und Frau (innere und äußere Geschlechtsorgane).
	Geschlechtskrankheiten
	Erstes Wissen: Sexualität und Körperbilder in den Medien und deren Einordnung.
	Weitere Festigung und Auseinandersetzung mit Gefühlen.
	Unterscheidung von Freundschaft, Liebe, Lust.
	Festigung von Scham und Privatheit.

Grundschulalter	Unterschiedliche Lebensformen: Ehe/Single/alleinerziehend/Patchwork/Scheidung.
	Sexuelle Rechte von Kindern (Informationsrecht auf Aufklärung/Kinderrechte).
	Einordnung von Geschlechterrollen.
	Unterscheidung von Homo- und Heterosexualität als unterschiedliche, aber gleichwertige Lebensform.
	Wissen um homosexuellen Sex: „So können Schwule/Lesben Sex haben."
	Erste Kenntnis über Pubertät: „Was kommt auf mich zu?"
	Verhütung: grober Überblick warum (Verhütung von Schwangerschaft UND Krankheiten) und ab wann.
	Wissen in Bezug auf Internet/Umgang mit Fotos/Chats usw. anlegen.
Jugendliche	Konkreteres Wissen über Pubertät.
	Einordnung von Begriffen wie „Gender" und „sexuelle Orientierung".
	Wissen um Masturbation (unabhängig vom Geschlecht).
	Wissen um Zyklus/Eisprung usw. (geschlechtsunabhängig).
	Wissen um Verhütung (konkretisieren und festigen).
	Weiterführung von Gefühlen wie z. B. Eifersucht.

Jugendliche	Unterschiedliche Möglichkeiten der Stimulation: Petting, Geschlechtsverkehr.
	Verschiedene Sexualpraktiken: oraler, analer, vaginaler Geschlechtsverkehr.
	Informationen zum ersten Mal (Erwartungen vs. Realität).
	Grundlegendes Wissen um Sexualität und Körperbilder in den Medien.
	Wissen um Sex gegen Bezahlung/Gegenleistung und um Sex als Mittel der Erpressung.
	Wissen in Bezug auf Internet/Umgang mit Fotos/Chats etc. verfestigen, vertiefen und immer wieder auffrischen.
	Dating/Verabredungen/Flirten (digital und im echten Leben).
	Weiterführung und Konkretisierung von sexuell übertragbaren Krankheiten
	Information über Beratungsstellen: Wo und welche.
	Informationen bez. Gynäkologie und Urologie.
	Schwangerschaft/Adoption bei gleichgeschlechtlichen Paaren.
	Informationen über ungeplante Schwangerschaft und Schwangerschaftsabbruch.
	Umgang in Clique und Freundeskreis mit Sexualität.
	Wissen um Beziehungsgestaltung: Dating, zusammenkommen, zusammenbleiben und beenden einer Beziehung.

Jugendliche	Umgang mit Problemen innerhalb der Beziehung.
	Umgang mit Trennung.
	Verbalisieren von Wünschen und Bedürfnissen mit Sexualpartner*innen.
	Wissen um die Erklärung der sexuellen Menschenrechte, verabschiedet von der World Association for Sexual Health (WAS).[6]
	Wissen und Kompetenzen zur Einordnung von Pornografie (gilt für alle Geschlechter).
	Sexualität in unterschiedlichen Altersstufen
Erwachsene	Auseinandersetzung mit länger andauernden Partnerschaften (zusammenziehen, Krisen durchstehen).
	Umgang mit Sexualität in längeren Beziehungen.
	Weiterführung der Bedürfniskommunikation.
	Verfestigen von Lebensstil und Erwartungen (kann sich noch mal komplett ändern).
	Auseinandersetzung mit Kinderwunsch/unerfülltem Kinderwunsch/Schwangerschaft/Heirat/Lebensplanung.
	Umgang mit sexueller Lust und sexuellem Frust (von One-Night-Stand bis Langzeitbeziehung).
	Wissen um Auswirkungen von hormonellen Veränderungen auf den Körper.
	Wechseljahre (Mann/Frau).
	Umgang mit Verlust und Trennung.

KAPITEL 4:

WARUM IST ES SO WICHTIG, FÜR KINDER DER ANSPRECHPERSON NUMMER EINS ZU SEIN?

Wie bereits in Kapitel 2 erläutert, geben viele Eltern die Ernährung ihrer Kinder nur ungern aus der Hand. Wie oft habe ich Eltern über das Essen in Kita, OGS oder Schulkantine meckern hören. Zu viel Fleisch! Zu viele Fertigprodukte! Zu viel Salz und Zucker sowieso. Dafür: Zu wenig Vollkorn! Zu wenig bio. Und natürlich zu wenig Obst und Gemüse. Das mag alles stimmen. Und bitte verstehen Sie mich nicht falsch: Auch mir ist wichtig, was bei meinen Kindern auf den Teller kommt.
Aber: Die sexuelle Bildung unserer Sprösslinge ist für ihre Entwicklung ähnlich wichtig wie die Nahrung, die sie zu sich nehmen. Deshalb sollten wir ihr ähnlich viel Aufmerksamkeit widmen – auch wenn sie nicht so einfach messbar ist wie gesundes oder ungesundes Essen.

Viele pädagogische Fachkräfte haben keine ausreichende sexualpädagogische Aus- oder Fortbildung, um die sexuelle Entwicklung von Kindern angemessen zu begleiten. Das ist keine Kritik an den

Fachkräften – sondern eine am Ausbildungssystem. Alleine schon deshalb sollten Eltern sich von Anfang an als Ansprechperson für ihre Kinder positionieren. Und selbst wenn die Einrichtung Ihres Kindes ein gutes Konzept zur sexuellen Bildung hat, sollten Sie als Eltern weiter Ihrer Verantwortung gerecht werden. Toll, wenn Ihr Kind mehrere Ansprechpersonen hat.

Sie müssen keine Angst haben, dass Sie dabei etwas falsch machen. Das ist vergleichbar mit dem Essen, das Sie Ihrem Kind kochen: Nicht jedes Gericht ist perfekt, manchmal haben Sie eine Zutat nicht im Haus und müssen improvisieren – und trotzdem wird Ihr Kind satt. Und wenn Sie das Gericht dann ein zweites, drittes, viertes Mal kochen, wird es immer besser. Und irgendwann könnten Sie es sogar im Schlaf zubereiten.

Bei aller Vorliebe für selbst gekochtes Essen: Auswärts essen gehen ist auch mal ganz schön. Das heißt: Ihr Kind darf sich selbstverständlich auch bei Menschen außerhalb der Familie zu sexuellen Themen informieren. So kann es seine eigene Vorstellung von Sexualität, Liebe und Partnerschaft entwickeln.

Es kann passieren, dass Sie Ihrem Kind einen Sachverhalt erklären – und Ihr Kind protestiert: „Stimmt gar nicht, Frau Rappenmeier hat heute in der Schule was ganz anderes gesagt!“

In diesem Moment verarbeitet und bewertet Ihr Kind verschiedene Informationen und gleicht sie miteinander ab. Und das ist gut so. Wenn Sie sich Ihrem Kind als verlässliche Ansprechperson präsentieren, dann wird es die Infos, die es auf dem Schulhof aufschnappt, mit denen von Ihnen gegenchecken. Ihr Kind hört zum Beispiel von einem anderen Kind in der Schule, dass zwei Männer einander nicht heiraten können. Zu Hause haben Sie aber schon mal über Homosexualität gesprochen, und Ihr Kind weiß, dass Männer Männer und Frauen Frauen lieben können. Deshalb wird es sich über die Aussage des Kindes vermutlich wundern. Denn warum sollen Menschen nicht heiraten können, obwohl sie sich lieben? Es wird zu Ihnen kommen und Sie dazu befragen. Und Sie können ihm dann erklären, dass homosexuelle Paare in Deutschland mittlerweile – zum Glück – sehr wohl heiraten dürfen.

Wenn Sie Ihrem Kind bis dahin aber immer ausweichend oder gar nicht auf seine Fragen zu Homosexualität geantwortet haben, dann wird es die Information vom Schulhof („Männer dürfen keine Männer heiraten") vermutlich nicht hinterfragen. Und Sie werden nie erfahren, was Ihr Kind sich gerade für ein Weltbild zusammenbaut.

Kurz: Wenn Ihr Kind Sie von Anfang an als seine wichtigste Quelle für Informationen wahrnimmt, dann wird es sich auch mit seinen Fragen rund um Sexualität an Sie wenden. Und das kann nur in Ihrem Sinne sein.

IMMER DIESE NEUGIER

Ab einem bestimmten Alter löchern Kinder ihre Eltern regelrecht mit Fragen – und auch wenn die sich manchmal nach einer Sendepause sehnen, so versuchen sie doch meistens, ihre Sprösslinge mit den heiß begehrten Informationen zu versorgen. Und weil Sex wie Brokkoli ist, sollten Sie Fragen zu Sexualität mit der gleichen Selbstverständlichkeit beantworten wie alle anderen Fragen auch.

Ich weiß, dass das nicht immer einfach ist. Denn möglicherweise stellt Ihr Kind Fragen, die Ihnen die Schamesröte ins Gesicht treiben – zum Beispiel: „Was ist Fisting?"

Es ist völlig in Ordnung, wenn Sie sich in diesem Moment Zeit verschaffen. Sagen Sie Ihrem Kind, dass seine Frage Sie überrascht hat und Sie erst überlegen müssen, wie Sie darauf antworten. Und wenn Sie sich total unwohl fühlen, dann zeigen Sie das ruhig: „Es gibt Themen, über die Erwachsene nicht so gut sprechen können – und das hier gehört dazu."

Wichtig ist, dass Sie authentisch bleiben. Trotzdem sollten Sie in so einer Situation Ihrem Kind signalisieren, dass Sie ihm eine Antwort geben werden – wenn auch später.

Wenn Sie auf eine Frage die Antwort schlichtweg nicht wissen, dann zeigen Sie die Bereitschaft, sich entsprechend zu informieren oder sich mit Ihrem Kind gemeinsam auf die Suche zu begeben. Wenn Sie das tun, ist Google allerdings tabu. Möglicherweise bekommt Ihr Kind dort Bilder zu Gesicht, die es verstören. Aber dazu später mehr.

Es kann vorkommen, dass Ihr Kind in sehr unpassenden Momenten mit pikanten Fragen aufwartet. Auch hier dürfen Sie das Gespräch vertagen. Ihr Kind wird verstehen, dass Sie in bestimmten Situationen über bestimmte Dinge nicht reden möchten. Wenn es sich darauf verlassen kann, dass Sie abgeblockte Gespräche zu einem späteren Zeitpunkt aufgreifen, wird es sich damit zufriedengeben. Und deshalb gilt: Wer vertröstet, muss liefern. Sonst fühlt Ihr Kind sich von Ihnen an der Nase herumgeführt. Es wird dann beim nächsten Mal nicht lockerlassen, bevor es eine befriedigende Antwort erhalten hat. Wenn Sie den Fragen immer und immer wieder ausweichen, wird Ihr Kind irgendwann gar nicht mehr fragen. Und das ist noch viel schlimmer.

Kinder brauchen also verbindliche Bezugspersonen. Wer verbindlich ist und wer nicht, das haben sie ganz schnell raus. Spielt Oma Petra das Spiel zu Ende, nachdem sie es unterbrochen hat, um die Nachrichten im Radio zu hören? Rückt Papa am Wochenende zehn Minuten Fernsehzeit mehr raus – so, wie er es zugesagt hat? Hält der Lehrer sein Versprechen und bringt Fotos von sich als Teenie mit? Je verbindlicher Sie sind, umso mehr wird Ihr Kind Sie sich an Sie wenden, um seine Fragen zu klären.

Bei Fragen rund um Ihre eigene Sexualität dürfen Sie übrigens Grenzen ziehen. Sie sind nicht in der Pflicht, Ihrem Kind Fragen dazu zu beantworten. Wenn Ihr Sprössling beispielsweise wissen will, ob Sie schon mal Analsex hatten, könnte das hier eine angemessene Antwort sein: „Schön, dass dich mein Sexleben interessiert – aber darauf will ich dir keine Antwort geben, weil ich es zu privat finde. Allerdings kann ich dir sagen, dass Analsex eine Praktik ist, die unterschiedliche Menschen unterschiedlich gut finden."

Manchmal kommen Kinder mit Fragen um die Ecke, von denen Erwachsene denken, dass sie viel zu jung dafür sind. Bitte antworten Sie unbedingt trotzdem. Es ist besser, wenn Sie die Antwort liefern als große Geschwister oder das Internet. Und manchmal geben Kinder sich mit viel weniger Antwort zufrieden, als wir Erwachsene befürchten – was das folgende Beispiel beweist. (Es zeigt übrigens auch, dass neugierige Kinder sich nicht so einfach abwimmeln lassen.)

Ich stand vor ein paar Wochen am Bahnsteig und wartete auf einen Zug. Vor mir prangte ein riesiges Plakat mit einem Dildo – als Werbung für einen dieser Hochglanz-Erotikshops, die in den vergangenen Jahren so in Mode gekommen sind. Ein circa siebenjähriger Junge betrachtete den Dildo, drehte sich dann zu seinem Vater um und fragte: „Papa, was ist das?" Der Vater antwortete: „Nix." Nix? Die Antwort reichte dem Jungen nicht. Also versuchte er es noch mal: „Papa, – was – ist – daaaas?" Der Vater: „Nichts. Hab ich doch eben gesagt!" Der Junge blieb hartnäckig: „Aber das ist doch was. Seh ich doch." Der Vater – mittlerweile leicht genervt: „Das geht dich aber nix an." Der Junge: „Wieso nicht?" Der Vater schwieg.

„Paaaapaaaaaaa! Sag doch mal!" Daraufhin platze es aus dem Vater heraus: „Das ist ein Spielzeug für Erwachsene."
Der Junge zuckte mit den Schultern, sagte: „Ach so" – und nahm nun interessiert die Werbung für einen Joghurt-Drink in Augenschein. Während beim Betrachten des Plakats im Kopf des Vaters vermutlich ein ganzer Erotikfilm ablief, wollte sein Sohn lediglich wissen, was das für ein komisches Ding ist, das er noch nie gesehen hat. Mit der Antwort „Spielzeug für Erwachsene" war er völlig zufrieden.

WARUM AUFKLÄRUNG IN DER SCHULE ALLEINE NICHT REICHT

Fachleute sprechen von zwei Arten von Aufklärung: Da ist zum einen die Sachaufklärung. Hier geht es um faktisches Wissen über den Körper, Geschlechtskrankheiten, Verhütung, Schwangerschaft und so weiter. In der Sachaufklärung spielt der Aspekt „Gefahrenabwehr" eine große Rolle: Hier wird vermittelt, wie man

Schwangerschaften vermeiden und sich vor Geschlechtskrankheiten schützen kann.[7] Das ist ein wichtiger Part von Aufklärung – aber eben nur *ein* Part davon.

Der andere Teil ist die Emotionsaufklärung. Hier geht es um Werte, Normen und Vorstellungen von Liebe, Partnerschaft und Sexualität. Und da kommen Sie ins Spiel. Ihre Aufgabe ist es, bei der Aufklärung Ihres Kindes nicht in der Gefahrenabwehr hängen zu bleiben – sondern Sexualität positiv zu besetzen. Zumal Emotionsaufklärung im klassischen Aufklärungsunterricht in der Schule wenig bis keine Rolle spielt. Und das finde ich gut und richtig so. Denn Lehrer können Wissen abfragen und bewerten (was sie bei der Sachaufklärung tun). Aber Haltung und Werte zu beurteilen und zu benoten – das wäre aus meiner Sicht unpassend.

Es gibt einige Schulen, die für die Emotionsaufklärung Mitarbeiter von externen Beratungsstellen engagieren. Diese arbeiten dann im Rahmen eines zeitlich begrenzten Projekts mit den Kindern zusammen. Das finde ich toll. Aber: Auch das entbindet Eltern nicht von ihrer Verantwortung. Denn die Projekte dauern in der Regel höchstens eine Woche. Emotionale Aufklärung aber ist ein Prozess, der sich über viele Jahre – und genau genommen durchs ganze Leben – zieht.

WIESO AUFKLÄRUNG TROTZ INTERNET NÖTIG IST

Ich werde – wie bereits in Kapitel 1 angerissen – oft gefragt, ob Kinder sich ab einem gewissen Alter im Internet selbst aufklären können oder sollen. Und ich verstehe, dass der Gedanke erst mal verführerisch ist. Denn das würde Eltern und Kindern die ein oder andere peinliche Gesprächssituation ersparen.

Wir Eltern von heute sind die erste Flatrate-Generation überhaupt. Siri und Alexa ersetzen uns den Brockhaus. Und unsere Kinder machen es uns nach: Wenn sie eine Frage haben, dann fragen sie Google. Ich will das gar nicht negativ bewerten – ich möchte nur darauf hinweisen, dass unsere Kinder heute ruckzuck an Informationen und Bilder kommen, die für uns früher nicht oder nur sehr schwer verfügbar waren. Bei vielen Themen mag das okay oder sogar richtig gut sein – bei Fragen rund um Sexualität geht das meistens schief.

Ein Kind tippt seine Frage zu Sexualität in der Suchmaske ein – und erhält nicht eine Antwort, sondern Tausende. Es wird regelrecht mit Informationen erschlagen. Woher weiß es, welches die richtige ist? Wie soll es die Infos in seinem Kopf sortieren?

Bitte verstehen Sie mich nicht falsch: Es gibt im Internet sehr gute Portale, auf denen Kinder sich informieren können. Aber Ihr Kind müsste verdammt viel Glück haben, um durch Zufall auf diese Seiten zu kommen.

Hier ein passendes Beispiel aus meiner Praxis: Ein achtjähriges Mädchen hatte im Sexualkundeunterricht in der Schule durchgenommen, wie ein Baby entsteht. Im Zuge dessen hatte die Lehrerin erklärt: „Beim Orgasmus des Mannes kommen Samenzellen aus seinem Penis heraus."

Das Mädchen konnte mit dem Begriff „Orgasmus" nichts anfangen. Kaum zu Hause, setzte sie sich an den Computer und gab bei Googles Video-Suche „Orgasmus" und „Sex" ein. Sie erwartete einen Erklärfilm – solche kannte sie aus der Schule. Stattdessen bekam sie unzählige Hardcore-Pornovideos angezeigt – und war völlig überfordert mit dem, was sie da sah. Die Bilder verfolgten sie so sehr, dass sie Albträume bekam – also ganz weit weg von dem positiven, warmen Gefühl, das wir haben sollten, wenn wir an einen Orgasmus denken. Die Eltern des Mädchens wandten sich daraufhin an unsere Praxis. Gemeinsam erarbeiteten wir einen Weg, wie sie ihrer Tochter helfen konnten, mit Gesprächen das Bild wieder geradezurücken.

Und das ist bei Weitem kein Einzelfall: Was glauben Sie, wann

Kinder und Jugendliche das erste Mal in ihrem Leben mit Hardcore-Pornografie in Kontakt kommen? Meine Kollegin und ich waren vor ein paar Jahren an einem renommierten Gymnasium im Ruhrgebiet. Dort haben wir unter den Oberstufenschülern eine anonyme Befragung zu dem Thema durchgeführt. Wir haben Hardcore-Pornografie dabei als Filme definiert, in denen Nahaufnahmen von Geschlechtsteilen und unverhüllte Penetration zu sehen sind. Das Ergebnis: Die Kinder waren im Durchschnitt neun Jahre alt, als sie das erste Mal ein solches Pornovideo sahen.

Das bedeutet nicht, dass Kinder mit neun Jahren bewusst im Internet nach pornografischen Inhalten suchen. Wie im oben beschriebenen Fall des Mädchens handelt es sich oft um Zufallsfunde. Das Internet vergisst ja bekanntlich nicht. Ein Kind muss nur an einem Computer surfen, auf dem irgendwann irgendjemand irgendeinen Porno angesehen hat – und schon werden auf diesem Computer immer und immer wieder entsprechende Seiten beworben. Oder ein Kind gibt „dicke Möpse“ ein, weil es süße Hundefotos ansehen will – und plötzlich tauchen monströse Busen auf, die dann zu anderen eindeutig pornografisch geprägten Fotos leiten.

Sie sehen: Das Internet bietet verschiedene Wege, ungewollt auf sexuelle Inhalte zu stoßen.

Ich bin der Meinung, dass durch den vereinfachten Zugang zu Informationen mehr Aufklärung denn je nötig ist. Wir als Eltern müssen unseren Kindern so viel Stabilität geben, dass Sie von der Informations- und Bilderflut des Internets nicht umgehauen werden. Deshalb ist es wichtig, immer wachsam zu sein. Haben Sie ein Auge darauf, womit Ihr Kind sich gerade beschäftigt und versuchen Sie, die nächsten Schritte zu antizipieren.

Das Tempo der Aufklärung bestimmt trotzdem weitgehend Ihr Kind. Das bedeutet, dass Sie es nicht präventiv mit Themen konfrontieren sollten, für die es zu jung ist – aus lauter Angst, es könnte sie sonst woanders aufschnappen. (Ausnahmen sind Themen, die „überfällig" sind; wann was ungefähr dran ist, entnehmen Sie bitte der Tabelle in Kapitel 3.) Umgekehrt sollten Sie es aber auch nicht von Themen fernhalten, für die es sich interessiert. Sie werden merken, wann Ihr Kind wofür bereit ist. Wenn Sie sich zu jedem Zeitpunkt offen und ansprechbar zeigen, wird Ihr Kind lieber Sie als Google fragen.

Hier noch mal kurz zusammengefasst die wichtigsten Tipps für Sie als Ansprechperson Nummer eins:

- Beantworten Sie *alle* Fragen, auch die unangenehmen. Sie dürfen sich Zeit verschaffen, aber Sie müssen verbindlich bleiben und eine Antwort liefern. Ausgenommen sind Fragen zu Ihrem eigenen Sexleben – diese beantworten Sie bitte nur so weit, wie es für Sie okay ist.
- Wenn Sie eine Antwort nicht kennen, dann sagen Sie das ganz offen. Begeben Sie sich – gegebenenfalls gemeinsam mit Ihrem Kind – auf die Suche nach der Antwort.

VORSICHT: Niemals mit dem Kind gemeinsam nach Sexthemen googeln – selbst wenn sie danebensitzen, könnten die angezeigten Inhalte Ihr Kind verschrecken.

- Das Kind bestimmt die Themen und den Zeitpunkt der Aufklärung. Wenn Sie die oben beschriebene Offenheit signalisieren, ergibt sich die Aufklärung „nebenbei". Führen Sie bitte nicht *das* eine Aufklärungsgespräch.

Und hier noch zwei Empfehlungen: Nutzen Sie Bücher oder Infomaterialien von Beratungsstellen zur Veranschaulichung von Themen. Es gibt auch gute Internetseiten – die empfehle ich aber erst ab dem späten Grundschulalter und nur in Anwesenheit eines Erwachsenen. Für kleinere Kinder sind haptische Materialien besser geeignet. Tipps finden Sie im Anhang.

Sobald Ihr Kind Fragen zu Sexualität stellt, sollten Sie einen Ort mit altersgemäßen Büchern und Aufklärungsbroschüren einrichten (Empfehlungen ebenfalls im Anhang). Ihr Kind sollte sich von dort Bücher wegnehmen können, ohne dass Sie das direkt mitbekommen. Das Bücherregal mitten im Wohnzimmer ist also nicht geeignet. Möglicherweise gibt es Situationen, in denen Ihr Kind sich erst mal unbeobachtet und alleine mit einem Thema beschäftigen will. Erklären Sie ihm, dass es die Bücher angucken kann, aber nicht muss. Und dass es sich jederzeit an Sie wenden kann, wenn es Fragen dazu hat. Die Infoecke sollte thematisch mit dem Kind mitwachsen.

Wenn Sie Ihrem Kind Impulse geben, anstatt es zu belehren, werden Sie für Ihr Kind wichtiges Gegenüber für diese Gespräche sein und bleiben – und es wird sich sehr wahrscheinlich an Sie wenden, wenn es Fragen hat oder unglücklich ist. Aber darauf haben Sie keinen Anspruch. Es kann immer wieder Phasen geben, in denen

Ihr Kind von Ihnen nichts zu Sexualität hören und nichts mit Ihnen bereden will. Vielleicht erfahren Sie noch nicht mal, wann Ihr Sohn oder Ihre Tochter das erste Mal Sex hat. Es ist wichtig, solche Phasen zu akzeptieren – und trotzdem weiter Gesprächsbereitschaft zu signalisieren. Vielleicht kehrt Ihr Kind irgendwann zu Ihnen als Ansprechperson Nummer eins zurück. Möglicherweise findet es einen anderen Menschen, dem es sich zu Sexualität, Liebe und Partnerschaft lieber anvertrauen möchte als Ihnen.

Trotzdem lohnt es sich, sich von Anfang an als Gesprächspartner*in in Position zu bringen und die Position zu halten. Vielleicht stehen Sie nicht immer auf der Eins. Aber Sie sind das Sicherheitsnetz und der doppelte Boden. Sie fangen Ihr Kind auf, wenn alle anderen Stricke reißen.

KAPITEL 5:

MIT KINDERN ÜBER SEXUALITÄT REDEN

Liebe Eltern! Ich konzentriere mich in diesem Kapitel auf die Themen, die aus meiner Sicht für Kinder ab einem Alter von ungefähr zwei Jahren bis zum Ende der Grundschulzeit wichtig sind. Wenn Sie mit Ihrem Kind von Anfang an einen unverkrampften Umgang mit Sexualität üben, wird es ein Leben lang davon profitieren. Und dieses Kapitel soll Ihnen dabei helfen.

Lesen Sie das Kapitel zunächst alleine. So bekommen Sie eine Idee davon, welche Themen es behandelt. Wenn Ihr Kind bereits Interesse an diesen Themen zeigt, dann können Sie die entsprechenden Abschnitte im zweiten Schritt gemeinsam lesen. Oder Sie kommen über die Bilder miteinander ins Gespräch. In diesem Fall können Sie den Text als Anregung nutzen, um Ihre eigene Sprache zu finden.

Eine Bitte habe ich aber: Nennen Sie die Dinge beim Namen und verzichten Sie auf Verniedlichungen. Das brauchen Kinder nicht. Ein Penis ist kein Pipimann, eine Vulva kein Schmetterling.

Sie müssen Ihrem Kind das Kapitel nicht stringent von Anfang bis Ende vorlesen. Wenn Ihr Kind eine spezielle Frage hat, können Sie auch einzelne Themen herauspicken. Trotzdem sollten Sie bis zum Ende der Grundschulzeit alles mit ihm besprochen haben.

Die Infokästen sind für Sie als Eltern bestimmt. Hier möchte ich Ihnen Zusatzwissen an die Hand geben. Dieses soll Ihnen helfen, die Themen noch besser einzuordnen und zu verstehen.

DEIN KÖRPER

Es gibt sehr, sehr viele Menschen auf der Welt. Es sind so viele, dass man sie einzeln gar nicht zählen kann – und sie sehen alle unterschiedlich aus.

Aber man kann sie schätzen. Zurzeit sind es ungefähr 7,7 Milliarden. Das ist eine soooooo große Zahl, dass sogar viele Erwachsene nicht wissen, wie viele Nullen die hat. So sieht diese wirklich große Zahl aus:

Ungefähr die Hälfte dieser vielen Menschen sind als Mädchen auf die Welt gekommen, die andere Hälfte als Jungs. Und ein paar Menschen sind ein bisschen Junge und ein bisschen Mädchen. Sie dürfen entscheiden, ob sie als Junge, als Mädchen oder als beides leben möchten.

Auch wenn Sie es sich nicht vorstellen können: Die wenigsten Kinder werden das hinterfragen – und es wird sie nicht verstören. Es ist eine weitere sachliche Information, die Sie Ihrem Kind geben. In Deutschland ist das Dritte Geschlecht mittlerweile offiziell anerkannt, und ich finde, es ist unsere Pflicht, die Kinder darüber aufzuklären. Weiter als oben beschrieben muss das erst mal nicht gehen, es sei denn, Ihr Kind hat Fragen dazu.

Wenn Kinder angezogen sind, sieht man erst mal keinen Unterschied zwischen ihnen.

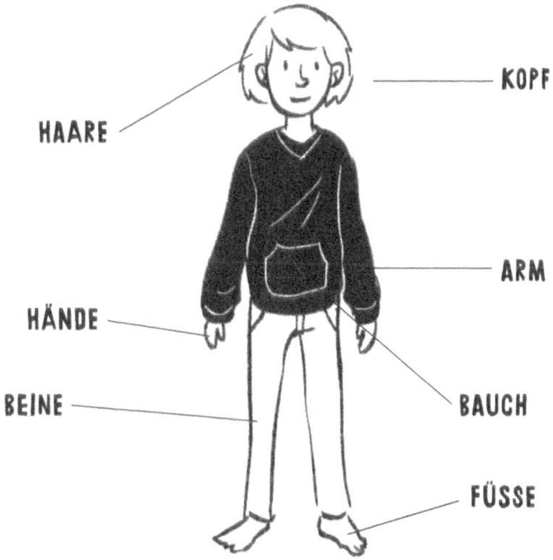

Der einzige Unterschied ist das, was wir Geschlecht nennen. Das kann man bei Kindern nur sehen, wenn sie nackt sind.

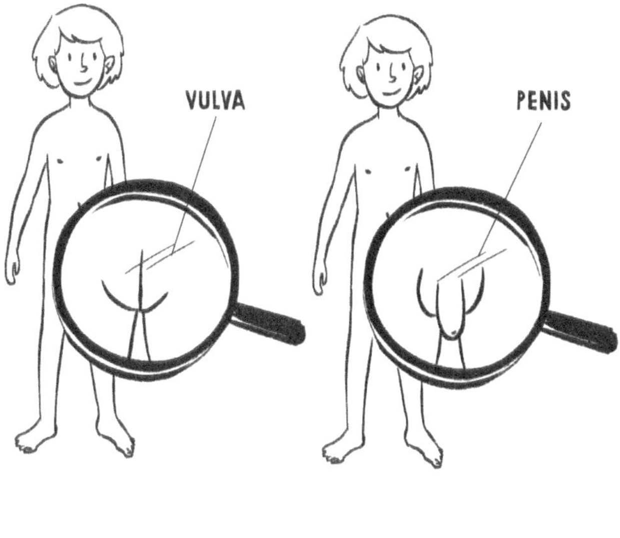

Mädchen haben eine Vulva, Jungs haben einen Penis. Kinder, die ein bisschen Junge und ein bisschen Mädchen sind, haben entweder eine Vulva oder einen Penis. Oder man kann es von außen nicht genau erkennen.

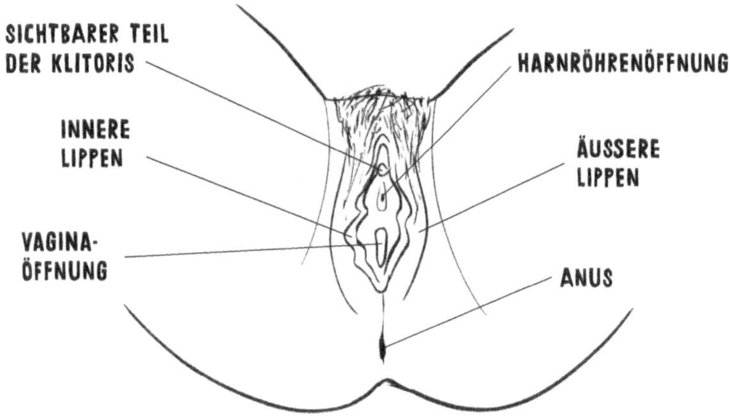

Eine Vulva besteht aus äußeren und inneren Vulvalippen (die meisten nennen sie Schamlippen), der Klitoris, der Harnröhrenöffnung und der Vagina (viele nennen sie Scheide).

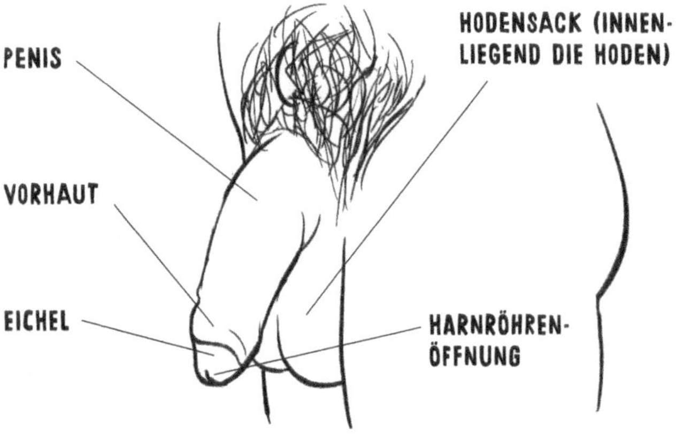

Zum Penis gehört die Eichel mit Vorhaut, die Harn-Samen-Röhre, die Hoden und der Hodensack.

In der Gesellschaft ist der Penis viel positiver besetzt als die Vulva. Das mag daran liegen, dass bei der Vulva die Öffnungen viel größer sind und direkten Zugang zum Körperinneren bieten. Es gibt Menschen, die empfinden das als unrein oder eklig. Bitte bringen Sie Penis und Vulva gleich viel Wertschätzung entgegen. Sie können schon beim Wickeln von Säuglingen anfangen, alle Körper- und Geschlechtsteile korrekt zu benennen – mit allem, was dazugehört. Lassen Sie ältere Geschwister ruhig zusehen, so können auch sie davon lernen. Wenn Ihr Kind aus dem Windelalter raus ist, können Sie ihm einen Handspiegel zur Verfügung stellen. So kann es sich aus allen Winkeln betrachten. Ermutigen Sie Ihr Kind, sich im Intimbereich zu erkunden. Vor allem Mädchen wissen oft nicht, wie ihre Geschlechtsteile aussehen. Anders als Jungs, die ihren Penis beim Pinkeln täglich in der Hand haben, haben Mädchen oft weniger Bezug zu ihrer Vulva. Und wenn Sie eine Frau sind und ebenfalls nicht wissen, wie Ihr Intimbereich aussieht: Nur zu!

Auch wenn wir die gleichen Körperteile haben wie alle Menschen und die gleichen Geschlechtsteile wie fast die Hälfte der Menschen, so ist doch jeder von uns einzigartig. Sogar Zwillinge sind nicht ganz gleich.

Auch dich gibt es nur einmal. Das macht dich ganz toll und ganz besonders. Und dabei ist es total egal, ob du dick bist oder dünn, ob du groß bist oder klein. Es ist egal, ob du Pizza oder Döner magst, ob du aus Deutschland kommst oder aus einem anderen Land, ob du deine Zunge rollen kannst oder nicht. So, wie du bist, bist du genau richtig. Und es ist schön, dass du einer dieser über sieben Milliarden Menschen bist.

HIER KANNST DU EIN FOTO VON DIR EINKLEBEN ODER DICH SELBER MALEN.

DEINE GEFÜHLE

Das mit den Gefühlen ist gar nicht so einfach.

Es gibt äußere und innere Gefühle: Die äußeren Gefühle spürst du auf der Haut, die inneren in deinem Bauch, deiner Brust oder deinem Hals.

Außerdem gibt es angenehme und unangenehme Gefühle: Wenn du dein Lieblingskuscheltier knuddelst, dann ist das ein schönes äußeres Gefühl. Wenn du eine kratzige Wollstrumpfhose anziehen musst, dann ist das meistens ein eher unangenehmes äußeres Gefühl.

Viele Menschen freuen sich über angenehme Gefühle, wie zum Beispiel Glück, Stärke, Stolz, Mut, Sicherheit und Lust. Wenn du losrennst, weil du unbedingt auf den Spielplatz möchtest, dann spürst du Lust. Sie ist wie ein Propeller in deinem Bauch.

Gefühle, die sich oft nicht so gut anfühlen, die aber auch dazugehören, sind zum Beispiel Wut, Traurigkeit, Angst und Stress.

Jeder Mensch hat irgendwas, das ihn glücklich, traurig, stolz oder wütend macht. Hier kannst du überlegen, wie das bei dir ist.

GEFÜHLE, DIE DIE MEISTEN MENSCHEN MÖGEN

STÄRKE

GLÜCK

MUT

STOLZ

SICHERHEIT

LUST

GEFÜHLE, DIE FÜR VIELE MENSCHEN HERAUSFORDERND SIND

WUT

TRAUER

ANGST

STRESS

UND BEI DIR?

Manchmal kann die gleiche Sache ein gutes Gefühl auslösen und ein anderes Mal ein schlechtes. Wenn du im Sommer in kaltes Wasser springst, fühlt sich das toll an. Wenn du im Winter in kaltes Wasser springst, ist das wahrscheinlich unangenehm.

Manche Kinder mögen es, wenn ihr Papa sie durchkitzelt – aber sie mögen es vielleicht nicht, wenn ihre Tante das tut. Manchmal ist es schön, wenn Mama dich ganz fest in den Arm nimmt. Manchmal möchtest du lieber, dass sie dich in Ruhe lässt. Du siehst schon: Gefühle sind wirklich kompliziert.

Die Menschen um dich herum freuen sich, wenn du ihnen sagst, wie du dich fühlst – auch, wenn du dich schlecht fühlst. Dann ist es für sie leichter, dir zu helfen.

Wenn du nicht durchgekitzelt werden möchtest, dann darfst du das sagen.

Versuchen Sie, die körperlichen Grenzen von Kindern zu erkennen. Kinder zeigen sehr deutlich, wenn sie nicht angefasst werden möchten. Akzeptieren Sie das unbedingt. Wenn ein Kind noch gewickelt werden muss, sich nicht selber abputzen oder waschen kann, dann fragen Sie das Kind, wer das übernehmen soll. Vielleicht heute lieber Papa?

Manchmal dauert es aber eine Weile, bis Gefühle aus dem Bauch nach oben gestiegen sind und du darüber reden kannst – gerade schlechte. Du entscheidest, wann und wem du von deinen Gefühlen erzählen möchtest.

Es sind deine Gefühle, also darfst du darüber bestimmen.

Erwachsene nehmen die Gefühle von Kindern manchmal nicht ernst. Sie sagen dann so etwas wie „Stell dich nicht so an" oder „Ist doch nicht so schlimm". Das darf sich für dich echt doof anfühlen, ist es nämlich auch. Aber ich kann dir sagen, alle Gefühle sind richtig. Du bist richtig, mit dem was du fühlst.

Es ist aber wichtig, dass du trotzdem weiterhin von deinen Gefühlen erzählst. Erwachsene brauchen manchmal einfach ein bisschen länger. Auch sie müssen Dinge lernen.

> Bemühen Sie sich, die Gefühle von Kindern ernst zu nehmen. Für Ihr Kind ist es schlimm, wenn ein anderes Kind es im Streit „Baby“ nennt. Erwachsene versuchen häufig, die Gefühle von Kindern kleinzureden. Entweder, weil sie das Problem aus ihrer Erwachsenen-Sicht als nicht groß genug empfinden. Oder weil sie selbst nicht ertragen, dass ihr Kind traurig oder frustriert ist.
>
> Wenn es Ihrem Kind schlecht geht, können Sie mit ihm gemeinsam überlegen, was das Gefühl besser machen könnte. Oder Sie helfen ihm, das Gefühl auszuhalten. Manchmal gibt es keine schnellen Lösungen. Aber auch die meisten schlechten Gefühle gehen irgendwann vorbei.
>
> Sie als Erwachsene sollten ebenfalls Gefühle zeigen – insbesondere die schlechten. Ihr Kind darf wissen, wenn es Ihnen nicht gut geht. Es hat sogar ein Recht darauf. Kinder haben sehr feine Antennen für Ihr Befinden. Und das Unausgesprochene ist für sie viel schlimmer als jede – wenn auch unangenehme – Wahrheit. Denn mit dieser können sie arbeiten. Wichtig ist nur, dass Sie Ihr Kind nicht für Ihren Gefühlszustand verantwortlich machen.
>
> Sie möchten bestimmt, dass Ihr Kind Ihnen sagt, wie es sich fühlt – auch, und vor allem, wenn es ihm nicht gut geht. Sie können ein Vorbild sein. Wenn Ihr Kind spürt, dass zu Hause jeder offen über seine Gefühle spricht, dann wird es das auch tun.

WAS KRIBBELT DA SO SCHÖN?

Situationen, Gefühle und Menschen lösen in unserem Körper unterschiedliche Reaktionen aus. Wenn Papa dir den Nacken krault, bekommst du manchmal Gänsehaut. Wenn du Mama ganz doll vermisst, dann kullert dir vielleicht eine Träne über die Wange.

Ein besonderer Bereich unseres Körpers sind Penis und Vulva. Hiermit reagieren wir besonders empfindlich auf Reize von außen. Es kann sein, dass es dort schön kribbelt, wenn du dich damit an etwas reibst.

Manchmal reicht es, nur an etwas Schönes zu denken. In so einem Moment kann der Penis steif oder die Vagina feucht werden. Bei der Vagina ist es so, wie wenn du an das leckerste Essen der Welt denkst und dir dann das Wasser im Mund zusammenläuft. Beim Penis bedeutet das, dass er sich für einen Moment anspannt und größer und härter ist als sonst. Das ist ein bisschen so, als wenn du deine Arme anspannst, um deine Muskeln zu spüren.

Kinder empfinden das Kribbeln im Genitalbereich von Geburt an. Deshalb können und sollten Sie dieses Thema frühzeitig mit ihnen besprechen.

KÖRPERLICHE ROLLENSPIELE

Du möchtest mit deinen Freund*innen alles ausprobieren, was die Großen machen. Ihr spielt Autofahren und Mutter-Vater-Kind, ihr spielt Kaufladen und Ärzt*in.

Wenn ihr Ärzt*in oder Familie spielt, dann kann es sein, dass ihr euch auszieht. Schließlich seid ihr neugierig, wie die anderen Kinder nackig aussehen.

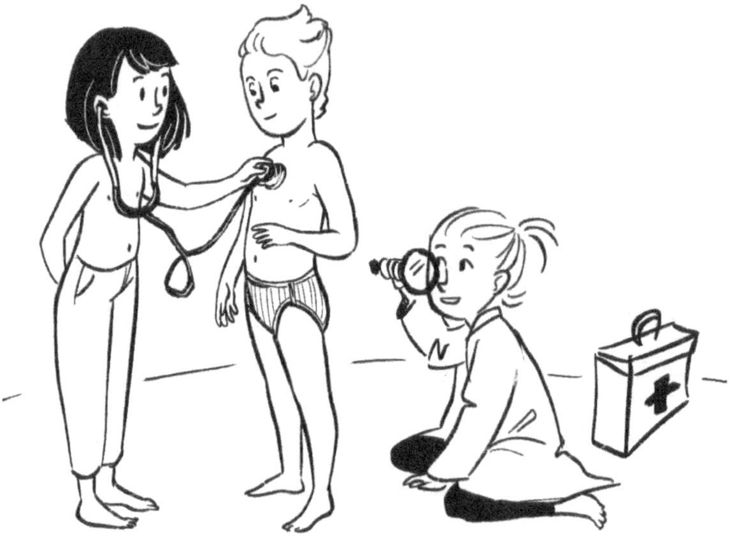

Genauso, wie es für Brett- und Kartenspiele Regeln gibt, gibt es Regeln für Spiele, bei denen ihr euch gegenseitig untersucht. Die Regeln gehen so:

- Alle spielen freiwillig mit.
- Jeder spielt nur, was er spielen will.
- Bei den Spielen dürfen nur andere Kinder mitmachen – keine Jugendlichen und keine Erwachsenen.
- Ihr steckt euch kein Spielzeug, andere Gegenstände oder Körperteile in Nase, Ohr, Popo, Vagina oder andere Löcher im Körper.

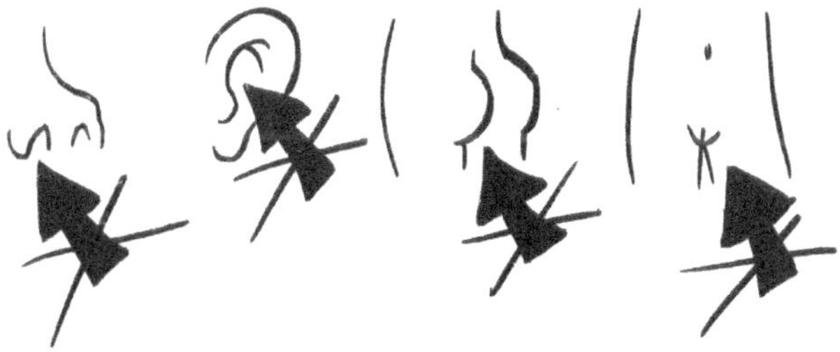

- Ihr spielt nur Dinge, die Spaß machen und die sich gut anfühlen.
- Wenn ein Kind „Stopp!“ sagt, hört ihr sofort auf.

- Holt euch Hilfe, wenn fremde Menschen euch dabei zuschauen.
- Ihr dürft immer Hilfe holen.

Ab circa zwei Jahren ist der Entdeckungsdrang von Kindern enorm groß. Und dieser Drang gilt auch für das Erkunden des Körpers – ob den eigenen oder den anderer. Körperliche Rollenspiele gehören zur kindlichen Entwicklung dazu. So individuell wie die Kinder selbst ist auch die Intensität, mit der sie diese Spiele spielen. Manche sind mit Feuereifer dabei, andere zeigen weniger Interesse. Manche Kinder spielen vermeintlich gar nicht – wobei die allermeisten von ihnen es so tun, dass Erwachsene es nicht mitbekommen. Und auch das ist okay.
Sobald Ihr Kind anfängt, sich für körperliche Rollenspiele zu interessieren, können Sie die Regeln mit ihm besprechen. Sie können die Regeln auch von Zeit zu Zeit wiederholen. Aber bitte nicht überstrapazieren, sonst ist Ihr Kind genervt.
Wenn Kinder Ärzt*in spielen, dann sehen Sie ruhig zwischendurch nach, ob alles okay ist. Aber bitte klopfen Sie vorher an. Und wenn kein „Herein" kommt, dann kündigen Sie laut an, dass Sie jetzt das Zimmer betreten. So lange alle Kinder sich beim Spiel wohlfühlen, können Sie es einfach laufen lassen und müssen nicht eingreifen. Im Gegenteil: Gönnen Sie den Kindern ihre Privatsphäre.
Es kann sein, dass die Rollenspiele sehr realistisch aussehen. Möglicherweise ahmen die Kinder Penetrationsbewegungen nach. Es handelt sich hierbei um ein Kopieren von etwas, das sie irgendwo aufgeschnappt haben. Wir haben als Kinder imaginäre Zigaretten geraucht, ohne zu wissen, was das *wirklich* bedeutet.
Wenn Sie das Spiel beenden möchten, weil Sie die Situation unpassend finden, dann machen Sie die Sache nicht größer, als sie ist. Ein „Alle Unterhosen wieder an" ist völlig ausreichend. Sie können die Aufmerksamkeit der Kin-

der ablenken, indem Sie ein anderes Spiel anbieten oder die Süßigkeitenkiste auspacken. Auch das ist mal in Ordnung. Und: Sie können den Kindern ruhig sagen, dass sie die Hände waschen müssen, bevor sie sich Gummibärchen in den Mund stopfen oder Spielkarten anfassen. Das würden Sie ja auch tun, wenn sie vorher in der Nase gebohrt haben.

WIE ENTSTEHT EIN BABY?

Die Frau hat eine Vagina, der Mann hat einen Penis. Wenn sie Lust haben, Sex mit einander zu haben (viele nennen es auch miteinander zu schlafen), dann gleitet der Penis in die Vagina der Frau und die Vagina schmiegt sich um den Penis.

Penis und Vagina sind wie ein Filzstift mit Deckel. Sie passen in dem Moment einfach gut zusammen.

Wenn du einen Lollie besonders lecker findest, bewegst du ihn wahrscheinlich auf deiner Zunge auf und ab.

Genau das Gleiche passiert mit dem Penis und der Vagina. Das macht beiden ein schönes Gefühl.

Und wenn das Gefühl für den Mann besonders schön ist, spritzt aus dem Penis Samenflüssigkeit mit ganz vielen Samenzellen heraus. Das nennt man Orgasmus. Auch bei der Frau nennt man den Moment, wenn es für sie besonders schön ist Orgasmus. Bei der Frau kommt aber keine Samenflüssigkeit. Die vielen, vielen Samenzellen machen ein Wettrennen zur Eizelle die im Bauch der Frau wohnt.

Der Gewinner des Wettrennens zieht in die Eizelle ein. Und aus Eizelle und Samenzelle wird dann ein Baby.

Aber nicht jedes Mal, wenn Mann und Frau miteinander schlafen, entsteht ein Baby. Selbst wenn die beiden sich ganz dolle eins wünschen, kann es lange dauern, bis es wirklich klappt.

Manchmal ist die Eizelle noch nicht so weit, dass ein Samen einziehen kann. Oder die Samen sind zu langsam und schaffen es gar nicht bis zur Eizelle.

Es ist also ein großes Glück, wenn alles passt. Und bei dir hat alles gepasst, sonst wärst du nicht hier. Herzlichen Glückwunsch, du hast dein Wettrennen gewonnen!

Wenn Ihr Kind bis zum Ende der Kindergartenzeit nicht gefragt hat, wie Babys entstehen, dann sollten Sie es an das Thema heranführen (vergleiche Kapitel 3).

Ansonsten empfehle ich Ihnen wie bereits erwähnt, sich bei der Aufklärung nach dem Tempo der Kinder zu richten. Das heißt: Wenn Ihr Kind mit seinen Fragen zu Ihnen kommt, dann antworten Sie darauf. Es reicht, wenn Sie dies kurz und knapp tun. Überfordern Sie Ihr Kind nicht mit Themen, nach denen es gar nicht gefragt hat und die es in dem Moment sehr wahrscheinlich nicht interessieren. Und auch das habe ich schon öfters erwähnt: Wenn Sie auf eine Frage keine Antwort parat haben, dann sagen Sie das ganz klar und offen. Es ist völlig okay, wenn Sie sich Zeit verschaffen, um Dinge nachzulesen oder für sich die richtige Sprache zu finden. Wichtig ist nur, dass Sie von sich aus auf Ihr Kind zugehen und ihm die Antwort liefern, die Sie ihm noch schuldig sind.

WAS FÜR FAMILIEN GIBT ES NOCH – AUSSER DER, DIE ICH KENNE?

Kinder entstehen meist so, wie du es gerade gelernt hast. Aber es kann sein, dass sie in ganz unterschiedlichen Familien leben:

Zwei Männer mit Kindern können eine Familie sein. Zwei Frauen können gemeinsam Kinder großziehen.

Es gibt Mamas, die alleine mit einem Kind oder mehreren Kindern leben. Es gibt auch Papas, die das tun.

Manche Geschwister haben nicht die gleiche Mama oder den gleichen Papa. Das ist dann eine Patchworkfamilie.

Egal, wer mit wem zusammenlebt: Wichtig ist nur, dass alle die schönen Momente miteinander teilen und füreinander da sind, wenn es einem mal nicht so gut geht.

JUNGEN UND MÄDCHEN

Es ist ganz normal, dass du dich mit Kindern besonders wohlfühlst, mit denen du etwas gemeinsam hast.

Manche Kinder gehen gemeinsam in den Kindergarten oder die Schule, in den gleichen Sportverein, den gleichen Chor oder haben das gleiche Lieblingsbuch. All das schweißt zusammen.

Die Gemeinsamkeit, die auf den ersten Blick am auffälligsten ist, ist das Geschlecht. Es ist leicht, die Menschen einzuteilen in Jungs und Mädchen, in Männer und Frauen.

> Wenn Ihr Kind hier nach dem Dritten Geschlecht fragt, dann müssen Sie entscheiden, wie tief Sie ins Thema einsteigen. Sie können zum Beispiel erklären, dass es für diese Menschen oft nicht so einfach ist, ihren Platz zu finden und dass es auch für Sie nicht einfach ist, das zu erklären.

Jungs machen viel mit Jungen zusammen und dann am liebsten Dinge, die Jungs halt so machen. Mädchen fühlen sich meist mit anderen Mädchen besonders verbunden und mögen alles, was Mädchen eben mögen.

Die meisten Mädchen finden doof, was Jungs machen, und die meisten Jungen finden doof, was Mädchen machen. Fußball? Jungskram! Reiten? Mädchenkram! Blau? Jungs! Rosa? Mädchen! Und so weiter. Ist ja klar.

Wenn aber ein Junge nicht allen Mädchenkram und ein Mädchen nicht allen Jungskram blöd findet, ist es für sie wahrscheinlich sehr schwer, das vor ihren Freund*innen zu zeigen.

Dabei kann es sein, dass ein Junge gerne in den Ballettunterricht möchte und ein Mädchen lieber mit einer Carrerabahn spielt als mit einem Puppenhaus. Es ist sehr mutig, wenn sie sich trauen, das zuzugeben.

Dafür verdienen sie Anerkennung. Und sie sind dann trotzdem genauso Junge und Mädchen wie alle anderen auch.

Es gibt nämlich ganz viele unterschiedliche Jungen und ganz viele unterschiedliche Mädchen. Und sie alle sind ganz normal. Sie sind alles Menschen und jeder ist gut und richtig so, wie er ist.

Fördern Sie die Interessen Ihres Kindes – unabhängig davon, ob sie geschlechtskonform sind oder nicht. Möglicherweise fällt es Ihnen erst mal schwer, Ihr eigenes Schubladendenken zu überwinden. Aber Ihr Kind wird Ihnen später sehr dankbar sein, wenn es sich ausprobieren durfte. Und vielleicht werden Sie zum Vorbild für andere Eltern und setzen in Ihrem Umfeld ein Umdenken in Bewegung. Das wäre doch was!
Trotzdem sollten Sie Ihr Kind auf Gegenwind vorbereiten, wenn es sich für untypische Hobbies oder Outfits entscheidet. Aber wenn Sie fest hinter ihm stehen, wird es damit umgehen lernen. Das wird nicht immer einfach, aber eine gute Erfahrung fürs Leben.
Sie können auch innerhalb der Familie versuchen, Geschlechterrollen aufzuweichen. Mama fährt beim Familienausflug das Auto, Papa legt die Wäsche zusammen. Mama spielt mit den Kindern Tischtennis, während Papa kocht. Damit zeigen Sie Ihrem Nachwuchs, dass es auch andere Modelle gibt als die vermeintlich gängigen.

Mädchen und Jungs in einem bestimmten Alter tun häufig so, als ob sie sich gegenseitig überhaupt nicht mögen. Ich verrate dir ein Geheimnis: Die allermeisten Jungs interessieren sich heimlich für das, was Mädchen tun – und umgekehrt ist es genauso. Das ist wie mit einem Spielzeug, das du selber nicht hast und das du total spannend findest.

Wenn du also als Junge die Mädchen doch ganz cool findest oder du als Mädchen die Jungs doch ganz nett, dann bist du vermutlich nicht alleine. Deinen Freund*innen geht es wahrscheinlich genauso.

VERLIEBT SEIN UND SO SACHEN

Irgendwann findest du einen Jungen oder ein Mädchen toller als die anderen. Dein Herz schlägt bis zum Hals, und du kannst nur noch an diesen einen Menschen denken. Ein tolles Gefühl, oder?

Dann fühlt es sich in deinem Bauch an wie Achterbahn fahren und Trampolin hüpfen auf einmal. Und dabei ist es völlig egal, ob du dich als Junge in ein Mädchen, als Junge in einen Jungen, als Mädchen in einen Jungen oder als Mädchen in ein Mädchen verliebst.

Vielleicht möchtest du anderen davon erzählen. Das darfst du gerne tun.

Vielleicht machen deine Freund*innen sich lustig darüber. Oder Erwachsene erklären dir, dass das sowieso nicht lange hält, weil du noch so jung bist. (Unter uns: Erwachsene sind manchmal ganz schön doof.)

Lass dir dein Verliebtsein trotzdem nicht ausreden. Und wenn du als Junge auf einen Jungen und als Mädchen auf ein Mädchen stehst, dann ist auch das gut und richtig so – egal, was die anderen sagen. Du bestimmst ganz alleine, für wen du Gefühle entwickelst.

Vielleicht traust du dich, dem Jungen oder dem Mädchen zu sagen, dass du dich in ihn oder sie verliebt hast.

Er*sie freut sich bestimmt sehr darüber, auch wenn du das nicht direkt merkst.

Menschen zeigen ihre Gefühle manchmal nicht so gerne – vor allem, wenn es große Gefühle sind. Und Freude ist ein großes Gefühl. Aber wir alle finden es schön, wenn jemand uns sagt, dass wir geliebt werden.

Es kann trotzdem sein, dass die andere Person nicht das Gleiche empfindet wie du. Wenn das so ist, fühlst du dich wahrscheinlich erst mal richtig schlecht.

Es ist, wie wenn du auf einen Geburtstag nicht eingeladen wirst, obwohl du gerne hingehen möchtest – und noch viel schlimmer. Das ist ganz normal. Alle Erwachsenen, die du kennst, haben diese Erfahrung schon mal gemacht.

Versuche, dich mit anderen Dingen abzulenken. Triff dich mit deinen Freund*innen, guck dir einen lustigen Film an oder lies dein Lieblingsbuch (auch wenn du es schon zigmal gelesen hast).

Wenn du sehr traurig bist, dann kann es helfen, mit anderen Menschen darüber zu reden. Die allermeisten Eltern möchten ihren Kindern helfen, wenn es ihnen nicht gut geht.

Eines kann ich dir versprechen: Das traurige Gefühl wird mit der Zeit weniger werden. Das ist wie mit anderen Gefühlen. Du hast bestimmt schon mal die Erfahrung gemacht, dass du ganz schrecklich wütend warst – und ein paar Tage später wusstest du nicht mehr, warum du dich so aufgeregt hast.

Und auch das Verliebtsein geht vorbei. Lieblingslieder und Lieblingsessen halten auch nicht für ewig. Irgendwann wirst du einen neuen Menschen kennenlernen, der dich aus den Schuhen haut.

Es kann natürlich sein, dass dieser für dich so besondere Mensch sich auch in dich verliebt hat. Dann habt ihr eine ganz tolle Zeit vor euch, so viel kann ich dir schon mal verraten.

Nehmen Sie es bitte unbedingt ernst, wenn Ihr Kind Ihnen offenbart, dass es sich verliebt hat. Gehen Sie vertrauensvoll mit dieser Information um und erzählen Sie es nicht herum. Bitte verkneifen Sie sich jeglichen Kommentar – auch wenn Sie die Person, für das Ihr Kind schwärmt, nicht mögen. Und erst recht dann, wenn Ihr Kind für ein Kind des gleichen Geschlechts Gefühle entwickelt hat.
Bitte akzeptieren Sie, wenn Ihr Kind nicht reden will. Fragen ist okay, nachbohren nicht. Signalisieren Sie, dass Sie gesprächsbereit sind. Das ist völlig ausreichend.

SCHAM

> Im folgenden Abschnitt geht es um Scham und Körperscham. Einige Kinder fangen bereits im späten Kindergartenalter an, Körperscham zu entwickeln – andere sind später dran. So oder so ist es ein Prozess, der sich über einen längeren Zeitraum zieht. Wenn Sie das Gefühl haben, dass Ihr Kind mit diesem Abschnitt noch nichts anfangen kann, dann lassen Sie ihn erst mal aus.

Es gibt verschiedene Arten von Scham: innere Scham und äußere Scham.

Innere Scham empfinden wir, wenn wir etwas Doofes gesagt oder gemacht haben – zum Beispiel: Wenn wir etwas geklaut, jemanden bloßgestellt oder etwas kaputt gemacht haben, das nicht uns gehört.

Es kann auch sein, dass du dich schämst, wenn du mit Mama und Papa Fernsehen guckst und dort zwei Menschen siehst, die sich küssen.

Äußere Scham entwickelt sich im Laufe des Lebens – so wie sich andere Dinge im Laufe des Lebens entwickeln.

Früher mochtest du vielleicht ein bestimmtes Lied, das du heute ganz doof findest. Früher hat es dich wahrscheinlich nicht gestört, wenn deine Eltern im Zimmer waren, während du dir den Schlafanzug angezogen hast.

Heute möchtest du lieber alleine sein und machst die Tür zu. Wenn Menschen erwachsen werden, dann zeigen sie sich nicht mehr so gerne nackt vor anderen. Und das ist total okay so.

Manche Menschen werden ganz rot im Gesicht, wenn sie sich schämen. Eigentlich würden sie am liebsten im Boden verschwinden – stattdessen ziehen sie durch den roten Kopf noch mehr Aufmerksamkeit auf sich. Das finden sie dann extra peinlich.

Schamgefühl ist ein wichtiges Signal. Wie ein Stoppschild, an dem du anhältst, um nach links und rechts zu gucken.

Scham ist immer ein Zeichen, dass du checken solltest, ob alles okay ist. Sie bedeutet *nicht* unbedingt, dass du etwas falsch gemacht hast. Sie bedeutet *nicht* unbedingt, dass etwas nicht stimmt. Aber du solltest herausfinden, warum du dich schämst.

Wenn du den Grund weißt, kannst du überlegen, wie du damit umgehst. Hier ein paar Beispiele:

- Jannik nimmt heimlich das Tagebuch seiner Mutter und liest darin. Und plötzlich meldet sich seine Scham. In diesem Moment will sie Jannik ermahnen, das Tagebuch zurückzulegen. Schließlich geht es ihn nichts an, was seine Mama ihrem Tagebuch anvertraut hat.

- Ole trägt bei der Weihnachtsfeier ein Gedicht vor – vor ganz vielen Eltern. Plötzlich kriecht die Scham in ihm hoch. In diesem Fall ist sie ein Zeichen dafür, dass es für Ole eine ganz neue Situation ist, an die er sich erst mal gewöhnen muss. Die Scham fühlt sich nur unangenehm an – aber sie ist kein Signal, dass Ole etwas unternehmen muss.

- Laura schämt sich, wenn sie in Unterhose in der Umkleide steht und ihre Lehrerin hereinkommt. Hier möchte die Scham ihr sagen, dass sie selber bestimmen darf, wer sie nackt sieht und wer nicht.

  Niemand hat ein Anrecht darauf. Ihre Mama nicht, ihr Papa nicht, die Trainerin nicht, der Lehrer nicht, Oma, Opa, Onkel, Tante, ihre Geschwister nicht.

  Laura kann ihrer Lehrerin sagen, dass sie nicht in die Umkleide laufen soll (wenn sie sich das traut). Oder sie stellt sich beim nächsten Mal so an die Tür, dass die Lehrerin sie nicht einfach aufmachen kann.

  Übrigens müsste sich vor allem die Lehrerin schämen. Schließlich hat sie etwas falsch gemacht – nicht Laura.

Scham ist ein sehr unangenehmes Gefühl. Deshalb sprechen wir nicht gerne darüber. Aber es kann guttun, mit anderen Menschen darüber zu reden.

Und manchmal ist es sogar sehr wichtig, sich anderen anzuvertrauen. Zum Beispiel, wenn eine Person reinplatzt, während du auf dem Klo sitzt. Hier solltest du mit deinen Eltern reden und ihnen sagen, wie du dich dabei fühlst. Sie werden dann sehr wahrscheinlich regeln, dass dich in Zukunft alle auf der Toilette in Ruhe lassen.

Du kannst Dinge verändern, indem du mit anderen über deine Scham sprichst. Das ist nicht leicht und braucht ein bisschen Training. Aber es lohnt sich.

Wenn Ihr Kind Körperscham entwickelt, dann sollten Sie das respektieren. Gönnen Sie ihm die Privatsphäre – auch wenn Sie persönlich das albern finden.

Ermutigen Sie Ihr Kind, sich seinen Schamgefühlen zu stellen – auch wenn es unangenehm ist. Überlegen Sie gemeinsam Beispiele für innere und äußere Scham. Toll wäre, wenn Sie Ihrem Kind erzählen, wofür Sie sich schon mal geschämt haben. Das ist nicht einfach, ich weiß. Aber auf diese Weise begegnen Sie Ihrem Kind auf Augenhöhe – und erhöhen die Chance, dass es zukünftig mit Ihnen in Kontakt tritt, wenn es sich für etwas schämt.

Machen Sie Ihrem Kind unbedingt klar, dass Scham und Schuld nicht das Gleiche sind. Täter*innen von sexualisierter Gewalt nutzen oft unter anderem das Gefühl von Scham, um Grenzen zu überschreiten und Druck aufzubauen. Sie vermitteln ihren Opfern, dass sie Schuld haben. Und Schuld wiederum ist sehr schambesetzt. Wenn Kinder sich schuldig fühlen, ist die Hemmschwelle, sich jemandem anzuvertrauen, besonders groß. Deshalb müssen Kinder verstehen, dass das eine mit dem anderen nichts zu tun hat.

Wenn Ihr Kind Themen anspricht, die für Sie schambesetzt sind, dann empfehle ich eine sachliche Auseinandersetzung. Denn die Fragen gehen nicht weg, wenn Sie sich dazu ausschweigen. Im Gegenteil. Sie werden größer und wichtiger. Wenn Ihr Kind wissen will, warum es letzte Nacht bei Ihnen im Schlafzimmer so laut war, dann können Sie ihm wahrheitsgemäß antworten: „Wir haben miteinander geschlafen. Und das ist dann so schön, dass wir vor Freude schreien. So wie du auf dem Trampolin." Thema erledigt.

IIIIIH, HILFE – ICH HAB DA WAS IM INTERNET GESEHEN

Es kann sein, dass du irgendwo auf dem Tablet, dem Handy oder dem Computer Bilder oder Videos siehst, die du eklig findest oder die dir Angst machen.

Das können Bilder oder Videos von nackten Menschen sein. Vielleicht haben sie Sex miteinander – und vielleicht gehen sie nicht nett miteinander um. Es kann sein, dass du einerseits spannend findest, was du da siehst – und es dich andererseits verunsichert. Das ist so, als ob du an einem schlimmen Unfall vorbeifährst. Du willst nicht hingucken, tust es aber trotzdem.

Es ist wichtig, dass du Papa oder Mama oder andere Menschen um Hilfe bittest. Sie müssen wissen, wo du die Sachen gesehen hast und wer sie dir gezeigt hat. Dann können sie dafür sorgen, dass das nicht mehr passiert.

Sie sollten im Kindergartenalter immer dabei sein, wenn Ihr Kind Fernsehen guckt oder am Tablet/Handy spielt. Nur so können Sie sichergehen, dass es keine Inhalte konsumiert, für die es zu klein ist. Sprechen Sie mit Ihrem Kind von Anfang an über Dinge, die es im Fernsehen oder am Handy/Tablet gesehen hat. So lernt es, das Gesehene zu verarbeiten und in Worte zu fassen – und das kann für später helfen. Fragen Sie nach, was ihm am besten gefallen hat. Haken Sie am nächsten Tag nach, woran es sich noch erinnert.
Ab dem Schulalter wird es immer schwieriger, den Medienkonsum von Kindern zu überblicken. Ich empfehle, mit dem Kind einen Vertrag zur Mediennutzung abzuschließen. Vorlagen gibt es im Internet – zum Beispiel unter www.mediennutzungsvertrag.de. Dort können Sie verschiedene Regeln auswählen und übernehmen. Treffen Sie die Auswahl gemeinsam mit Ihrem Kind – ein guter Anlass, um über den Umgang mit Medien ins Gespräch zu kommen.
Selbst wenn Ihr Kind kein Handy und keinen Zugang zum Internet hat, kommt es sehr wahrscheinlich durch Freund*innen damit in Kontakt. Es kann sein, dass Ihr Kind dabei etwas sieht, das ihm Angst macht oder Ekel bereitet. Sagen Sie ihm, dass es sich in diesem Fall unbedingt an Sie wenden soll. Wenn sich Ihr Kind Ihnen anvertraut, dann haben Sie sehr viel richtig gemacht. Nun heißt es: Ruhe bewahren. Lassen Sie sich erklären, was Ihr Kind gesehen hat. Und rücken Sie es dann in den richtigen Kontext. Beispiel: Ihr Kind hat einen Porno geguckt. Erklären Sie ihm, dass das, was die Erwachsenen da machen, nicht echt ist. In anderen Filmen wird auch geschossen, ohne dass jemand stirbt. Aber es stimmt, dass Erwachsene Sex miteinander haben. Im echten Leben ist das allerdings etwas Schönes und nicht brutal wie im Porno.

DIE PUBERTÄT

Die Phase, in der Kinder zu Erwachsenen werden, nennt man „Pubertät".

Die Pubertät ist nichts Schlimmes. Sie gehört zum erwachsen werden dazu. Wann man in die Pubertät kommt ist sehr individuell.

Und weil es bei dir bald so weit sein kann, möchte ich dir ein paar Dinge dazu erzählen. So weißt du, was auf dich zukommt und bist gut vorbereitet.

Die Pubertät geht ganz langsam los. Wenn du wächst, merkst du das nicht sofort. Vielmehr stellst du irgendwann fest, dass dein Pulli zu kurz oder deine Hose zu eng ist. Genauso ist das mit der Pubertät.

Du wirst nicht alles, was mit dir passiert, direkt mitkriegen. Aber auf einmal guckst du in den Spiegel und da ist etwas, das vorher nicht da war – ob ein Haar in deiner Achselhöhle oder eine gewölbte Brustwarze.

Denn am deutlichsten kann man die Veränderungen an deinem Körper sehen.

Die größte körperliche Veränderung ist die sogenannte „Geschlechtsreife". Ein Mensch, der geschlechtsreif ist, kann Kinder zeugen.

Ein Mädchen ist geschlechtsreif, kurz bevor es seine erste Menstruation bekommt. Bei manchen passiert das mit zehn Jahren, andere sind 16. Das ist alles ganz normal.

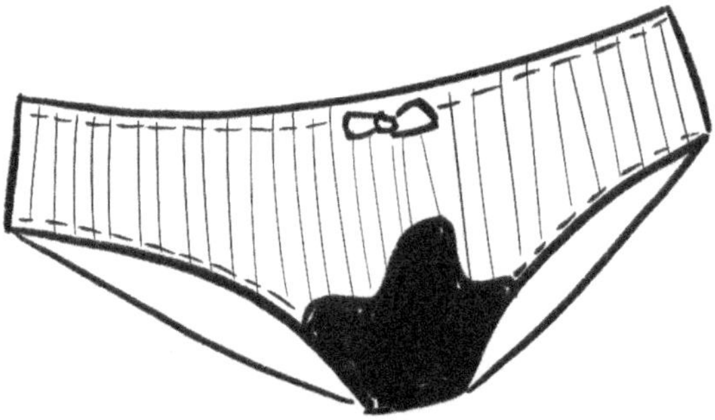

Während der Menstruation bluten Mädchen und Frauen ein paar Tage aus der Scheide. Es kann sein, dass sie sich in dieser Zeit nicht wohlfühlen und es im Bauch dolle wehtut.

Das Blut kommt aus der Gebärmutter. Diese bildet einmal im Monat eine Schleimhaut, in der sich eine befruchtete Eizelle einnisten und zu einem Baby heranwachsen kann.

Wenn sich keine Eizelle einnistet, stößt die Gebärmutter die Schleimhaut ab. Die Menstruation ist also ein Zeichen dafür, dass das Mädchen/die Frau nicht schwanger ist.

Bei erwachsenen Frauen kommt die Menstruation im Abstand von ungefähr vier Wochen. Bei jungen Mädchen kann er noch sehr unregelmäßig sein, weil der Körper sich erst mal daran gewöhnen muss.

Man kann die Menstruation auch Periode, Mens, Regel oder Tage nennen.

Jungs sind geschlechtsreif, wenn sie ihren ersten Samenerguss haben – üblicherweise zwischen elf und 15 Jahren.

Es kann sein, dass sie morgens mit einem Fleck in der Unterhose aufwachen. Das ist kein Pipi, sondern Samenflüssigkeit. Diese enthält Spermien.

Am Anfang sind es noch sehr wenige, wenn die Jungs älter werden, werden es immer mehr.

Wenn eine Frau und ein Mann oder ein Junge und ein Mädchen miteinander Sex haben, dann können ein Spermium des Mannes und die Eizelle der Frau miteinander verschmelzen (wie genau das geht, kannst du noch mal vorne unter „Wie entsteht ein Baby“ nachlesen).

Dann zieht die befruchtete Eizelle in der Gebärmutterschleimhaut ein und entwickelt sich in den folgenden neun Monaten zu einem Baby.

Die Gebärmutterschleimhaut wird dann nicht abgestoßen, das Mädchen/die Frau bekommt keine Periode. Deshalb ist eine ausbleibende Menstruation eines der deutlichsten Anzeichen für eine Schwangerschaft.

Wenn du irgendwann in den kommenden Jahren deinen ersten Samenerguss oder deine erste Periode bekommst, weißt du also, dass das alles ganz normal ist. Es ist ein Zeichen dafür, dass du dich gesund entwickelst.

Aber die Pubertät bringt nicht nur körperliche Veränderungen mit sich, auch sonst ist eine Menge mit dir los. Du findest plötzlich Dinge doof, die dir vorher ganz wichtig waren.

Umgekehrt machen dir auf einmal Sachen Spaß, die du früher total langweilig fandst. Schlafen zum Beispiel. Oder einfach rumhängen und nichts tun. In der Pubertät werden ganz viele Dinge über den Haufen geworfen, neue entwickeln sich.

Das ist super. Aber natürlich musst du dich an die neuen Dinge erst gewöhnen. Deshalb herrscht zwischendurch in deinem Kopf und in deinen Gefühlen Chaos. Das ist anstrengend – nicht nur für dich, sondern auch für die Erwachsenen um dich herum.

Es kann sein, dass ihr euch öfter in die Haare bekommt. Aber auch das geht vorbei.

In der Pubertät fühlst du dich manchmal so, als ob du deine Zimmertür aufmachst – und nichts steht mehr an seinem gewohnten Platz. Du bist erst mal verwirrt. Aber du wirst dich dran gewöhnen. Versprochen.

Sprechen Sie mit Ihrem Kind über die Pubertät, bevor sie losgeht. Das macht vieles einfacher. Auf einen Urlaub bereiten wir uns ja auch vor, um vor Ort keine unangenehmen Überraschungen zu erleben.

Wenn Sie eine Tochter haben, empfehle ich Ihnen, mit ihr rechtzeitig über ihre erste Menstruation zu reden. Wenn Mädchen nicht wissen, was sie erwartet, kann Blut in der Unterhose zu einem Schockerlebnis führen.

Kaufen Sie mit Ihrer Tochter frühzeitig Binden und Slipeinlagen (Tampons würde ich erst später empfehlen). Am besten richten Sie im Bad eine Schublade oder einen Korb ein, wo Sie das alles verstauen. Binden und Slipeinlagen haben kein Verfallsdatum. Selbst wenn es bis zur ersten Periode noch eine Weile dauert, senden Sie ihr so ein wichtiges Signal: kein Grund für Aufregung, alles ganz normal. Ermutigen Sie sie ruhig, sich ein Täschen mit Binden, Slipeinlagen und Unterhosen in den Ranzen zu packen – so ist sie auch in der Schule für alles gewappnet. Bitte weisen Sie Ihre Tochter unbedingt darauf hin, dass die erste Periode zwischen dem zehnten und 16. Lebensjahr liegen kann – und dass das alles normal ist. Manche Mädchen machen sich Sorgen oder fühlen sich doof, wenn sie ihre Tage viel früher oder später bekommen als ihre Freund*innen. Versuchen Sie, Ihrer Tochter den Druck zu nehmen.

Wenn Sie einen Sohn haben, dann sollten Sie ihn auf seinen ersten Samenerguss vorbereiten. Sonst denkt er womöglich, er habe in die Hose gemacht. Auch hier ist der Zeitraum, in dem das passieren kann, sehr groß. Alles zwischen dem elften und 15. Lebensjahr liegt im üblichen Rahmen.

Ach, und noch was: Ob Menarche oder Ejakularche – machen Sie bitte kein großes Aufsehen darum, wenn es bei Ihrem Kind so weit ist.

WAS IST EIGENTLICH DIESER SEX?

Sex ist mehr als Babys machen. Sex macht nämlich Spaß. Deshalb haben viele Menschen Sex, obwohl sie keine Kinder bekommen möchten.

Sie müssen dann aufpassen, dass die Frau nicht schwanger wird. Sie benutzen zum Beispiel ein Kondom.

Das ist wie eine Tüte, die der Mann über seinen Penis zieht, und die seine Samenflüssigkeit abfängt. Die Spermien gelangen nicht in den Körper der Frau und können deshalb kein Wettrennen zur Eizelle starten.

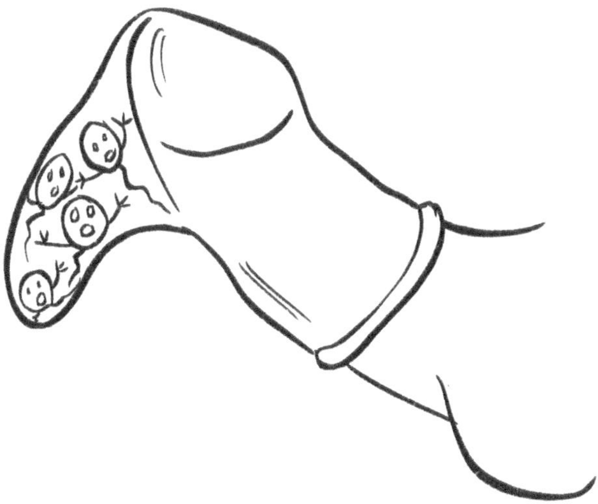

Aber Sex ist noch so viel mehr, als nur den Penis in die Vagina zu stecken. Wenn zwei Menschen Lust aufeinander haben, dann küssen und streicheln sie sich und erkunden sich gegenseitig mit der Zunge. Auch das ist Sex.

Ein Mensch kann auch Sex mit sich selbst haben. Wenn er sich anfasst und streichelt, dann fühlt sich das schön an. Erwachsene nennen das Selbstbefriedigung.

Sex kann mit einem Orgasmus enden – und da ist es egal, ob man mit sich selbst Sex hat oder mit einem anderen Menschen.

Ein Orgasmus ist ein Gefühl, das sich langsam aufbaut und irgendwann wie ein Vulkan ausbricht. Es kann kribbeln, warm und kalt gleichzeitig sein – es ist einfach unbeschreiblich.

Jungs und Männer haben beim Orgasmus einen Samenerguss (falls du dich nicht erinnerst: das Sperma schießt hierbei aus dem Penis heraus), bei Mädchen und Frauen zieht sich die Gebärmutter zusammen.

Wenn du noch mehr über Sex und Selbstbefriedigung wissen möchtest, dann kannst du das in Kapitel 6 nachlesen.

EXKURS: MATSCHEN UND KNETEN BIS DER ARZT KOMMT

Im Folgenden finden Sie Tipps für den Alltag, die erst mal nichts mit Sexualität zu tun haben, aber Ihrem Kind trotzdem in seiner späteren sexuellen und partnerschaftlichen Entwicklung helfen. Wenn Ihr Kind von Anfang an lernt, sich und seinen Körper zu spüren, wird ihm dies auch später im Leben deutlich besser gelingen. Und Körpergefühl ist ein wichtiger Bestandteil von gelungener Sexualität. Darum gebe ich Ihnen den Tipp, im Alltag all die Dinge zu fördern, bei denen Ihr Kind seinen Körper wahrnehmen kann. Sie können es gerne darauf sensibilisieren, indem Sie solche Situationen ansprechen: Wie fühlt es sich an, wenn du auf der Schaukel hin und her schwingst? Was für ein Gefühl ist es, mit nackten Füßen über Sand, Gras, warme Pflastersteine zu laufen? An welcher Körperstelle wirst du besonders gerne gekrault? Wenn Sie mit Ihrem Kind im Gespräch bleiben, lernt es ganz nebenbei, seine Gefühle zu benennen. Auch das ist eine wichtige Voraussetzung für später.

Lassen Sie Ihr Kind ruhig mal mit dem Essen experimentieren. Das muss ja nicht immer sein – aber Essen zubereiten und die Konsistenz zu erfühlen, ist ebenfalls ein Bestandteil von Körpererfahrungen. Außerdem kann Ihr Kind hierbei seine Sinne schärfen: Wie fühlt sich eine Möhre vor oder nach dem Kochen an? Wie ist es, den Teig zu kneten? Was passiert, wenn man Pfeffer einatmet? Wie reagiert die Zunge auf scharfen Senf? All das fördert die eigene Wahrnehmung und das Verbalisieren von Empfindungen.

Außerdem möchte ich Ihnen raten, einen Ganzkörperspiegel im Zimmer Ihres Kindes aufzuhängen. Wenn Sie befürchten, der Spiegel könne zu Bruch gehen: Es gibt Spiegelfolien, die können Sie aufkleben. Ziel ist, dass sich Ihr Kind im Spiegel betrachten kann – und zwar vom Kopf bis zu den Zehen. Das schafft Identifikation mit sich selbst und kann für ein großes Körper- und Selbstwertgefühl sorgen.

Sportliche Aktivitäten und Körperpflege (Zähneputzen, einseifen, cremen, kämmen, massieren) sind weitere wichtige Bausteine in der Körper- und Ichstärkung Ihres Kindes. Lassen Sie Ihr Kind matschen, toben, dreckig sein. Ja, natürlich dürfen Sie protestieren, wenn es seine beste Hose anziehen will, um damit den nassen Hügel runterzurutschen. Aber lassen Sie Ihrem Kind Freiräume, um ausgelassen zu sein.

Last but not least: Schaffen Sie auch ruhige Momente. Der Wert von Langweile ist nach meiner Auffassung ein ganz wichtiger, denn Langweile schafft Raum für Verarbeitung und Entwicklung. Bauen Sie ruhige Inseln in den Alltag ein. Kuscheln Sie mit Ihrem Kind, wenn es das möchte. Lesen Sie etwas vor und/oder genießen Sie einfach nur sich und Ihre Familie. Auch so kann Ihr Kind einen Weg und Zugang zu sich selbst finden.

Wenn Sie Ihr Kind auf diese vielfältige Weise unterstützen, kann es die unterschiedlichen Facetten von „Leben“ abspeichern und reflektieren. Diese bunte Tüte an Körper-, Gefühls-, und Sinneserfahrungen wird es sein Leben lang begleiten. Ihr Kind wird später in all seinen Beziehungen und Partnerschaften aus dieser Tüte zehren.

KAPITEL 6:

JETZT WIRD'S HAARIG – MIT JUGENDLICHEN ÜBER SEXUALITÄT REDEN

„Wie bist du damals aufgeklärt worden?“ – diese Frage kennen wir vermutlich alle. Mir begegnet sie jedenfalls sehr häufig. Mir kommt dann immer das Bild von Eltern mit seeeeehr ernster Miene in den Kopf, die den großen Moment einleiten mit „Kind, wir müssen reden!“. BITTE NICHT!

Ich empfehle Ihnen, die Infos und Tipps aus diesem Kapitel parat zu halten für Situationen, in denen Sie sie brauchen. Wie eine Art Werkzeug, das Sie jederzeit auspacken können. Wenn wir zu einem Abenteuertrip aufbrechen, dann lieber mit Ausrüstung und Ersatzrad im Kofferraum als ohne.

Bitte besprechen Sie die Themen immer unabhängig vom Geschlecht Ihres Kindes. Ein Junge sollte alle Fakten rund um das Thema Menstruation kennen. Und ein Mädchen sollte wissen, was ein Samenerguss ist. Das schafft Verständnis und Zutrauen. Und das Wissen um den Körper – den eigenen und den der anderen – wird Ihrem Kind viele Ängste und Sorgen nehmen.

Wenn Ihr Kind konkrete Fragen hat – zum Beispiel zu Brust- oder

Penisgröße, zum richtigen Alter für das erste Mal – dann antworten Sie bitte in großzügigen Von-bis-Angaben. So kann Ihr Kind sich in jedem Fall in der Antwort wiederfinden. Das gibt ihm ein beruhigendes Gefühl.
Wie bereits in Kapitel 4 erwähnt, kann es sein, dass Ihr Kind nicht alles – oder sehr wenig bis gar nichts – mit Ihnen besprechen möchte. Das ist eine Typfrage, und Sie sollten das nicht persönlich nehmen. Wichtig ist, dass Sie trotzdem informiert sind und sich gesprächsbereit zeigen. Möglicherweise fragt Ihr Kind Sie irgendwann doch noch.
Das vorliegende Kapitel richtet sich zwar an Sie als Eltern. Aber vielleicht möchte Ihr jugendliches Kind gerne selbst darin lesen. Erlauben Sie das ruhig. Es steht nichts drin, was es nicht wissen darf. Vielleicht ist es für Ihr Kind angenehmer, sich erst mal selbst zu informieren. Möglicherweise ergeben sich daraus Gespräche zwischen Ihnen. Und wenn nicht: auch nicht schlimm.

MENSTRUATION

Wer Werbung für Tampons, Binden oder Slipeinlagen sieht, könnte meinen, die Menstruation sei leicht, locker und blumig. Mal abgesehen davon, dass Frauen während der Periode keine blaue Ersatzflüssigkeit ausscheiden, hat die Realität auch sonst nichts mit dem gemein, was die Werbung suggeriert. Denn die Menstruation kann wehtun, unangenehm riechen – und danebengehen. Und grundsätzlich kommt sie immer dann, wenn es am wenigsten passt.
Wenn Sie meinem Rat aus Kapitel 5 gefolgt sind, liegen zum Zeitpunkt der ersten Menstruation (kleine Erinnerung: zwischen zehn und 16 Jahren) Binden und Slipeinlagen in Bad und Schulranzen parat. Viele Mädchen treibt die Sorge um, dass sie von ihrer Periode überrascht werden und sie die Klamotten einblu-

ten. So lange der Zyklus Ihrer Tochter noch nicht regelmäßig ist, können Sie ihr Slipeinlagen empfehlen. Dann geht zumindest im ersten Moment nichts daneben – egal, wann die Tage kommen. Nachdem Ihre Tochter mehrfach Ihre Periode hatte, können Sie mit ihr über die Verwendung von Tampons reden. Wichtig hierbei ist, die richtige Größe und den richtigen Sitz zu besprechen. Bitte überreden Sie Ihre Tochter nicht dazu, Tampons zu benutzen. Sich etwas in die Vagina einzuführen, ist Teil der sexuellen Selbstbestimmung. Jedes Mädchen, jede Frau hat einen individuellen Zeitpunkt, ab dem sie dazu bereit ist.

Mädchen, die früh ihre Tage bekommen, fühlen sich häufig sehr alleine mit dem Thema. Wenn die Freund*innen noch nicht so weit sind, fehlt ihnen eine Person, mit der sie sich austauschen können. Und vielleicht haben sie sogar das Gefühl, nicht mehr richtig dazuzugehören. Sie haben körperlich einen Entwicklungsschritt gemacht, der den anderen noch fehlt.

Manche Mädchen haben ein Problem mit dem Gedanken, dass sie geschlechtsreif sind. Denn Geschlechtsreife beinhaltet das Thema Sex. Und viele Mädchen haben zum Zeitpunkt ihrer ersten Periode noch keine sexuellen Fantasien. Da ist der Körper weiter als der Kopf.

Wenn das bei Ihrer Tochter der Fall ist, empfehle ich Ihnen, ihr in dieser Phase Angebote zur Freizeitgestaltung zu machen. So lenken Sie ihre Gedanken auf andere Dinge. Spendieren Sie ihr eine Runde Kino mit der besten Freundin, einer Cousine, dem Lieblingsonkel. Oder probieren Sie gemeinsam ein neues Hobby aus. Nach und nach werden auch die Freund*innen und Klassenkamerad*innen ihre erste Periode bekommen – und dann sieht die Welt schon wieder anders aus. Manche Mädchen setzen sich unter Druck, wenn alle Freund*innen schon ihre Tage haben – nur sie nicht. Sie machen sich möglicherweise Sorgen, dass sie niemals Kinder werden bekommen können. Oder sie fühlen sich minderwertig, weil sie noch nicht so „erwachsen" sind wie die anderen. Auch in diesem Fall können Sie Ihrer Tochter durch Ablenkung helfen. Wie wäre es zum Beispiel mit einem ganz erwachsenen Restaurantbesuch am Abend? Oder sie darf sich das schicke Kleidungsstück kaufen, das sie sich schon lange wünscht.
Die Menarche ist kein Grund, zur Gynäkolog*in zu gehen. Wenn Ihre Tochter das allerdings aus eigenem Antrieb möchte, dann machen Sie einen Termin oder lassen Sie sie selbst einen vereinbaren. Ihre Tochter darf sich den*die Ärzt*in (gegebenenfalls mit Ihrer Unterstützung) selbst aussuchen und ganz alleine bestimmen, wer sie dort hinbegleitet. Manche Mädchen sind mit der ersten Menstruation schlichtweg überfordert, möchten mit ihren Eltern aber nicht darüber reden. Auch in diesem Fall empfehle ich den Besuch bei einer Gynäkolog*in.
Bitte zwingen Sie Ihrer Tochter kein Gespräch über ihre Periode auf. Sagen Sie ihr, dass sie sich jederzeit mit Fragen an Sie wenden kann. Sie kann und darf selbst entscheiden, ob und wann Sie Ihr Angebot annimmt.
Weisen Sie Ihre Tochter darauf hin, dass ihre Menstruation am Anfang sehr unregelmäßig sein kann. Manche Mädchen haben Angst, schwanger zu sein, wenn sie ihre Tage nicht einmal pro Monat bekommen.

Klären Sie Ihre Tochter darüber auf, dass eine ausbleibende Periode kein hundertprozentiges Zeichen dafür ist, schwanger zu sein. Umgekehrt können Frauen auch während der Schwangerschaft ihre Tage bekommen. Der Körper ist komplex und funktioniert nicht immer nach Lehrbuch. Wenn die Periode Ihrer Tochter lange ausbleibt oder sie trotz Menstruation Anzeichen einer Schwangerschaft zeigt, sollten Sie dies ärztlich abklären lassen. Wichtig ist, dass Ihre Tochter von ihrer ersten Periode an auf Verhütung achtet – sagen Sie ihr das unbedingt.

SAMENERGUSS

Im Alter zwischen elf und 15 Jahren werden viele Jungs von ihrem ersten Samenerguss überrascht – häufig nachts. Im besten Fall war Ihr Sohn auf die Situation vorbereitet. Es kann trotzdem sein, dass er versucht, es vor Ihnen zu verheimlichen.

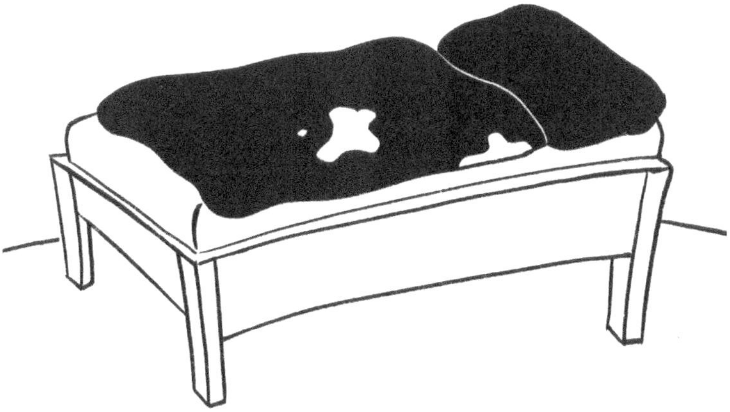

Sie helfen ihm, wenn Sie kein großes Ding daraus machen. Sagen Sie ihm, dass Sie es mitbekommen haben und dass es etwas ganz Normales ist. Und vereinbaren Sie mit ihm, dass er die Unterhosen wechseln muss, wenn sie Samenflüssigkeit abbekommen hat. Wie Sie das mit der Bettwäsche handhaben, können Sie gemeinsam besprechen. Da hat jede Familie ihre eigenen Regeln und Ansichten. Grundsätzlich ist Samenflüssigkeit ein Körpersekret – genauso wie Schweiß oder Speichel. Und bei Schweiß und Speichel hängt die Frage, ob Sie ein Bett neu beziehen, vermutlich von der Menge ab, die darin gelandet ist. Genauso würde ich das mit der Samenflüssigkeit auch machen.

Der erste Samenerguss kann Spermien enthalten – muss aber nicht unbedingt. Wenn er Spermien enthält, dann sind es sehr wenige. Die Spermienmenge steigt mit der Zeit an.

Wichtig ist, dass Ihr Sohn vom ersten Sexualkontakt an verhütet. Denn theoretisch reicht ein Spermium aus, um eine Frau zu schwängern. Und alleine schon wegen sexuell übertragbarer Krankheiten ist Verhütung grundsätzlich ein Muss. Weitere Infos dazu erhalten Sie weiter unten unter „Verhütung".

Weisen Sie Ihr Kind darauf hin, dass bei einer Ejakulation rund ein Teelöffel Samenflüssigkeit rausspritzt. Falls Ihr Kind bereits mit Pornos in Kontakt gekommen ist, hat es vielleicht andere Mengen im Kopf und hält sich nicht für normal. Die Sorge können Sie ihm nehmen (siehe hierzu auch „Voll Porno").

GYNÄKOLOG*IN UND UROLOG*IN

Alle Kinder lernen von klein auf, dass sie regelmäßig zahnärztlich untersucht werden müssen. Auch die U- und J-Untersuchungen beim Kinder- und Jugendarzt gehören zum Standard. Viele Mädchen gehen in der Pubertät das erste Mal zu einem*einer Gynäkologe*in –und von da an ihr Leben lang.

Und Jungs? Nach der letzten J-Untersuchung mit circa 17 Jahren passiert bis zum 45. Lebensjahr in der Regel ... nichts. Da klafft eine große Vorsorge-Lücke.

In der Vorstellung vieler Menschen können Urolog*innen nur eins: den Finger in den Po stecken und die Prostata untersuchen. Das ist ein Grund, warum viele Männer den Besuch in einer urologischen Praxis meiden wie die Katze den Rasensprenger.

Dabei sind Urolog*innen gute Ansprechpersonen für alle Fragen rund um Sexualität – ob Funktionsstörungen, vorzeitiger Samenerguss oder sexuell übertragbare Krankheiten. Sie diagnostizieren Hodentumore (die bei jüngeren Männern viel häufiger auftreten als Prostatakrebs) und Vorhautverengungen (die bei Selbstbefriedigung und Geschlechtsverkehr sehr schmerzhaft sein können).

Viele Urolog*innen haben Zusatzausbildungen als Androlog*innen. Sie sind also Spezialisten für Fortpflanzungsfunktionen und deren Störungen. Zahlreiche Erkrankungen von erwachsenen Männern könnten durch Vorsorge vermieden werden.

Die Pubertät ist ein geeigneter Zeitpunkt, um mit lebenslanger medizinischer Begleitung durch Gynäkolog*in und Urolog*innen zu beginnen. Ich möchte Ihnen also dringend ans Herz legen, Ihr Kind regelmäßig dort hinzuschicken. Es ist eine Frage der Gewohnheit – genau wie die zahnärztlichen Besuche. Und es ist keine Frage des Geschlechts.

Geben Sie Ihrem Kind die Freiheit, sich den Arzt oder die Ärztin selbst auszusuchen. Sie können sich im Internet gemeinsam verschiedene Praxen ansehen. Oft bekommt man durch die Fotos von Personal und Praxis ein Gefühl dafür, ob man sich dort wohlfühlen kann oder nicht. Ihr Kind darf entscheiden, wen es mitnehmen oder ob es lieber alleine gehen möchte.

Vielleicht möchte Ihre Tochter sogar mit ihrer besten Freundin gehen. Auch okay.

Geben Sie Ihrem Kind mit auf den Weg, dass es mit den Ärzt*innen über alle Fragen rund um Sexualität reden kann. Manch ein

Thema bespricht es vielleicht lieber mit jemandem vom Fach als mit Ihnen.

KÖRPERHAARE UND RASUR

Im Laufe der Pubertät fangen die Körperhaare an zu sprießen. Auch hier ist es wichtig, dass Sie Ihr Kind rechtzeitig darauf vorbereiten.

Viele Jungs fiebern dem ersten Oberlippenflaum regelrecht entgegen. Endlich erwachsen! Na ja, zumindest fast. Es kann sein, dass Ihr Sohn sich nass rasieren will, obwohl es kaum etwas zu rasieren gibt. Er ist stolz auf seine paar Barthaare und möchte sie entsprechend feiern. Gönnen Sie ihm das erhabene Gefühl.

Auch das Rasieren anderer Körperhaare kann zum Thema werden. Wie stehen Sie dazu, wenn sich Ihr jugendliches Kind Bein-, Brust-, Achsel- oder auch Schamhaare entfernen will? Das müssen Sie in Ruhe überlegen und mit Ihrem Kind besprechen. Die finale Entscheidung liegt letztendlich beim Kind.
Ich möchte Ihnen hier bewusst keine Empfehlung geben. Nur so viel: Sie müssen sich keine Sorgen machen, dass eine rasierte Vulva Krankheiten begünstigt. Die frühere Schutzfunktion von Schamhaaren übernimmt heutzutage die Unterwäsche.

Wenn Ihr Kind seinen Intimbereich rasieren will, dann sollten Sie es unbedingt auf die Verletzungsgefahr aufmerksam machen. Jungs haben durch Gesichtsrasur vielleicht schon ein bisschen Erfahrung. Mädchen sollten erst mal an einer weniger empfindlichen Körperstelle üben. Diese muss noch nicht mal behaart sein. Es geht nur darum, den Rasierer richtig zu führen. Unter Ihrer Anleitung kann Ihr Kind das zum Beispiel an seinen Fingern üben. Wenn das gut klappt, können Sie es sich selbst überlassen.

Geben Sie Ihrem Kind für die Intimrasur folgende Regeln an die Hand:

- Nach zwei bis drei Rasuren die Rasierklinge wechseln, weil sie sonst zu stumpf ist.
- Nach dem Duschen oder Baden rasieren – durch das warme Wasser sind die Poren geöffnet, die Haare weich und die Haut gleitfähiger.
- Vor dem Rasieren Haut einschäumen (mit Rasierschaum oder Seife/Duschgel – aber bitte pH-neutral).
- Gegen die Wuchsrichtung der Haare rasieren, bei Hautirritationen in Wuchsrichtung der Haare.
- Bikinizone und Achselhöhlen: in Wuchsrichtung rasieren, weil die Haut dort besonders empfindlich ist.
- Haut mit einer Hand straff ziehen, mit der anderen den Rasierer führen.

- Rasierklinge nach ein paar Strichen gründlich abspülen.
- Nach der Rasur: Feuchtigkeitscreme verwenden, um die gereizte Haut zu beruhigen (am besten ein Produkt ohne Alkohol).
- Nach Rasur der Achselhaare: kein aluminiumhaltiges Deo verwenden, weil das Aluminium über die angegriffene Haut in den Körper gelangen kann.

Rein sachlich gibt es übrigens keinen Unterschied zwischen Rasierern für Männer und Rasierern für Frauen – nur, dass letztere teurer sind. Gelddrucken unter dem Deckmantel vermeintlicher Geschlechtsunterschiede. Toll, oder?

DIE GESCHLECHTSTEILE

Brust, Vulva und Penis verändern sich in der Pubertät massiv. Im Vergleich zu den Geschlechtsteilen von Kindern sind die von Jugendlichen und Erwachsenen optisch vielfältiger. „Normal" gibt es nicht, „zu groß" oder „zu klein" gibt es auch nicht. Es gibt so viele unterschiedliche Busen, Vulven und Penisse wie Menschen.

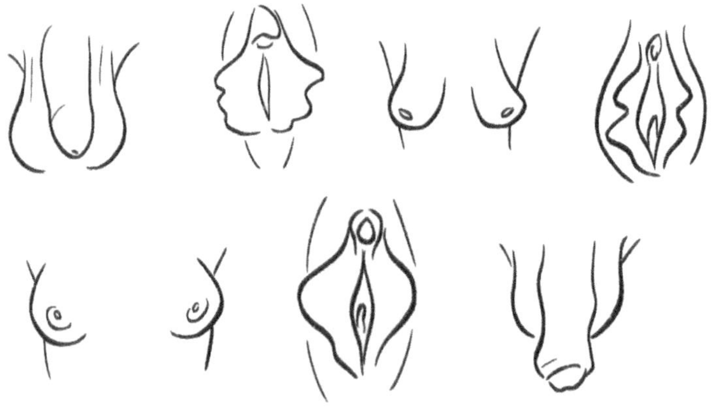

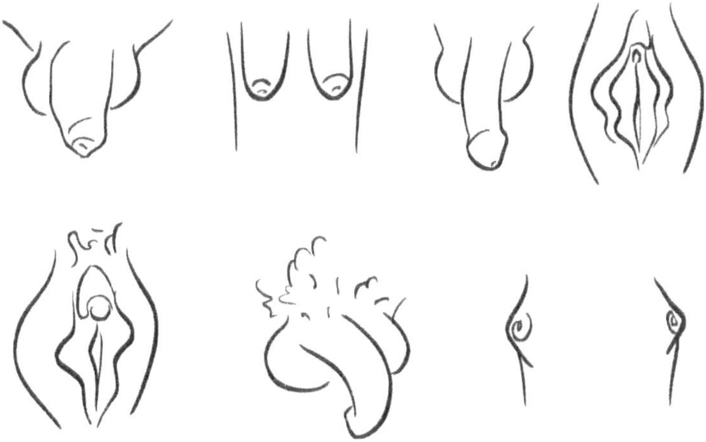

Sobald Ihre Tochter den ersten Brustansatz bekommt, sollten Sie mit ihr darüber sprechen, was das für sie ändert. Erklären Sie ihr, dass ihre Brust ab jetzt etwas sehr Privates ist, das nicht jeder sehen soll und darf. Deshalb sollte sie nicht mehr ohne Bikinioberteil schwimmen gehen.

Wichtig ist dieses Gespräch vor allem mit Mädchen, die körperlich sehr früh dran sind. Denn möglicherweise kommt der Busen, bevor das Schamgefühl vollends entwickelt ist. Die Körperscham entfaltet sich zwar ab dem späten Kindergartenalter – aber das passiert langsam. Möglicherweise haben Kinder zu Beginn der Pubertät noch kein ausreichendes Bewusstsein dafür, dass ihr Körper gerade erwachsen wird.

Umgekehrt setzt das Schamgefühl manchmal weit vor der Entwicklung des ersten Brustansatzes ein – Sozialisierungskeule und Geschlechtsstereotypenmonster sei Dank. Wenn Ihre Tochter auf ein Bikinioberteil besteht, sollte sie eines tragen dürfen – auch wenn noch keine Brust zu sehen ist. Denn es ist die Körperscham Ihrer Tochter – und nicht Ihre eigene.

STIMMBRUCH

Bereiten Sie Ihren Sohn darauf vor, dass sich seine Stimme massiv verändern und sich dieser Prozess eine ganze Weile hinziehen wird. Er weiß sein Gekiekse und Gekrächze dann richtig einzuordnen.
Bitte verkneifen Sie sich als Erwachsener jegliche Kommentare zu der Veränderung. Wie viele Teenies mussten sich schon den Satz anhören „Oh, jetzt wirst du ein richtiger Mann. Hahaha!".
Übrigens kommen auch Mädchen in den Stimmbruch – wenn auch in viel geringerem Umfang.

WENN IHR KIND SICH NICHT WOHLFÜHLT IN SEINER HAUT

Ihr Kind wird seinen Körper in der Pubertät mit der Lupe betrachten, es wird jede Entwicklung beobachten und analysieren. Wenn es etwas komisch findet oder den Eindruck hat, es sei anders als die anderen, kann das zu großem Unwohlsein führen.
Wenn Sie merken, dass Ihr Kind sich mit seiner körperlichen Entwicklung nicht wohlfühlt, dann sollten Sie mit ihm darüber reden. Akzeptieren Sie sein Gefühl und versuchen Sie bitte nicht, es kleinzureden.
Ein Beispiel: Ihr Sohn sagt, er finde sich hässlich. (Ich habe hier bewusst einen Jungen als Beispiel gewählt, denn auch Jungs hadern mit Ihrem Äußeren.) Wenn Sie erwidern „Du bist nicht hässlich", fühlt er sich mit seiner Sorge nicht ernst genommen. Wenn Sie ihm aber sagen „In meinen Augen bist du nicht hässlich", dann haben Sie Ihre Meinung deutlich gemacht und gestehen ihm sein Problem trotzdem weiter zu. Und das ist wichtig, um daran zu arbeiten. Sie könnten ihn fragen, wie Sie ihm helfen können, damit er sich besser fühlt.

Viele Kinder freuen sich, wenn Ihre Eltern etwas von sich selbst erzählen. Sagen Sie ihm ganz offen, welche Ihrer Körperteile Ihnen nicht gefallen. Sie können auch Fotos aus Ihrer Pubertät zeigen. Vielleicht war Ihre Nase damals auch zu groß oder Ihre Haut pickelig. Vermutlich hat sich beides irgendwann verwachsen.

Sie können sich Ihr Kind auch schnappen und durch die Stadt laufen. Betrachten Sie gemeinsam unterschiedliche Menschen und reden Sie darüber. Die meisten Menschen haben irgendein schönes Körperteil – und die wenigsten sind perfekt. Vielleicht erhält Ihr Kind darüber einen anderen Blick auf sich selbst.
Bei fast jedem Teenie kommt irgendwann eine Phase, in der er oder sie sich nicht schön genug findet. Bei den meisten geht das nach einer Weile vorbei. Bei manchen aber nicht. Hier können Sie versuchen, den Selbstwert Ihres Kindes über andere Dinge zu steigern. Sagen Sie ihm, was es besonders gut kann und wo seine Talente liegen, die es von anderen abheben. Das wird in dem Moment nur ein kleiner Trost sein. Aber Ihr Kind speichert es ab und erhält eine Idee davon, dass Aussehen nicht alles ist.

KÖRPERHYGIENE

Die Pubertät bringt allerlei körperliche Veränderungen mit sich, mit denen umzugehen Jugendliche lernen müssen. Dazu gehören:

- Körpergeruch durch Schweiß
- Ausfluss
- Smegma (gelblich-weiße Substanz zwischen Vorhaut und Eichel bzw. zwischen den inneren und äußeren Vulvalippen; besteht aus Talg und Zellbestandteilen)
- fettige Haare
- unreine Haut, Pickel

Wichtig ist, dass Sie Ihr Kind für die Körperhygiene sensibilisieren. Das kann anstrengend sein, weil Jugendliche tausend Dinge im Kopf haben, die sie lieber tun als sich zu waschen. Bei vielen funktioniert zudem die Selbstwahrnehmung noch nicht richtig. Vor allem Jungs bekommen häufig nicht mit, wenn sie unangenehm riechen. Keine falsche Scheu: Sagen Sie Ihrem Kind, wenn es stinkt – ganz ruhig und sachlich. Und schicken Sie Ihr kleines Stinktier unter die Dusche, wenn es nicht von selbst draufkommt. Erklären Sie Ihrem Kind, wie es sich im Intimbereich richtig wäscht: Jungs ziehen die Vorhaut zurück und säubern die Eichel mit der Hand und klarem Wasser. Sagen Sie Ihrem Sohn, dass er Ihnen Bescheid geben soll, wenn das Zurückziehen der Vorhaut wehtut. Das kann ein Anzeichen für eine Vorhautverengung sein, die Sie urologisch abklären lassen sollten.
Mädchen waschen sich zwischen den inneren und äußeren Vulvalippen so wie zwischen Hautfalten. Ihre Tochter kann dabei nichts kaputt machen, das sollten Sie ihr sagen. Manche Mädchen haben die Befürchtung, sie könnten ihr Jungfernhäutchen verletzen, wenn sie ihre Vulva säubern. Das ist nicht der Fall.

Grundsätzlich gilt: Für die Reinigung des Intimbereichs reicht warmes Wasser. Wer mag, kann eine pH-neutrale Seife verwenden – eine nicht pH-neutrale greift die natürliche Schleimhautflora an. Intimdeos oder -lotionen sind völlig überflüssig – und reine Geldmacherei.

Die meisten Jugendlichen sind Hygiene-Muffel. Allerdings kann es auch passieren, dass für Tennies Hygiene überaus wichtig wird. Bis zu einem gewissen Grad ist das okay. Allerdings ist es völlig in Ordnung, wenn Sie mit Ihrem Kind über Wasserverschwendung und Wasserkosten reden. Machen Sie ihm klar, dass auch andere Familienmitglieder ein Anrecht auf das Bad haben. Es kann helfen, wenn Sie ein festes Zeitfenster für die Badnutzung vereinbaren.

Wenn Ihr Kind Probleme mit der Haut hat – egal, an welcher Körperstelle – lassen Sie es bitte ärztlich abklären. Die Ursachen können so vielfältig sein, dass ich hier keine pauschale Empfehlung abgeben kann.

Ob Duschgel, Rasierklingen oder Binden – Kinder sollten Hygieneartikel niemals von ihrem eigenen Geld bezahlen müssen, zumindest die Grundausstattung nicht. Das könnte sonst dazu führen, dass sie ihre Körperhygiene vernachlässigen, weil sie ihr Taschengeld lieber in andere Dinge investieren.

Wenn Ihr Kind hingegen ein sehr teures Duschgel haben möchte – zum Beispiel wegen eines bestimmten Duftes oder weil es von einer speziellen Marke ist – dann kann es den Aufpreis ruhig von seinem eigenen Geld bezahlen müssen.

KLEIDUNG

Sobald Ihr Kind in die Pubertät kommt, müssen Sie ein größeres Budget für Kleidung einplanen. Zum einen wegen der Wachstumsschübe – zum anderen wird Ihr Kind sich an der gängigen

Mode und seinen Freund*innen orientieren. Es wird sich nicht mehr diktieren lassen, was es anzuziehen hat. Wenn Sie mit dem Klamottengeschmack nicht einverstanden sind, versuchen Sie, gemeinsam Kompromisse zu finden.

Sie können Ihrem Kind eine gewisse Summe zur Verfügung stellen, die es für Kleidung ausgeben darf. Und Sie können vereinbaren, dass es von seinem Taschengeld etwas dazugeben muss, wenn es *unbedingt* dieses eine T-Shirt sein muss, das Sie für viel zu teuer halten.

Es gibt angemessene Kleidung und Kleidung, die nicht angemessen ist. Was angemessen ist und was nicht, hängt von der Situation ab, in der die Klamotten getragen werden: Mit einem Achselshirt Basketball zu spielen, ist total passend. Mit einem Achselshirt auf Omas 80. Geburtstag aufzutauchen, ist echt daneben.

Aber Vorsicht: Der Maßstab „angemessen oder nicht" birgt eine Falle. Möglicherweise passt es Ihnen nicht, wenn Ihre Tochter mit tiefem Ausschnitt in die Disco marschiert. Ihnen wäre ein Rollkragenpulli vieeeel lieber. Aber für Ihre Tochter ist das Oberteil mit dem tiefen Dekolleté genau das richtige Outfit für den Abend – angemessen eben. Und sie hat recht.

Denn Teenies – egal ob Jungs oder Mädchen – dürfen sich sexy kleiden. Für sie geht es darum, ihren Marktwert abzuchecken, sich zu präsentieren, ihren Freund*innen und der ganzen Welt da draußen zu zeigen: „Hey, seht her, hier bin ich!"

Ganz wichtig – und es liegt mir sehr am Herzen, Ihnen das klarzumachen: Es gibt keine zu kurzen Röcke. Oft bekommen Mädchen zu hören: „Wenn du einen so kurzen Rock trägst, mache ich mir Sorgen, dass dir was passiert. Das ist ja wie eine Einladung." Das Problem an einer solchen Mahnung ist: Dem Mädchen wird damit die Verantwortung für einen möglichen sexuellen Übergriff übertragen – nach dem Motto: „Wenn dir was passiert – selber schuld!". Dabei ist ein Mensch niemals verantwortlich für das, was andere machen. Wenn jemand übergriffig wird, dann hat das

nichts mit dem Rock zu tun, sondern liegt *immer* in der Verantwortung des*der Täter*in.
Ein weiterer Haken an der Rock-Aussage ist: Sie impliziert, dass ein weniger sexy Outfit vor sexuellen Übergriffen schützt und dass Hosen tragende Jungs grundsätzlich nicht zum Opfer werden können. Und beides ist Quatsch. Sie können Ihr Kind durch hochgeschlossene Kleidung genauso wenig vor sexuellen Übergriffen bewahren, wie durch ein sicheres Auto vor Autounfällen. Eine umsichtige Fahrweise hingegen reduziert die Gefahr, in einen Unfall verwickelt zu werden. Und genauso sind eine eigene Haltung zum Thema Sexualität, ein Zugang zu den eigenen Gefühlen und Kenntnis der eigenen Grenzen wichtige Bestandteile der Prävention.

Es gibt Mädchen, die möchten keinen BH anziehen, obwohl sie schon Busen haben. Zwingen Sie Ihre Tochter nicht dazu, vielleicht kommt sie irgendwann von alleine drauf. Möglicherweise wird sie sich den ein oder anderen doofen Spruch anhören müssen, wenn sich die Brust unter dem T-Shirt abzeichnet – darauf können Sie sie vorbereiten. Und vielleicht überlegt sie es sich dann noch mal.
Ihre Tochter hat noch keinen Busen, möchte aber unbedingt einen BH? Dann lassen Sie sie einen kaufen (oder ein Bustier – hier fällt es nicht so sehr auf, wenn sie es noch nicht ausfüllt).
Der erste BH ist für viele Mädchen ein Meilenstein. Wenn das in Ihrer beider Sinne ist, können Sie ihn gemeinsam shoppen und das Ganze zelebrieren. Wenn Ihre Tochter lieber alleine oder mit seinem*ihrer besten Freund*innen losziehen will, dann ist das auch okay. Über einen Fehlkauf müssen Sie sich keine Sorgen machen. Denn am Anfang geht es nicht um die Funktion des BHs. Vielmehr ist er das Signal nach außen „Guckt mal, ich werde erwachsen".
Unterwäsche ist sowieso ein Reizthema. Denn viele Eltern verstehen nicht, warum ihre Kinder plötzlich so viel Wert darauf legen.

Bis vor Kurzem gingen die Unterhosen aus dem 10er-Pack doch noch ohne Proteste durch.
Wenn Ihr Sohn plötzlich nur noch Boxershorts statt Baumwollslips tragen will und Ihre Tochter ihre Eiskönigin-Unterwäsche von heute auf morgen verschmäht, dann ist das okay. Ihr Kind wird eben erwachsen. Sie haben keine Chance, diese Entwicklung aufzuhalten.
Ich empfehle Ihnen, der Unterwäsche-Auswahl Ihres Kindes grundsätzlich offen zu begegnen: Ihre Tochter kommt von einer Shoppingtour mit einem Stringtanga nach Hause und bei Ihnen gehen sämtliche Alarmglocken an? Vielleicht geht es gar nicht darum, dass sie erotische Unterwäsche anziehen will. Möglicherweise möchte sie nur, dass sich ihre Unterhose nicht unter der engen Jeans abzeichnet. Und selbst wenn sie den Fetzen Nichts gekauft hat, um sich sexy zu fühlen: Ihr das zu verbieten, wäre kontraproduktiv. Sie wird einen Weg finden, den Stringtanga trotzdem anzuziehen – und Sie beide haben einen Streit mehr an der Backe.
Auch Jungs zeigen gerne, was sie drunter tragen. Die meisten jedenfalls kommen in eine Phase, in der der Bund oder direkt die halbe Boxershorts aus der Hose rausgucken.

Denken Sie daran, dass Klamotten der Abgrenzung und Provokation dienen. Das war bei Ihnen als Teenie vermutlich auch nicht anders. Wie sind Sie früher rumgelaufen? Und was haben Ihre Eltern dazu gesagt? Ja, richtig. Geschichte wiederholt sich. Das ist die Ironie des Lebens.
Versuchen Sie es in der Klamottenfrage also am besten mit Gelassenheit und, da wo es Aussicht auf Erfolg hat, mit Kompromissen. Und – ganz wichtig: Vergessen Sie nicht, ausreichend Bilder zu machen. Damit können Sie Ihr Kind auf seiner Hochzeit überraschen. Zur großen Rede gibt es ein paar Impressionen von früher. Ein bisschen Spaß muss schließlich sein.

STIMMUNGSSCHWANKUNGEN UND STREITEREIEN

Streit ist anstrengend und manchmal auch zermürbend. Aber ich empfehle Ihnen trotzdem, die Auseinandersetzungen mit Ihrem jugendlichen Kind auszutragen – und zwar aus zwei wichtigen Gründen.

Erstens suchen Pubertierende Streit, um Grenzen auszutesten. Wenn sie diese Grenzen spüren – weil Eltern sie ihnen aufzeigen – dann gibt ihnen das Sicherheit.

Zweitens dient der Streit dazu, sich von den Eltern abzugrenzen. Und das wiederum brauchen Jugendliche, um selbstständig zu werden.

Die Pubertät ist eine riesengroße Herausforderung. Neben den körperlichen Veränderungen müssen Jugendliche plötzlich ganz viel selbst entscheiden. Es ist Zeit, das elterliche Nest zu verlassen – zumindest für kurze Testflüge. Wir Eltern sollten unseren Kindern diese Freiräume unbedingt zugestehen. Sie sollen schließlich lernen, alleine klarzukommen. Trotzdem ist es weiterhin unsere Aufgabe, sie zu beschützen.

Das bedeutet: Wenn Teenies abends ausgehen möchten, dann ist das im Rahmen von vereinbarten Regeln okay. Ich möchte Ihnen hier bewusst keinen Rat geben, um wie viel Uhr Ihr Kind in welchem Alter zu Hause sein sollte. Ich finde, das müssen Sie als Eltern entscheiden. Nur so viel: Was für Jungs gilt, sollte meiner Meinung nach auch für Mädchen gelten – und umgekehrt. Viele Eltern sorgen sich um Söhne weniger als um Töchter und lassen bei ihnen die Zügel lockerer. Jungs dürfen länger wegbleiben als Mädchen. Jungs müssen alleine heimlaufen, Mädchen werden an Bus oder Bahn abgeholt. Viele Erwachsene gehen davon aus, dass Jungs sich körperlich wehren können, wenn sie in eine doofe Situation geraten. Aber das sollte man gar nicht erst riskieren. Wir als Eltern müssen dafür sorgen, dass unsere Kinder nach einer Party sicher zu Hause ankommen – unabhängig von ihrem Geschlecht. Wenn es Ihrem Sohn oder Ihrer Tochter peinlich ist, dass Sie an der Haltestelle warten, dann vereinbaren Sie einen Treffpunkt an der nächsten Ecke. Denn so viel schon mal vorab: Kompromisse sind okay.

Viele Jugendliche haben starke Stimmungsschwankungen. Deshalb wissen Eltern oft nicht, wo sie gerade dran sind. Es kann sein, dass Ihr Teenie-Kind Sie anschreit, belügt oder den gesamten Tagesablauf mit seinen Anfällen durcheinanderbringt – und im nächsten Moment mit Ihnen kuscheln will.

Sie sollten sich bemühen, die Launen Ihres Sohnes oder Ihrer Tochter ernst zu nehmen – auch wenn es aus Ihrer Sicht nur eine Lappalie ist, die gerade den nächsten Nervenzusammenbruch auslöst. Trotzdem müssen Sie nicht nach der emotionalen Pfeife Ihres Nachwuchses tanzen. Sagen Sie klipp und klar, wenn Ihnen die schlechte Laune auf die Nerven geht. Und es ist ebenfalls völlig in Ordnung, Ihr Kind nicht sofort in den Arm zu nehmen, wenn ihm plötzlich danach ist. Eltern brauchen manchmal etwas Zeit. Sie können nicht direkt von Sturm auf sanfte Brise umschalten. Damit muss Ihr Teenie klarkommen.

Wichtig ist, dass Sie während eines Streits Ihren Standpunkt eindeutig formulieren und klare Signale aussenden. Versuchen Sie, sachlich zu bleiben – auch wenn das manchmal verdammt schwer ist. Und bitte achten Sie darauf, keine alten Geschichten aufzuwärmen. „Letzte Woche hast du auch schon …" – streichen Sie solche Sätze bitte aus Ihrem Repertoire.

Häufige Streitthemen zwischen Eltern und ihren jugendlichen Kindern sind:

- Körperhygiene
- Klamotten
- Zimmer
- Freund*innen

Auf Körperhygiene und Klamotten bin ich oben schon eingegangen. Also widme ich mich nun den beiden anderen Themen.

ZIMMER

Ihr Kind hat ein Anrecht auf Privatsphäre – das sollten Sie unbedingt akzeptieren. Klopfen Sie an, bevor Sie die Tür öffnen. Und wenn Ihr Sprössling nicht zu Hause ist, haben Sie in seinem Zimmer nichts zu suchen. Wenn Sie in seiner Abwesenheit unbedingt reinmüssen, dann texten Sie Ihr Kind kurz auf dem Handy an und fragen um Erlaubnis. Es wird sich sehr wertgeschätzt fühlen – und Sie haben wieder etwas für die Bindung zwischen Ihnen beiden getan.
Auch wenn Ihr Kind über das eigene Reich herrschen darf, dürfen Sie Regeln festlegen, an die es sich halten muss:

- Müll wegräumen
- Regelmäßig lüften
- Heizung runterdrehen

Das alles sind Dinge, die bei Nichteinhaltung unmittelbar Auswirkung auf die Familie haben – nämlich:

- Schimmel durch alte Lebensmittel
- Schimmel durch Feuchtigkeit
- Hohe Heizkosten

Das leidige Thema Unordnung fällt nicht in diese Kategorie. Denn niemand hat einen Nachteil, wenn das Zimmer nicht aufgeräumt ist. Sie können mit Ihrem Kind aber einen Deal abschließen: Gewaschen wird nur, was vor der Zimmertür liegt. Meine Empfehlung ist, dort eine Wäschetonne aufzustellen.

Gut möglich, dass die Wäschetonne über Wochen leer bleibt. Es ist durchaus vorstellbar, dass es Ihrem Kind herzlich egal ist, wie dreckig seine Klamotten sind. Und es wäre sehr nachvollziehbar, wenn Sie irgendwann die Vorstellung nicht mehr aushalten, dass Ihre Tochter oder Ihr Sohn tagtäglich in ollen, muffigen Klamotten durch die Gegend rennt. In diesem Fall können Sie ruhig von Ihrer eigenen Linie abweichen. Es geht nicht um Sieg oder Niederlage. Sagen Sie Ihrem Kind, wie Sie sich fühlen. Erklären Sie, dass Waschtag ist und es alle Kleidungsstücke vor seinen Höhleneingang schaffen muss.

Sie können Ihr Kind auch schrittweise heranführen, seine Kleidung selber zu waschen. Manchen Teenies ist ohnehin lieber, wenn sie sich um ihre dreckige Unterwäsche selbst kümmern. Und wenn ein Kind dann älter ist, kann es seine Wäsche komplett selber machen.

Was für das Zimmer gilt, gilt nicht für die Räume, die die ganze Familie nutzt. Ab dem Grundschulalter kann man Kindern zumuten, in Wohnzimmer, Küche und Bad Ordnung zu halten. Und für Jugendliche gilt das erst recht. Wer diese Räume verwüstet, muss sie aufräumen. Ganz einfach.

Und überhaupt finde ich es wichtig, dass Kinder frühzeitig Aufgaben im Haushalt übernehmen – natürlich altersgerechte. Ein Kindergartenkind kann beim Tischdecken helfen oder mit dem Kindermesser Gurke für alle schneiden. Ein Teenie kann Müll rausbringen, staubsaugen, das Bad putzen, den Gehweg fegen. In einer Familie sollte jeder mit anpacken, das sollte ganz selbstverständlich sein.

Gerade Jungs wird auch heutzutage noch viel Arbeit abgenommen. Kein Wunder, wenn sie später die Verantwortung für den Haushalt bei ihrer Partnerin sehen. Sie sind es so gewohnt – Mama und Rollenklischees sei Dank.

FREUND*INNEN

Akzeptieren Sie die Freund*innen Ihres Kindes – auch wenn Sie sie echt zum Kotzen finden. Das kommt vor und ist ganz normal. Ihr Kind wird garantiert keine*n Freund*in abschießen oder weniger mögen, weil Sie ihm einhämmern, wie doof er*sie ist. Sie würden vermutlich auch keine Freundschaft aufkündigen, nur weil Ihr Kind einen Ihrer Freund*innen nicht mag.

Möglicherweise kommt Ihr Sprössling irgendwann selbst auf den Trichter. Auch hier hilft es, wenn Sie Ihrem Sohn/Ihrer Tochter bestimmte Werte vermittelt haben. Wenn Sie den Kontakt verbieten, dann bewirken Sie vermutlich das Gegenteil. Hier kommt dann wieder der Reiz des Verbotenen ins Spiel. Je älter Kinder werden, umso weniger können Sie sie kontrollieren. Und selbst wenn Ihr Kind die „verbotene" Freundin nicht mehr zu Hause anschleppt, werden die beiden sich trotzdem treffen: auf dem Schulweg, in der Pause, im Sportverein – zur Not eben heimlich.

Wenn Ihre Tochter oder Ihr Sohn Freund*innen mit nach Hause bringt, haben Sie einen Anspruch, diese kurz kennenzulernen – schließlich ist es auch Ihr Haus. Sie dürfen interessiert sein – aber Sie müssen damit rechnen, dass Sie keine Antworten bekommen. Nerven Sie Ihr Kind und seinen Besuch nicht, indem Sie ständig „zufällig" dort auftauchen, wo sie sich gerade aufhalten.

IMMER DIESE SCHIMPFWÖRTER

Wie bereits zuvor erwähnt, nutzen Kinder und Jugendliche sexualisierte Sprache, um Erwachsene zu provozieren. Sie spüren, dass es vielen Erwachsenen sehr unangenehm ist, über Dinge zu reden, die auch nur entfernt mit Sex zu tun haben. Mit ihren verbalen Ausfällen fordern Kinder die Sprachlosigkeit von Eltern, Großeltern und Lehrern heraus. Oder sie haben die Erfahrung gemacht, dass sie Erwachsene damit auf die Palme bringen. So oder so: Sätze wie „Das Essen ist so schwul!“ dienen dazu, eine Reaktion auszulösen – und/oder Antworten zu finden. Denn oft hören Kinder Wörter auf dem Schulhof und wissen nicht, was sie bedeuten oder wie sie sie einordnen sollen. Aber vielleicht gibt es zu Hause beim Abendessen ja einen Hinweis?!

Schön wäre, wenn Sie in so einer Situation nicht betreten auf Ihren Teller gucken, sondern sich Ihrem Kind und seinen unausgesprochenen Fragen stellen. Denn eigentlich möchte es wissen: „Mama, Papa! Was ist schwul eigentlich genau und wie steht ihr dazu?“ Mein Tipp für diese Situation: Fragen Sie Ihr Kind ganz ruhig, was schwul ist. Hat es eine vage Vorstellung? Keinen blassen Schimmer? Vermutlich weiß es in diesem Alter schon, dass es irgendetwas mit Gleichgeschlechtlichkeit zu tun hat. Aber es hat sich wahrscheinlich noch nie sachlich damit auseinandergesetzt. Also fangen Sie bei den Basics an: „Schwul ist, wenn ein Mann andere Männer liebt und mit ihnen zusammen sein und Sex haben will. Denn es können nicht nur Männer und Frauen Paare sein, sondern auch Männer und Männer und Frauen und Frauen. Denn es ist ja egal, ob man einen Mann oder eine Frau liebt – Hauptsache, man ist glücklich.“
Auf Basis dieser Aussage können Sie Ihr Kind fragen, ob Essen schwul sein kann. Es wird darauf vermutlich keine logische Antwort

finden – höchstens eine kreative, und das ist dann auch okay. Denn dann können Sie gemeinsam darüber lachen. So oder so haben Sie mit Ihrer sachlichen Antwort Ihrem Kind den Wind aus den Segeln genommen.

Wenn Kinder mit Sex-Schimpfwörtern um sich werfen, dann hilft es also, die Provokation aufzugreifen und auf eine Sachebene zu bringen. Was ist ein Schwanzlutscher? Eine Fotze? Ein Hurensohn? „Eine Fotze ist ein umgangssprachliches Schimpfwort für Vagina oder Vulva." „Ein Hurensohn ist das Kind einer Prostituierten. Weißt du, was eine Prostituierte ist? Eine Prostituierte ist eine Frau, die sich für Sex bezahlen lässt. Es ist ihr Beruf. Es gibt übrigens auch Männer, die sich prostituieren..." Und so weiter.

Sie vermitteln Ihrem Kind auf diese Weise, dass Sie es ernst nehmen und ansprechbar sind. Dass es bei Ihnen Antworten bekommt. Vielleicht wird Ihr Kind beim nächsten Mal nicht das Schimpfwort verwenden, sondern Sie direkt fragen, was ein „Wichser", eine „Nutte" oder ein „Arschficker" ist.

Die Sachebene funktioniert natürlich auch bei allen anderen Schimpfwörtern. Wie oft nennen Kinder andere Menschen „behindert"? Fragen Sie Ihr Kind, was genau es damit meint. Ist der Beschimpfte wirklich „behindert" – so wie die Nachbarin, die seit einem schweren Unfall im Rollstuhl sitzen muss? Oder wie der Freund Ihres Vaters, der kaum noch sehen kann? Oder ist der Beschimpfte doof? Und wie unfair ist es dann den Menschen mit Behinderung gegenüber, wenn sie mit den Doofen dieser Welt in einen Topf geschmissen werden?!

Setzen Sie sich doch mal mit Ihrem*Ihrer Partner*in oder einem*einer Freund*in hin und überlegen Sie gemeinsam, wie Sie gängige Schimpfwörter auf einer Sachebene erklären würden. Das hilft als Vorbereitung für den nächsten Schimpfwort-Ausbruch Ihres Kindes. Und außerdem haben Sie garantiert einen lustigen Abend zusammen.

Der richtige Umgang mit den verbalen Provokationen von Kindern ist anstrengend und kostet Zeit. Aber es ist die Mühe wert. Machen Sie keine Kompromisse, wenn Menschen abgewertet werden. Denn wenn Sie Haltung zeigen, wird Ihr Kind diese übernehmen. Mit der Zeit wird es nicht mehr alles ungefiltert raushauen, sondern immer mehr auf seine Sprache achten.

SEXUELLE ERREGUNG

Sexuelle Erregung wird durch körperliche Reize oder Fantasien ausgelöst. Bei Frauen und Mädchen wird die Vagina feucht. Das kleine Becken wird vermehrt durchblutet, dadurch schwellen die inneren und äußeren Vulvalippen und Klitoris an. Die vergrößerten Vulvalippen legen den Vaginaeingang frei. Die Gebärmutter richtet sich auf. Außerdem werden die Brustwarzen hart, die Brüste werden etwas größer. Bei Jungs und Männern zieht sich der Hodensack zusammen. Die Schwellkörper des Penis füllen sich mit Blut, der Penis erigiert. Bei beiden Geschlechtern steigen Atemfrequenz, Herzschlag und Blutdruck an. Während bei Jungs und Männern körperliche Erregung durch die Erektion deutlich erkennbar ist, gibt es bei Mädchen und Frauen keine äußerlich auffälligen Anzeichen. Daher rührt möglicherweise das Bild des dauerbereiten Mannes, der nur an Sex denken kann. Vor allem in der Pubertät

bekommen Jungs häufig einen erigierten Penis – und oft genau dann, wenn es am wenigsten passt. Klar, dass das unangenehm ist. Niemand möchte mit Beule in der Hose auf dem Sportplatz stehen oder beim Zahnarzt im Wartezimmer sitzen. Sie können Ihrem Sohn den Tipp geben, die Fäuste in den Hosentaschen zu ballen. So kann er seine Erektion gut kaschieren. Auch hilft es, im Kopf eine schwierige Matheaufgabe zu lösen oder an eine unangenehme Situation zu denken. Und schwupps ist die Erektion vorbei. Sexuelle Erregung hat übrigens nicht unbedingt etwas mit sexueller Lust zu tun. Oft ist sie nur eine Reaktion auf einen rein körperlichen Reiz. Eine Frau läuft im Sommer an einer Kühltheke vorbei und bekommt harte Brustwarzen. Vermutlich ist das kein Anzeichen für ihre sexuelle Begierde auf Wurst und Käse – sondern lediglich eine Reaktion auf die Kälte aus der Kühltheke.

In die gleiche Kategorie fällt die sogenannte „Morgenlatte" von Männern. Es handelt sich hierbei um eine Erektion, die während einer bestimmten Schlafphase durch neuronale Aktivitäten im Gehirn ausgelöst wird. Mit erotischen Träumen hat sie in den meisten Fällen nichts zu tun.

SELBSTBEFRIEDIGUNG

Um direkt mit einem Vorurteil aufzuräumen: Bei der Selbstbefriedigung gibt es keinen Unterscheid zwischen den Geschlechtern. Früher oder später entdecken die allermeisten Jugendlichen ihren Körper – ganz egal, ob Junge oder Mädchen. In der gesellschaftlichen Wahrnehmung ist weibliche Selbstbefriedigung aber weniger „normal" – und deshalb schambesetzter.

Die Selbstbefriedigung dient dazu, den eigenen Körper kennenzulernen und erste sexuelle Erfahrungen zu machen. Und dabei geht es nicht nur darum, sich an den Geschlechtsteilen zu streicheln.

Jugendliche erkunden, was ihnen Lust bereitet. Sie entdecken ihre erogenen Zonen. Der eine fasst sich gerne am Bauch an, der andere an der Innenseite der Oberschenkel oder an den Brustwarzen. Diese können bei Jungs übrigens genauso empfindsam sein wie bei Mädchen.

Selbstbefriedigung muss nicht zwingend mit einem Orgasmus enden. Gerade am Anfang klappt das nicht immer. Bei vielen Jugendlichen dauert es eine Weile, bis sie sich das erste Mal zu einem Höhepunkt bringen. Aber dann ist es ein erhabenes Gefühl. Anders als beim feuchten Traum – den übrigens auch Mädchen haben können – liegt es hier in der eigenen Hand.
Selbstbefriedigung schärft die Wahrnehmung für den eigenen Körper und schafft wichtige Grundlagen für Sex mit einer anderen Person. Wer weiß, was für sich erregend ist, kann einer anderen Person die eigenen Vorlieben zeigen – und schafft beste Voraussetzungen, auch beim Paarsex zum Orgasmus zu gelangen.

Wenn das mit dem Orgasmus irgendwann klappt, dann werden Sie das bei Jungs möglicherweise an der Bettwäsche sehen. Wenn ein Wechsel der Bettwäsche nötig ist, dann lassen Sie Ihren Sohn sein Bett ruhig selbst beziehen. Und geben Sie ihm den Tipp, sich ein paar Taschentücher bereitzulegen, um beim nächsten Mal das Gröbste direkt wegzuwischen. Dass *alle* sich nach der Masturbation die Hände waschen müssen, ist ja klar – und am besten auch vorher. Wobei Letzteres vor allem für Mädchen wichtig ist.

Für die Selbstbefriedigung gibt es ein paar Grundregeln, die Sie mit Ihrem Kind besprechen können. Wenn Ihnen das zu unangenehm ist, dann machen Sie ein Post-it an diese Stelle im Buch und beschriften es mit „Tipps zur Selbstbefriedigung". Sie können Ihrem Kind das Buch hinlegen, gegebenenfalls mit dem Hinweis, dort mal reinzuschauen.

GRUNDREGELN ZUR SELBSTBEFRIEDIGUNG

- Erlaubt ist alles, was man mit dem eigenen Körper machen kann.
- Es ist interessant und aufschlussreich, den *ganzen* Körper zu erkunden – nicht nur die Geschlechtsteile; vielleicht findet sich ja die ein oder andere erogene Zone.
- Mit allem vorsichtig starten und langsam steigern – zum Beispiel: Die Klitoris mir den Fingerspitzen berühren, und die Vagina erkunden. Wenn du magst, kannst du einen oder mehrere Finger einführen, musst du aber gar nicht.
- Jungs können beim Onanieren erst mal nur Daumen und Zeigefinger verwenden, später dann die ganze Hand.
- Auch Hoden, Eichel und Damm sind sensibel; man kann sie streicheln oder – zunächst vorsichtig – drücken und massieren.

Vorsichtig mit Gegenständen, die nicht als Sexspielzeug konstruiert sind:

- Verletzungsgefahr (z. B. Staubsauger)
- Teile können sich lösen.
- Mangelnde Hygiene: Bei Gurke, Karotte, Banane vor dem Einführen unbedingt Kondom drüberziehen.
- Sextoys: Auch hier unbedingt ein Kondom verwenden oder nach jedem Gebrauch gründlich reinigen (am besten mit einem Spezialreiniger, der das Material nicht angreift).

Es spricht nichts dagegen, dass Jugendliche Sexspielzeug verwenden. Wenn Sie als Eltern durch Zufall welches entdecken, dann lassen Sie es liegen, wo es ist. Es handelt sich dabei um einen sehr

privaten Gegenstand. Sie würden umgekehrt auch nicht wollen, dass jemand Ihre Sextoys wegräumt.
Sie können Ihrem Kind aber ruhig sagen, dass Sie sein Sexspielzeug gefunden haben und ihm eine Box zur Verfügung stellen, um es hygienisch zu verstauen. Dafür bekommen Sie einen Award für besondere Coolness – versprochen.
Spätestens ab der Pubertät sollten Sie immer anklopfen und auf ein „Herein" oder wenigstens ein übellauniges Gegrummel warten, bevor Sie das Zimmer Ihres Kindes betreten. Wenn Sie trotzdem aus Versehen reinplatzen, während Ihre Tochter/Ihr Sohn sich selbst befriedigt, dann drehen Sie direkt um – je schneller, je besser. Und bitte verkneifen Sie sich hinterher jeglichen Kommentar. Eine kurze Entschuldigung für die Störung sollten Sie allerdings loswerden.

ORGASMUS

Das Wichtigste zuerst: Jeder Mensch kann einen Orgasmus bekommen. Aber der Weg zum Höhepunkt ist ganz individuell. Es gibt nicht das eine, ultimative Rezept – und es gibt nicht die eine, ultimative erogene Zone.
Häufig wird ein Orgasmus durch das Reiben von Penis, Eichel, inneren und äußeren Vulvalippen sowie Klitoris ausgelöst. Manche Menschen brauchen das Zusammenspiel zwischen dem Berühren der Sexualorgane und anderen körperlichen Reizen – streicheln, küssen, sanft pusten – um zum Höhepunkt zu kommen. Die Intensität des Orgasmus kann, je nachdem, wodurch er ausgelöst wird, sehr unterschiedlich sein.
Vor und während eines Orgasmus passiert im Körper Folgendes:

- Atemfrequenz, Puls und Blutdruck steigen.
- Alle Muskeln des Körpers spannen an – vor allem die im Bauch- und Beckenbereich.

- Auf dem Höhepunkt entlädt sich die Anspannung in rhythmischen Muskelkontraktionen im Abstand von 0,8 Sekunden.
- Bei Männern/Jungs laufen die Kontraktionen durch den Samenleiter, die Samenblase, die Prostata, die Harnröhre, den Beckenboden und durch den Penis – es kommt zur Ejakulation.
- Bei Frauen/Mädchen laufen die Muskelkontraktionen durch die Vagina, die Gebärmutter und den Beckenboden.
- Bei Männern/Jungs dauert der Orgasmus zwischen drei und zwölf Sekunden, bei Frauen/Mädchen kann er bis zu 40 Sekunden anhalten.
- Vor und während des Orgasmus schüttet der Körper Hormone und Botenstoffe aus, die für Glücksgefühle und Vertrauen und Zuversicht sorgen.
- Nach dem Orgasmus setzt der Körper das Hormon Prolaktin frei, das eine entspannende Wirkung hat.

Der Samenerguss ist bei Jungs/Männern ein Anzeichen dafür, dass sie einen Orgasmus hatten. Bei Mädchen/Frauen gibt es einen solchen „Beweis“ nicht. Viele Frauen und Mädchen sind sich deshalb unsicher, ob sie einen Orgasmus hatten oder nicht. Während Männer/Jungs ungefähr drei Minuten Stimulation brauchen, bis sie zum Höhepunkt gelangen, sind es bei Mädchen/Frauen im Durchschnitt 15 Minuten. Daher ist ein gemeinsamer Orgasmus sehr selten. So selten, dass er ein rotes Kreuz im Kalender verdient. Also: fett markieren und freuen.

VOLL PORNO

Wie in Kapitel 4 bereits erwähnt, kommen viele Kinder zwischen acht und zehn Jahren das erste Mal mit Hardcore-Pornos in Kontakt. Die meisten suchen nicht aktiv danach. Aber ob Kumpel oder ältere Schwester – irgendjemand hält ihnen ein Handy vor die Nase. Und da sind sie, die Bilder, vor denen wir unsere Kinder nur zu gerne beschützen würden.

Ab einem gewissen Alter fangen Jugendliche an, sich aktiv für Pornografie zu interessieren. Ich bin der festen Überzeugung, dass jeder Teenie sich Zugang zu Pornoseiten verschaffen kann – und damit sollten Sie auch rechnen. Trotzdem rate ich Ihnen, auf allen für Ihr Kind zugänglichen Computern und Handys eine Filtersoftware zu installieren, die pornografische Inhalte abwehrt (Empfehlungen finden Sie im Anhang). Ohne solche Filter ploppen die Vorschauen für Pornoseiten häufig auf dem Bildschirm oder Display auf – ähnlich wie die Werbung, die sich auf unseren Handys und Computern einzeckt. Aber Vorsicht: Auch Filter sind keine Garantie, dass Ihr Kind nicht an pornografische Inhalte gelangt. Denn bei Youtube gibt es unzählige Videos mit Anleitungen, wie man diese Sperren umgehen kann. Und selbst wenn Ihr Kind den Filter nicht knackt, kann es immer noch im Fastfood-Restaurant um die Ecke ins freie WLAN gehen.

Viele Eltern belegen das heimische Internet mit Porno-Sperren, um sich selbst ein gutes Gewissen zu verschaffen. So können sie sich sagen, dass sie etwas unternommen haben, um ihr Kind von pornografischen Inhalten fernzuhalten. Auf diese Weise gehen sie der Auseinandersetzung mit dem Thema aus dem Weg. Filter sind gut und eine sinnvolle Ergänzung. Aber viel wichtiger ist es, Ihrem Kind zu vermitteln, wofür Pornos taugen und wofür nicht.

- Pornos sind ein Mittel, um sich zu erregen.
- Sie sind *nicht* dazu geeignet, Rückschlüsse auf die Realität zu ziehen.
- Insbesondere
    - die Dauer des Geschlechtsverkehrs,
    - die Anzahl der Stellungen,
    - die Penisgrößen,
    - der gemeinsame Orgasmus,
    - die Mengen an Sperma,
    - die Sexualpraktiken (zum Beispiel Analsex)

  eignen sich nicht zum Abgleich.

Das zeigt auch die folgende Tabelle.

Was?	Porno	Realität
Dauer Geschlechtsverkehr	Es geht sofort richtig zur Sache und dauert eeeeeeewig. Der Mann kann stundenlang.	Ungefähr 15 Minuten (zehn Minuten Vorspiel, fünf Minuten Penetration).
Penisgröße	In der Regel mindestens 20 cm.	Erigiert bei zwischen elf und 18 cm.
Anzahl Stellungen	Mindestens sieben bis zehn Stellungen.	Manche geben sich mit einer Stellung zufrieden – in der Regel sind es maximal drei.
Orgasmus	Frau kommt immer, Mann und Frau kommen immer gleichzeitig.	Frau kommt nicht immer zum Orgasmus – und braucht viel länger als der Mann (vergleiche oben „Orgasmus“).

Was?	Porno	Realität
Spermamenge	Mindestens ein halbes Glas.	Maximal ein Teelöffel – eher ein halber.
Sexualpraktiken	Folgende Praktiken sind aus 90 % der Pornofilme nicht wegzudenken: • Analsex • Abspritzen ins Gesicht • Schlucken von Sperma • Dreier oder mehr	• Nur 40 % der Frauen hatten schon mal Analsex • Nur 20 % haben sich ins Gesicht ejakulieren lassen • Nur 30 % haben Sperma geschluckt • Deutlich weniger als 20 % hatten schon mal einen Dreier Und diese Zahlen sagen nichts darüber aus, wie vielen davon diese Praktiken tatsächlich auch gefallen haben.
Genitalien	Werden in der Regel geschminkt: Adern werden weggepudert und durch Rasurbrand verursachte Pickelchen werden kaschiert.	Ich weiß nicht, ob Sie einen Menschen kennen, der das tut? Ich habe das in meiner ganzen Praxiserfahrung noch nie gehört.

Wir alle wissen, dass unser Leben und unser Alltag mit Hollywoodfilmen nicht viel gemeinsam haben. Bei den allermeisten Pornofilmen verhält es sich genauso. Es ist Schein, kein Sein.
Der einfache Zugang zu Pornografie hat zur Folge, dass mehr Menschen als früher entsprechende Videos oder Filme in hoher Schlagzahl konsumieren. Und das verändert Körperbilder und Sexualpraktiken. In Fachgesprächen berichten mir Gynäkolog*innen immer wieder, dass sich ihrer Erfahrung nach junge Frauen heutzutage viel häufiger auf Analverkehr einlassen als früher. Sie halten es für „normal", weil es – wie oben erwähnt – in Pornos gängig ist.
Wenn Sie Ihrem Kind ein realistisches Bild von Sexualität vermitteln und mit ihm die Stolperfallen von Pornografie besprechen, dann hilft das mehr als jeder Porno-Filter. Denn dann wird Ihr Kind einordnen können, was es sieht. Das Wirkungspotenzial von Pornos wird auf diese Weise ausgecontert. Und genau darum lohnt es sich, Kinder frühzeitig aufzuklären.
Es kann sein, dass Ihr Kind trotzdem Analverkehr hat. Aber dann ist es eine bewusste Entscheidung. Und das ist mir wichtig.

VERHÜTUNG

Es ist wichtig, dass Sie als Eltern sich mit dem Thema Verhütung auskennen. Nur so können Sie alle Fragen beantworten, die Ihre Tochter oder Ihr Sohn dazu hat. Ich gebe hier nur einen kurzen Überblick über ausgewählte Aspekte von Verhütung. Wenn Sie nicht wissen, welche Verhütungsmittel am Markt sind und für Jugendliche infrage kommen, dann finden Sie im Anhang Tipps, wo Sie sich weiterführend informieren können.
Das Thema Verhütung sollten Sie in jedem Fall früh- und rechtzeitig mit Ihrem Kind besprechen.

Es gibt zwei Arten von Verhütung:

- Verhütung von Schwangerschaft
- Verhütung von sexuell übertragbaren Infektionen

Bitte, bitte vermitteln Sie Ihrem Kind von Anfang an, wie wichtig gerade auch die Verhütung von sexuell übertragbaren Infektionen ist. Jugendliche, die sexuell aktiv werden, sollten *immer* zusätzlich ein Kondom verwenden.
Für die Verhütung sind immer die Menschen verantwortlich, die Sex miteinander haben – nicht nur die Person, in deren „Wirkungsbereich" das Verhütungsmittel fällt. Deshalb sollten Jungs über die Pille informiert sein, und Mädchen sollten über Kondome Bescheid wissen. Ich finde übrigens, dass auch die Kosten geteilt werden sollten.
Gleichgeschlechtliche Paare müssen zwar nicht vor Schwangerschaft verhüten – aber auch sie müssen sich vor sexuell übertragbaren Infektionen schützen.
Ich empfehle Verhütungsmethoden, die gezielt eingesetzt werden können – also dann, wenn man sie braucht. Gerade hormonelle Verhütungsmittel haben viele Nebenwirkungen – sich

diesen rund um die Uhr, über Tage, Wochen, Monate und Jahre auszusetzen, ist nicht besonders ratsam.
Manchmal empfiehlt ein*e Ärzt*in die Pille, weil es einen medizinischen Grund gibt – zum Beispiel massive Menstruationsbeschwerden oder gravierende Probleme mit der Haut. Wenn die Pille allerdings ausschließlich der Verhütung dienen soll, dann sollten Sie gemeinsam mit Ihrem Kind die Gesundheitsrisiken erörtern. Vor allem die erhöhte Thrombosegefahr (erst recht bei Raucherinnen) und die möglichen Auswirkungen auf die Psyche und die Lust sollten Sie besprechen. Wenn Ihre Tochter trotzdem darauf besteht, die Pille zu nehmen, dann soll sie das tun. Hier greift ihr Selbstbestimmungsrecht.

KONDOME

Wenn Jugendliche mich fragen, wie sie am besten verhüten sollen, ist meine Antwort immer: Kondom. Ich erkläre Ihnen, warum:

- Kondome sollte man immer dabeihaben – aber man muss nicht regelmäßig an die Einnahme denken (wie zum Beispiel bei der Pille).
- Kondome schützen vor Schwangerschaft UND vor Geschlechtskrankheiten.
- Kondome kann man fast überall kaufen.

Kurz bevor Ihre Tochter oder Ihr Sohn sexuell aktiv wird, sollten Sie im Bad eine Schublade einrichten, in der Kondome und Lecktücher (dazu unten mehr) parat liegen. Bei aller Eigenverantwortlichkeit, zu der wir unsere Kinder erziehen wollen, sollten wir als Eltern immer einen Blick darauf haben, dass die Vorräte nicht leergehen. Bitte rechnen Sie Ihrem Kind nicht vor, wie viele Kondome es in welchem Zeitraum verbraucht hat – auch nicht im Scherz. Ihrem Kind ist möglicherweise nicht wohl bei dem Gedanken, dass Sie seinen Kondomkonsum nachhalten.

Unabhängig von dem Notvorrat im Bad können Sie Ihrem Kind Geld zur Verfügung stellen, damit es sich selbst Kondome kaufen kann. Und bitte: Auch Ihre Tochter sollte einen Kondomvorrat haben. Weisen Sie vor dem Kauf darauf hin, dass es verschiedene Kondomgrößen gibt. Es ist wichtig, dass das Kondom gut sitzt. Zu große oder zu kleine Kondome können abrutschen bzw. reißen und bergen deshalb eine Gefahr. Es gibt Penis-Messer, an denen man die richtige Kondomgröße ablesen kann. Solche Messer kann Ihr Sohn sich bei der Aidshilfe oder in verschiedenen Familienberatungsstellen besorgen. Es gibt sie auch im Internet zum Downloaden. Wenn Ihre Tochter die Penisgröße Ihres Sexualpartners nicht kennt, dann sollte sie Kondome in Standardgröße (Durchmesser 52 mm) besorgen. Klären Sie Ihr Kind bitte darüber auf, dass auch beim Analsex Kondome zum Einsatz kommen sollten – in Kombination mit Gleitgel. Das Gleitgel muss vom Hersteller als „für Kondome geeignet" gekennzeichnet sein. Beim Analverkehr ist es wichtig, den Anus langsam vorzudehnen. Sonst wird's schmerzhaft.

LECKTÜCHER

Auch beim Oralsex ist die Verhütung von Geschlechtskrankheiten wichtig. Vor einigen Jahren ging die Geschichte von Michael Douglas durch die Presse, der mit seinem Kehlkopfkrebs für Schlagzeilen sorgte. Er hatte sich beim Oralverkehr mit HPV-Viren infiziert. HPV-Viren können verschiedene Krebsarten auslösen – unter anderem Gebärmutterhalskrebs, Analkrebs und Krebs im Mund- und Rachenraum.

Aber auch andere Geschlechtskrankheiten können durch Oralverkehr übertragen werden. Hierzu zählen:

- Chlamydien
- Hepathitis A, B und C
- Gonorrhoe (auch bekannt als Tripper)
- Syphilis

- Trichomoniasis
- HIV
- Genitalwarzen
- Dellwarzen
- Genitalherpes
- Mundsoor

Einige Menschen kommen vielleicht noch auf die Idee, ein Kondom zu verwenden, wenn sie einen Penis lecken. Aber wenn es zur oralen Befriedigung von Vulva oder Anus kommt, denken viele über Verhütung nicht nach. Dabei sollten hier unbedingt Lecktücher zum Einsatz kommen. Diese können Sie in der Apotheke besorgen. Erklären Sie Ihrem Kind, wofür sie gut sind und wo es sie findet: neben den Kondomen im Bad. Zur Not tun es übrigens auch aufgeschnittene Kondome. Hauptsache geschützt.

Es kann gut sein, dass Ihr Kind hochrot anläuft, wenn Sie mit ihm über die Notwendigkeit von Lecktüchern (oder andere Verhütungsmethoden) reden. Und auch Ihnen ist das möglicherweise peinlich – was ich verstehen kann. Aber: Es lohnt sich, beharrlich zu sein. Denn sichere Verhütung lernt Ihr Kind am besten und leichtesten von Anfang an. Es sollte so selbstverständlich sein, wie vor dem Überqueren einer Straße nach links und rechts zu gucken. Und bei der Verkehrserziehung Ihres Kindes haben Sie bestimmt auch keine Kompromisse gemacht.

PILLE DANACH

Die Pille danach ist ein absolutes Notfallmedikament. Sie ist apothekenpflichtig. Legen Sie die Pille danach auf keinen Fall als Vorrat für Ihr Kind an. Sie kann sonst dazu verführen, die Verhütung schleifen zu lassen. Die Pille danach enthält sehr viele Hormone. Allein schon deshalb sollte die Anwendung nur in absoluten Notfällen erfolgen.

ÜBERNACHTUNGSBESUCH

Es ist ganz üblich, dass Jugendliche beieinander übernachten wollen – und es sollte ihnen auch erlaubt sein. Klar ist, dass bestimmte Voraussetzungen erfüllt sein müssen – zum Beispiel, dass am nächsten Tag keine Schule ist. Welche Bedingungen für Übernachtungsbesuche gelten, ist von Familie zu Familie unterschiedlich. Am besten stecken Sie gemeinsam mit Ihrem Kind den Rahmen ab. Sie können den*die Freund*in Ihres Kindes darauf hinweisen, dass auch seine*ihre Eltern ihr Okay zu dem Besuch geben sollen. Wenn Ihr Kind wiederum auswärts übernachtet, ist es eine nette Geste, wenn Sie Ihre Zustimmung an die Eltern des*der Freund*in signalisieren.

Dass Jugendliche während solcher Übernachtungsbesuche Sex haben (was übrigens auch bei gleichgeschlechtlichem Übernachtungsbesuch passieren kann), ist vielen Eltern klar. Der unverhütete Sex ist das, was ihnen Sorgen bereitet. Sprechen wir es aus: Niemand will, dass ein jugendliches Mädchen in den eigenen vier Wänden schwanger wird.

Wenn Sie mit Ihrem Kind offen über das Thema Verhütung gesprochen haben und Kondome im Haus sind, dann haben Sie getan, was Sie tun konnten. Und wenn die Teenies nicht unter Ihrem Dach Sex haben, dann unter einem anderen – oder ganz woanders. Dann doch lieber bei Ihnen, in einem geschützten

Raum, als draußen im Busch oder auf einer öffentlichen Toilette. Verlangen Sie bitte nicht, dass während der Übernachtung die Zimmertür offen bleibt. Vertrauen Sie darauf, dass Ihr Kind nach den Werten handelt, die Sie ihm mitgegeben haben.

Wenn Ihr Kind Übernachtungsbesuch hat, dann gilt absolutes Keksbringverbot. Das bedeutet: Lassen Sie die beiden in Ruhe und tauchen Sie nicht ständig mit Snacks an der Zimmertür auf. Sie können die Jugendlichen ruhig alleine zu Hause lassen und sich auswärts einen schönen Abend machen. Glauben Sie mir: Die beiden kommen klar. Und Sie verletzen dabei nicht Ihre Aufsichtspflicht. Jugendliche dürfen, auch rein gesetzlich, alleine bleiben.

Und noch ein kleiner Tipp: Verabschieden Sie sich von der Vorstellung, dass Sie alle am schön gedeckten Tisch sitzen und gemeinsam essen. Es ist toll, wenn das ab und zu mal klappt. Aber es ist nicht besonders wahrscheinlich. So hart das für Eltern sein mag: Vielleicht sind Sie Ihrem Teenie-Kind peinlich. Oder Ihr Kind und sein Besuch haben Besseres zu tun.

Sollte es zu einer gemeinsamen Mahlzeit kommen, dann ist das oberste Gebot: keine blöden Bemerkungen über Knutschflecken oder Sexgeräusche. Über das laute Stöhnen dürfen Sie sich zu einem späteren Zeitpunkt beschweren. Und zu den Knutschflecken empfehle ich eine Rückbesinnung auf die eigenen Teenie-Tage: Wir zumindest haben die Dinger wie Trophäen am Körper getragen – oft „kaschiert“ mit einem Schal, der eigentlich nur einen Zweck hatte: die Blicke erst recht dort hinzulenken, wo der Knutschfleck prangte.

PETTING

Petting ist ein wichtiger Meilenstein im partnerschaftlichen Sex. Es dient dazu, mit dem Körper anderer Menschen vertraut zu werden. Das kann der Körper einer festen Beziehungsperson sein, muss aber nicht. Viele Jugendliche haben Petting mit guten Freund*innen aus ihrer Clique. Heute Lisa, morgen Caro. Und nach Leon darf's für Caro nächstes Wochenende gerne noch mal Tim sein, mit ihm hat's beim letzten Mal so viel Spaß gemacht. In einem bestimmten Alter ist Petting das, was kurz davor noch „Wahrheit oder Pflicht" war.

Beim Petting erkunden Jugendliche nicht nur die Körper der anderen, sondern finden heraus, was ihnen selbst in der sexuellen Interaktion gefällt. Vielleicht erregt sie plötzlich etwas, das sie bei der Selbstbefriedigung gar nicht anmacht. Sich selbst über die Brust streicheln? Öde. Von einem Mädchen über die Brust gestreichelt werden? Ein gigantisches Feuerwerk!

Auch wenn ich mich wiederhole: Weisen Sie Ihr Kind bitte darauf hin, auch beim Petting auf Verhütung zu achten.

DAS ERSTE MAL

DAS ERSTE MAL! Es gibt wenige Ereignisse im Leben, um die sich so viele Mythen ranken wie um den ersten „echten" Sex. Und es gibt wenige Ereignisse, die so überbewertet und missverstanden sind. Denn, ganz ehrlich: Bei den allermeisten Menschen ist das erste Mal ein riesiger Reinfall. Deshalb empfehle ich Ihnen, sich rechtzeitig mit Ihrem Kind hinzusetzen und Tacheles zu reden: Sagen Sie ihm, dass der erste Penetrationssex oft nicht den romantischen Hollywood Vorstellungen entspricht und dass es auch gar nicht so sein muss – das gilt für Jungs genauso wie für Mädchen.

Jungs bekommen häufig vor lauter Aufregung keine richtige Erektion. Aber selbst wenn das auf Anhieb klappt, dann haben sie trotzdem keinen Plan von der weiblichen Anatomie. Viele haben Angst, ihre Partnerin zu verletzen oder ihr wehzutun. Das sagenumwobene Jungfernhäutchen treibt vielen die Schweißperlen auf die Stirn.

Und zu guter Letzt kommen die meisten Jungs beim ersten Sex viel, viel, viel zu schnell.

Auch Mädchen setzen sich beim ersten Sex unter Druck. Sie denken häufig, die Jungs seien schon viel erfahrener und hätten genaue Vorstellungen. Viele Mädchen haben Angst, den Ansprüchen ihres Sexpartners nicht gerecht zu werden. Sie verkrampfen – und dadurch entstehen dann tatsächlich Schmerzen.

Hinzu kommen für beide Sexpartner*innen die unausgesprochenen Fragen und peinlichen Momente, die in dieser so unbekannten Situation entstehen können. Beide würde brennend interessieren, was das Gegenüber andere mag, wie es für die andere Person war, ob der Sex die Erwartungen erfüllt hat. Aber das zu besprechen, trauen sich die wenigsten. Stattdessen liegen sie da und fühlen sich noch nackter, als sie ohnehin schon sind.

Deshalb sollten Sie Ihr Kind ermutigen, wenn möglich vor dem ersten Geschlechtsverkehr mit der Person, mit der es Sex haben

wird, ins Gespräch zu kommen – und vor allem danach, falls es nicht so dolle war. Das gegenseitige Eingeständnis, dass noch Luft nach oben ist, ist vielleicht nicht besonders angenehm. Aber es ist allemal besser als alles, was unausgesprochen zwischen den beiden Jugendlichen hängt.
Das erste Mal muss übrigens nicht mit der ersten großen Liebe sein. Nehmen Sie Ihrem Kind den Druck, dass es sich „aufsparen" muss. Es ist schön, wenn Romantik im Spiel ist – aber es ist kein Muss. Es gibt Menschen, die sich erst spät für das erste Mal bereit fühlen – und auch das ist natürlich okay. Niemand sollte sich verrückt machen oder machen lassen, weil er mit 19 oder 22 noch keinen Sex hatte. Auch das können Sie Ihrem Kind mit auf den Weg geben.

Manche Jugendliche planen das erste Mal weit im Voraus – und dann kommt alles anders als gedacht. Er bekommt keine Erektion, sie wird nicht feucht, er kommt schon, bevor es überhaupt losgegangen ist, sie ist so verkrampft, dass gar nichts mehr geht. In diesem Fall ist es besser, das Vorhaben abzubrechen und stattdessen auf kuscheln, küssen und streicheln umzuschwenken. Auch das kann ein schönes Erlebnis sein. Und das erste Mal rennt ja nicht weg.
Wenn Sie Ihr Kind auf all das vorbereiten, dann helfen Sie ihm, sein erstes Mal (oder je nach Anlauf: sein zweites, drittes, viertes erstes Mal) gut zu überstehen. Denn nicht der erste Sex ist das Problem, sondern die viel zu hohen Erwartungen, die damit verknüpft sind. Dabei ist es wie mit dem Fahrradfahren: ausprobieren, hinfallen, aufstehen, weitermachen. Irgendwann läuft's – und meistens macht es sogar richtig Spaß.

MYTHOS JUNGFERNHÄUTCHEN

Viele Menschen haben vom Jungfernhäutchen – in der Fachsprache Hymen genannt – falsche Vorstellungen. Mythos und Wirklichkeit liegen weit auseinander.

Mythos	Wirklichkeit
Das Jungfernhäutchen ist wie ein Deckel: Es verschließt die Vagina.	Es gibt keine Haut, die den Vaginaleingang verschließt. Es handelt sich vielmehr um einen Schleimhautsaum (Hymen), der den Eingang der Vagina umrahmt.
Das Jungfernhäutchen kann beim Sport reißen.	Der Hymen ist sehr elastisch.
Das Jungfernhäutchen wird beim ersten Geschlechtsverkehr durchstoßen; das ist schmerzhaft und blutet. Wer beim ersten Mal nicht blutet, war keine Jungfrau mehr.	80 Prozent der Mädchen und Frauen haben beim ersten Penetrationssex keine Blutungen.

DIE ERSTE BEZIEHUNG

Die wichtigste Regel überhaupt: Ihr Kind sucht sich seine*n Partner*in aus – nicht Sie. Vergessen Sie nicht die massive Macht der Hormone, unter deren Einfluss Ihr Sprössling gerade steht. Sind Sie heute noch stolz auf jede*n, mit dem Sie mal „gegangen“ sind? Na, eben. Auch wenn Sie also mit der Wahl nicht glücklich sind: Ein Kontaktverbot ist kontraproduktiv. Das ist ähnlich wie bei den Freund*innen. Wenn Sie den Umgang verbieten, wird Ihr Kind die Beziehung heimlich fortsetzen. Und am Ende leidet nur die Bindung zwischen Ihnen beiden. Denn es gibt für einen Menschen kaum etwas Verletzenderes, als wenn die eigene Partner*innenwahl infrage gestellt wird. Ihr Kind ist verliebt. Und Liebe versetzt bekanntlich Berge. Umgekehrt hat noch nie ein Berg eine Liebe versetzt. Also machen Sie das Beste draus.

Natürlich dürfen Sie Dinge, die Sie stören, ansprechen. Diese sollten aber auf das Verhalten beschränkt sein. Es ist okay, sich darüber zu beschweren, dass der*die Partner*in Ihres Kindes nicht grüßt, wenn er zu Ihnen nach Hause kommt. Aber verkneifen Sie sich, sie*ihn deshalb als „schlecht erzogen" oder gar „asozial" zu bezeichnen. Erklären Sie, dass es bei Ihnen zu Hause üblich ist, „Hallo" zu sagen und dass Sie das von ihm*ihr ebenfalls erwarten.

Die erste Beziehung hält in den allerwenigsten Fällen fürs Leben. Damit können Sie sich beruhigen, wenn Sie mit der Partnerwahl Ihres Sohnes/Ihrer Tochter unglücklich sind. Wenn sie umgekehrt den*die feste*n Freund*in am liebsten adoptieren würden, weil er*sie exakt Ihren Vorstellungen entspricht, dann ist genau aus diesem Grund Zurückhaltung angesagt. Denn die Chance, dass die Liebe in die Brüche geht, ist sehr hoch. Für Ihren Sohn oder Ihre Tochter ist es kein schönes Gefühl, wenn Sie der*dem Ex nachtrauern. Entweder trauert Ihr Kind selbst und braucht Ihren Trost. Oder Ihr Kind hat die Beziehung beendet und möchte nicht das Gefühl haben, dass sie seine Entscheidung als Fehler empfinden.

Jugendliche verknallen sich häufig Hals über Kopf und mit Haut und Haar. Auf wen ihre Wahl dabei fällt, ist oft nicht nachvollziehbar. Nach einer gewissen Zeit – das können Tage oder auch Monate sein – kommt eine erste Standortbestimmung. Die Jugendlichen fragen sich, ob der*die Partner*in wirklich zu ihnen passt. Und wenn die Antwort „Nein" ist, dann ist die Beziehung meist schnell vorbei.

Jugendliche müssen Beziehung üben. Durch Ausprobieren finden sie heraus, was ihnen in einer Partner*innenschaft wirklich wichtig sind. Da Sie Ihrem Kind bestimmte Werte mitgegeben haben, können Sie seinen Beziehungs-Experimenten ganz gelassen zusehen. Denn es ist sehr wahrscheinlich, dass diese Werte Ihrem Sprössling in Fleisch und Blut übergegangen sind und sich auch bei der Partner*innenwahl durchsetzen werden. Wenn nicht auf kurze, dann auf lange Sicht.

Sie selbst sind, auch in Sachen Beziehung, Vorbild für Ihr Kind – im positiven wie im negativen Sinn. Ob Streitkultur, Konfliktlösung, Kommunikation, Respekt, Männer- und Frauenbilder – leben Sie das vor, was Sie Ihrem Kind mitgeben wollen. Es bringt nichts, große Vorträge über Gleichberechtigung zu halten, wenn Mama zu Hause alleine fürs Kochen, Putzen und Waschen zuständig ist und Papa das Geld ranschafft. Seien Sie für Ihr Kind ansprechbar und nehmen Sie seine Kritik an. Möglicherweise hält es Ihnen vor, dass Sie von ihm Dinge erwarten, die Sie selbst nicht umsetzen. Vielleicht vergreifen Sie sich auch hin und wieder im Ton oder werden schneller laut, als Ihnen bewusst ist. Wenn Ihr Kind Sie darauf hinweist, sollten Sie kurz checken, ob vielleicht etwas dran ist. So kann Ihr Kind nicht nur von Ihnen lernen – sondern Sie auch von Ihrem Kind.

Wenn es der Person, mit der es eine Beziehung führt, gegenüber ein Verhalten an den Tag legt, mit dem Sie nicht einverstanden sind, dann sollten Sie das in Ruhe unter vier Augen besprechen. Bitte nicht in die Situation reingrätschen und mit Ihrer Kritik aufwarten. Wenn Ihr Kind seine*n Partner*in betrügt, dann dürfen Sie klar Ihre Meinung sagen und Kante zeigen. Aber Sie dürfen Ihr Kind niemals verpfeifen. Es muss seinen eigenen Weg finden – und Sie müssen es ziehen lassen.

HOMOSEXUALITÄT

Viele Menschen haben ein Problem damit, wenn ihr Kind homosexuell ist – auch heute noch. Und nein – dabei handelt es sich nicht nur um Menschen aus bildungsfernen Schichten oder bestimmten religiösen Gruppen. Nein, häufig tun auch Eltern sich schwer, die sich selbst als weltoffen und tolerant bezeichnen. Wenn der*die beste Freund*in des Kindes die eigene Homosexualität offenbart – kein Problem. Ganz easy. Super. Ist doch toll! Aber wenn es das eigene Kind betrifft – dann sieht die Sache schon anders aus.

Wenn Ihr Kind sich Ihnen gegenüber als homosexuell outet – dann möchte ich Ihnen hiermit von Herzen gratulieren. Denn das beweist, dass Sie in den vergangenen Jahren verdammt viel richtig gemacht haben. Es ist für Jugendliche ein Riesenschritt, sich zu ihrer Homosexualität zu bekennen – erst recht der eigenen Familie gegenüber.

Ihr Kind hat sich zu diesem Zeitpunkt wahrscheinlich schon lange mit seiner Homosexualität beschäftigt und ist bestens informiert. Sie müssen (vermutlich) keine Aufklärungsarbeit mehr leisten.

Möglicherweise kommen Sie zunächst mit dem Gedanken nicht klar, dass Ihr Sohn/Ihre Tochter homosexuell ist. Sie dürfen das Ihrem Kind gegenüber ganz offen kommunizieren. Wie bei allen anderen Themen gilt auch hier: Ein offen benanntes Problem ist viel erträglicher als das schummerige Gefühl, dass irgendetwas nicht stimmt. Machen Sie sich klar, dass die sexuelle Orientierung nur einen kleinen Teil der Persönlichkeit ausmacht – und dass Sie nur mit diesem kleinen Teil nicht klarkommen, und nicht mit Ihrem Kind insgesamt. Das wird Sie schon mal beruhigen.

Seien Sie sich selbst gegenüber ehrlich. Es bringt nichts, wenn Sie sich einreden, alles sei prima. Sie dürfen sich Zeit geben, um sich an den Gedanken zu gewöhnen. Es ist okay, wenn Sie sich Ihre Probleme bei vertrauten Menschen von der Seele reden. Wichtig ist nur, dass Sie sie um Verschwiegenheit bitten. Familienmitglieder sind für solche vertraulichen Gespräche allerdings tabu. Denn Ihr Kind entscheidet selbst, ob und mit welchem Familienmitglied es über seine sexuelle Orientierung reden will.

Unterrichten Sie Ihren Sohn/Ihre Tochter darüber, mit wem Sie im Gespräch sind. Ihr Kind wird Ihre Offenheit schätzen.
Eine besondere Situation ist, wenn Ihr Sohn/Ihre Tochter sich Ihnen gegenüber zu seiner Homosexualität bekennt, aber dem anderen Elternteil gegenüber nicht. Wenn Ihr Kind noch etwas Zeit braucht, sollten Sie ihm diese zugestehen. Aber Sie müssen ihm klar machen, dass Ihr*e Partner*in über die Situation Bescheid wissen muss. Das ist für einen offenen und toleranten Umgang innerhalb der Familie elementar wichtig. Sie können gerne gemeinsam überlegen, wie und von wem Ihr*e Partner*in unterrichtet werden soll.
Um eines noch mal ganz klarzustellen: Sexuelle Präferenz ist nicht veränderbar und schon gar nicht therapierbar, denn es ist keine Krankheit. Sie müssen einen Weg finden, damit klarzukommen. Wenn die Belastung für Sie zu groß ist, dürfen Sie sich gerne professionelle Hilfe holen. Das Gleiche gilt selbstverständlich für Ihre*n Partner*in. Wenn Sie merken, dass er*sie mit der sexuellen Orientierung Ihres gemeinsamen Kindes nicht zurechtkommt, sollten Sie offensiv damit umgehen und ihm*ihr die Unterstützung durch einen Profi empfehlen.
Wenn Ihr Umfeld auf die Homosexualität negativ reagiert, müssen Sie sich unbedingt vor Ihr Kind stellen. Ihre Tochter/Ihr Sohn sollte Ihnen wichtiger sein als jede andere Meinung zu diesem Thema. Aber auch ohne Anlass können Sie Ihrem Kind signalisieren, dass Sie hinter ihm stehen. Eine Regenbogenflagge als Sticker auf dem Auto zum Beispiel ist ein schönes Statement, das Ihrer Tochter/Ihrem Sohn den Rücken stärkt. Möglicherweise hat Ihr Kind sich nicht als homosexuell geoutet, möglicherweise wird es das auch nie tun – aber so oder so sollten Sie in Ihrem Zuhause eine tolerante Atmosphäre schaffen, in der für Homophobie kein Platz ist. Verkneifen Sie sich Schwulen- oder Lesbenwitze, sprechen Sie mit Ihrem Kind (auch wenn es noch klein ist) offen über homosexuelle Menschen, die Sie kennen. In diesem Zusammen-

hang halte ich es ebenfalls für enorm wichtig, mit Kindern bereits im Grundschulalter über homosexuellen Sex zu reden. Denn nach wie vor wird dieser in den Medien kaum sachlich thematisiert – und im Sexualkundeunterricht schon gar nicht. Kindern zu erklären, wie gleichgeschlechtlicher Sex ablaufen könnte, ist in meinen Augen ein bedeutender Schritt, um Homosexualität weiter zu enttabuisieren. Wenn Ihr Kind in einem so offenen Zuhause aufwächst, wird es die Toleranz in die Welt hinaustragen. Und es wird sich Ihnen anvertrauen, wenn es irgendwann feststellt, dass es selbst homosexuell ist.

GESCHLECHT

Mann – Frau, Penis – Vulva, keine Brüste – Brüste, XY – XX. Fertig? Nein, so einfach ist das nicht. Denn Geschlecht ist nicht nur eine Frage von körperlichen Merkmalen und Chromosomen. Das Geschlecht hat viele Dimensionen – soziale, kulturelle, politische und natürlich auch biologische. Neben körperlichen Merkmalen prägen Faktoren wie Klamotten (Glitzer für Mädchen, Blau für Jungs – oder doch geschlechtsneutrale Kleiderwahl?), Spielzeug (Dürfen auch Jungs eine Puppe haben und Mädchen mit Traktoren spielen?) und Haarschnitt (Raspelkurz bei Jungs, lang bei Mädchen – oder geht's auch umgekehrt?) das individuelle Verständnis von Geschlecht. Auch das politische und kulturelle Klima, in dem ein Mensch aufwächst, ist richtungsweisend – genauso wie die Rollenbilder, die die Eltern vorleben.

Und so kommt es, dass viele Menschen sich nicht mehr in die zwei Schubladen „Frau" und „Mann" einordnen lassen wollen, die bis vor wenigen Jahrzehnten das Maß aller Dinge waren.

Transidente Menschen fühlen sich dem anderen Geschlecht als ihrem biologischen zugehörig. Sie streben häufig eine hormonelle und/oder operative Geschlechtsangleichung an, um ihren Körper ihrem inneren Geschlecht anzupassen.

Transgender bezeichnet Menschen, die sich mit ihrem äußerlichen Geschlecht nicht oder nicht ausreichend identifizieren können. Viele von ihnen möchten ihr körperliches Geschlecht behalten, aber als das andere Geschlecht oder zwischen beiden Geschlechtern leben.

Intergeschlechtliche Menschen lassen sich aufgrund ihrer Sexualorgane nicht eindeutig einem Geschlecht zuordnen. Gesellschaftlich hat sich hierfür die Bezeichnung *Drittes Geschlecht* beziehungsweise *divers* durchgesetzt.

Wichtig: Alle soeben beschriebenen Formen von Geschlecht haben nichts mit der sexuellen Orientierung zu tun. Die Menschen können sich, unabhängig von ihrem eigenen Geschlecht, zu allen Geschlechtern hingezogen fühlen.

Dankenswerterweise berücksichtigen wir in der Geschlechterfrage mittlerweile die Bedürfnisse von Menschen, die sich nicht eindeutig einem Geschlecht oder nicht ihrem biologischen zurechnen können oder wollen. Für sie ist es oft ein harter, langer Weg, ihre geschlechtliche Identität zu finden.

Das dritte Geschlecht wird manchmal bereits bei der Geburt oder in jungen Jahren diagnostiziert, weil das Kind keine eindeutigen Geschlechtsmerkmale aufweist. Es kann aber auch sein, dass die Diagnose erst im Zuge der Pubertät gestellt wird – wenn zum Beispiel die erste Periode ausbleibt. So fehlen bei einem Menschen mit Vulva möglicherweise die inneren Geschlechtsorgane (Gebärmutter, Eierstöcke, Eileiter), stattdessen finden sich im Bauchraum Hoden. Oder ein Mensch mit Penis entwickelt als Jugendlicher plötzlich unerwartet Busen. Wenn Ihr Kind in seiner körperlichen Entwicklung massive Abweichungen von der Entwicklung Gleichaltriger zeigt, sollten Sie das bei einer kinderärztlichen Untersuchung ansprechen und gegebenenfalls gynäkologisch oder urologisch abklären lassen.

Viele Menschen, die transgender oder transident sind, verfestigen die bis dahin vielleicht nur diffuse Empfindung im Zuge ihrer Pubertät. Sie entwickeln mehr und mehr das Gefühl, in ihrem Körper nicht zu Hause zu sein. Sie würden sich gerne anders kleiden (oder tun das auch, wenn sie sich trauen), sie umgeben sich mit Menschen des anderen Geschlechts und tauchen – ob im Spiel oder in der Fantasie – in die andere Geschlechterrolle ein.

Viele Kinder durchleben in der Pubertät kurze oder auch längere Phasen, in denen sie lieber dem anderen Geschlecht angehören würden. Also warten Sie erst mal in Ruhe ab, wie sich die Sache entwickelt. Wenn Sie den Eindruck haben, Ihr Kind könnte transident oder transgender sein, empfehle ich Ihnen, eine Beratungsstelle aufzusuchen. Bitte befragen Sie nicht Google, das wird Sie nur verunsichern und verwirren. Einige Empfehlungen finden Sie im Anhang.

KONTAKTBÖRSE INTERNET

Für Ihr Kind ist das Internet ein vertrauter Weg, zu anderen Kontakt aufzunehmen – ob über Chats, Foren, Social-Media-Plattformen oder Dating-Apps. Für Sie mag das alles fremd sein – aber versuchen Sie bitte trotzdem, dieser neuen Realität offen zu begegnen.

Jugendliche sind sich der Probleme, die in der digitalen Welt lauern, häufig nicht bewusst (das gilt auch für viele Erwachsene). Umso wichtiger ist es, dass wir als Eltern sie unterstützen. Und auch hier gilt (wieder mal): Reden hilft. Und zwar am besten frühzeitig. Sämtliche Social-Media-Plattformen – ob Instagram, Facebook, TikTok, Snapchat, Twitter oder YouTube – sind nichts anderes als ein großer Marktplatz der Eitelkeiten. Ich meine das nicht negativ. Aber Sinn und Zweck dieser sozialen Netzwerke ist, möglichst viel Bestätigung zu erhalten. Wer ein Foto von sich oder seinem Essen postet, wer eine politische Botschaft in die Welt raushaut, wer ein Video von einer angesagten Challenge hochlädt, verfolgt damit oft den einen Zweck: möglichst viele Likes zu bekommen. Likes sind eine unmittelbare, positive Rückmeldung auf das eigene Tun. Diese digitalen Streicheleinheiten erhöhen das Selbstwertgefühl. Klar, dass vor allem junge Menschen auf der Suche nach ihrem Platz im Leben darauf aus sind.

Aber was ist, wenn die Likes ausbleiben? Wenn es statt „Daumen hoch" beleidigende Kommentare gibt? Wenn ein*e Freund*in für seine*ihre Instagram-Stories mit Komplimenten überschüttet wird – und die eigenen niemanden interessieren? Dann leidet das Selbstwertgefühl, und das wiederum hat Auswirkungen auf den zwischenmenschlichen Bereich. Denn die digitale Welt nimmt mittlerweile einen so großen Raum in unserem Alltag ein, dass wir das eine kaum noch vom anderen trennen können.

Wenn Sie merken, dass Ihr Kind digitalen Frust schiebt, dann locken Sie es weg davon. Verhelfen Sie ihm zu positiven Erlebnissen im echten Leben, die sein Selbstbewusstsein stärken. Auch hier möchte ich noch mal das Bild von der Waagschale bemühen: Sie können ein Gegengewicht schaffen, das die negativen Erfahrungen aus der digitalen Welt aufhebt oder zumindest minimiert.

Früher mussten wir vor die Tür gehen, um fremde Menschen zu treffen. Heute geht das ganz bequem von Sofa, Bett oder Badewanne aus. Die nächste große Liebe, der nächste schnelle Sex ist möglicherweise nur einen Wisch entfernt.

Und genau darin liegt die große Gefahr: Das vertraute Umfeld signalisiert uns, dass wir uns sicher fühlen können. Wir lassen uns (digital) auf Menschen ein, bei denen auf offener Straße

unsere Alarmglocken schrillen würden – weil dort unser Risikobewusstsein weitaus größer ist. Natürlich ist ein Dating-Profil erst mal nicht gefährlich. Aber wenn es irgendwann zu einem Treffen im echten Leben kommt, nehmen wir das vertraute Gefühl, das wir zu Hause aufgebaut haben, mit. Durch die vielen Nachrichten im Vorfeld eines ersten Treffens haben wir den Eindruck, unser Gegenüber bereits zu kennen. Aber das tun wir nicht. Es ist sehr, sehr wichtig, Ihren Sohn/Ihre Tochter darauf zu sensibilisieren.
Eigentlich sind Dating-Apps erst ab 18 Jahren freigegeben. Trotzdem nutzen viele Jugendliche sie bereits früher. Meiner Meinung nach hilft es nicht, wenn Eltern das verbieten. Denn damit verbauen sie sich die Chance, dass ihr Kind sich ihnen anvertraut, wenn es mit einer solchen App eine schlechte Erfahrung macht. Es würde ja niemals über etwas reden, das die Eltern untersagt haben.
Sprechen Sie unbedingt mit Ihrem Kind darüber, wie es sich im Internet darstellt. Das Foto sollte angemessen, die Kontaktdaten nicht für jeden sichtbar sein. Und erklären Sie ihm, wie es andere User*innen blockieren kann.
Wünschenswert wäre, dass Ihr Kind Sie darüber informiert, falls es im Internet dubiose Menschen kennenlernt. Die beste Voraussetzung hierfür schaffen Sie durch ein offenes, vertrauensvolles Verhältnis zwischen Ihnen beiden. Sie können Ihrem Kind das Internet nicht verbieten. Das Internet ist auch nicht das Problem. Das Problem sind Menschen, die Internetplattformen und Apps zweckentfremden. Und vor diesen können Sie Ihr Kind nur schützen, indem Sie ihm gesunden Menschenverstand mit auf den Weg geben.

SEXTING

Was ganz früher der Liebesbrief, später der Telefonsex und bis vor Kurzem verführerische Textnachrichten waren, ist heute das Sexting: der Austausch aufreizender Fotos, Videos und Botschaften übers Smartphone. Sexting ist Teil der erotischen Kommunikation geworden – und sofern Ihr Kind bereits sexuell aktiv ist, wird es vielleicht auch schon solche Bilder verschickt oder erhalten haben. Und das ist völlig okay. Zumal Sie es kaum werden verhindern können. Aber: Ihrem Kind muss klar sein, dass seine Fotos missbraucht und im schlimmsten Fall öffentlich werden oder in fremde Hände geraten können. Es muss noch nicht mal sein, dass der*die Empfänger*in der Bilder sie weiterverbreitet. Es reicht, wenn der Account gehackt wird.

Daher sollten Sie Ihrer Tochter/Ihrem Sohn folgende Empfehlungen an die Hand geben:

- Lieber nur Teile des nackten Körpers fotografieren und das Gesicht weglassen.
- Ein bisschen verhüllt ist immer noch sexy.
- Erotische Fotos regelmäßig vom Handy löschen.

Besprechen Sie mit Ihrem Kind, wie es mit Bildern umgeht, die es selbst erhält: Es darf solche Fotos *niemals* anderen zeigen und sie *niemals* teilen. Sie sind privat – ohne Ausnahme. Auch nach Ende einer (sexuellen) Beziehung ist ein respektvoller und vertrauensvoller Umgang mit vormals ausgetauschten

Bildern wichtig. Beide Ex-Partner*innen sollten die Fotos löschen. Wenn eine Beziehung im Streit auseinandergeht, ist die Versuchung möglicherweise groß, die Bilder zur Rache zu missbrauchen. Geht gar nicht! Seien Sie da ganz klar. Es ist sogar – zu Recht – eine Straftat.

WAR NOCH WAS?

SEX WÄHREND DER MENSTRUATION

Blut ist eine Körperflüssigkeit – genau wie Scheidensekret und Sperma. Es ist eine ganz individuelle Entscheidung der Sexualpartner*innen, ob sie während der Periode der Frau Sex haben möchten oder nicht. Sie dürfen darauf bestehen, dass Ihr Kind (am besten dunkle) Handtücher unterlegt, falls es während der Menstruation Geschlechtsverkehr haben möchte.

TATTOOS UND PIERCINGS AN INTIMEN STELLEN

Auch wenn es Ihnen schwerfällt – ein kategorisches Nein kann nach hinten losgehen. Wenn Ihr jugendliches Kind sich unbedingt piercen lassen will, wird es einen Weg finden. Im schlimmsten Fall sticht ein*e Freund*in das Piercing. Und, glauben Sie mir: Das möchten Sie nicht – aus ganz vielen Gründen (Verletzungen, Hygiene, keine fachgerechte Beratung). Piercings im Intimbereich müssen sitzen und zur Anatomie des Geschlechtsteils passen. Sonst kann das zu sexueller Stimulation im Alltag führen. Und das ist auf Dauer *sehr* unangenehm.

Das Jugendschutzgesetz gibt keine Regeln vor, ab wann das Piercen und Tätowieren Jugendlicher erlaubt ist. Es ist also eine gesetzliche Grauzone. Denn streng genommen fällt beides unter mutwillige Körperverletzung – die nur deshalb nicht geahndet wird, weil die betroffenen Menschen ihre Einwilligung dazu geben. Verschiedene Berufsverbände haben sich darauf geeinigt, nur mit schriftlicher Einwilligung der Eltern zu piercen – oder sogar auf ein Vorgespräch mit ihnen zu bestehen. Das variiert je nach Berufsverband und Alter der Jugendlichen.

DAS REZEPT FÜR OFFENE MÜNDER – UND VIEL GEKICHER

Wenn Sie Ihren Nachwuchs mal sprachlos sehen möchten, dann habe ich den ultimativen Tipp für Sie: Schlagen Sie Ihrer Tochter oder Ihrem Sohn vor, gemeinsam künstliches Sperma anzurühren. Und wieso? Das künstliche Sperma bietet einen perfekten Ausgangspunkt, um über die unter „Voll Porno“ erwähnten Spermamengen zu reden. Vergleichen Sie einen Teelöffel (echtes Leben) mit einem halben Glas (Porno). Und wenn Sie schon dabei sind, können Sie auch alles andere loswerden, was sie zu Pornografie zu sagen haben. Los geht's:

Sie brauchen 1–2 Eier und 1 gehäuften TL Puderzucker.

Eier aufschlagen, Eiweiß abtrennen und in eine Schüssel geben.

Das Eiweiß mit Schneebesen oder Zauberstab rühren, nach und nach den Puderzucker dazugeben.

SchSchSch oder Rrrrrrrrrrrrrrrrrrrrrr

Immer mehr nachzuckern, damit die Masse dicker und weißer wird.

Tataaa – einmal künstliches Sperma.

Zum Schluss dieses Kapitels noch das: Machen Sie sich keine Sorgen um die Jugend. Die „Generation Porno“ ist ein Mythos, der durch die Medien befeuert wird. Dabei lässt sich die Sexualität von Jugendlichen nicht auf die simple Formel „Leichte Verfügbarkeit von Pornos = viel verwahrloster Sex“ reduzieren. Jugendliche haben Werte. Und die allermeisten von ihnen sind in der Lage, zu abstrahieren und zu reflektieren. Umfragen zeigen, dass Erwachsene die Schwangerschaftsraten unter Teenies regelmäßig viel höher einschätzen, als diese tatsächlich sind. Das sagt viel aus – über die Erwachsenen *und* die Teenies.

KAPITEL 7

REDEN WIR ÜBER SIE – EIN KAPITEL FÜR ERWACHSENE

Als Erwachsener ist Ihr Körper voll entwickelt, Sie werden höchstwahrscheinlich schon sexuelle Erfahrungen gemacht haben und wissen, worauf Sie stehen und worauf nicht. Sie kennen Ihre eigenen Knöpfe und können die anderer bedienen. Kurz: Sie haben wahrscheinlich eine Vorstellung davon, wie gelungener partnerschaftlicher Sex aus Ihrer Sicht sein soll.

Und trotzdem gibt es vielleicht Fragen, die Sie nicht zu stellen wagen. Und deshalb hier ein paar Antworten.

KLITORIALER VS. VAGINALER ORGASMUS

Die Klitoris ist viel größer als der Teil, den man von außen sehen kann. Sie sieht so aus:

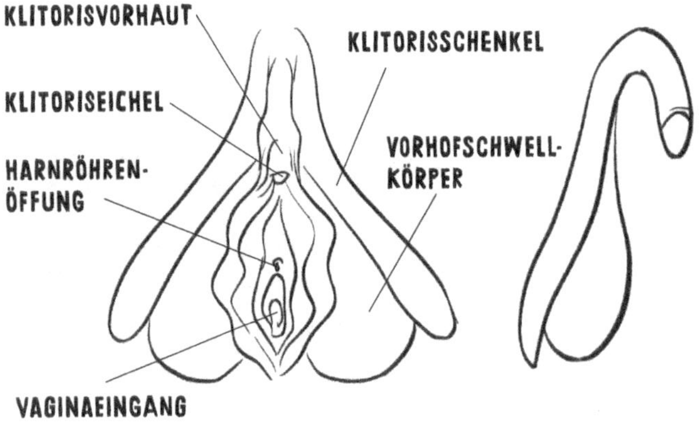

Da Schwellkörper und Kitzlerschenkel entlang der Vagina laufen, wird bei vaginaler Penetration auch die Klitoris stimuliert. Möglicherweise fühlt eine Frau den Orgasmus in der Vagina – aber auch dieser Orgasmus wird in der Klitoris ausgelöst. Der vaginale Orgasmus ist so gesehen eine Fehlinterpretation.

G-PUNKT UND P-PUNKT (HUCH?!)

Der G-Punkt hat einen verdammt guten Ruf. Viele glauben, dass er bei Frauen der Schlüssel zum ultimativen sexuellen Erlebnis ist. Nur finden muss man ihn.

Bis heute diskutieren Expert*innen darüber, ob es den G-Punkt überhaupt gibt. Man geht mittlerweile eher von einem G-Bereich aus, der in der Vagina zwischen Vaginalwand und der Harnröhre liegt. Manche sind dort tatsächlich empfindsam – allerdings erst ab einem gewissen Erregungszustand. Andere empfinden im G-Bereich wenig bis gar nichts. Die Suche nach dem G-Punkt hat schon viele Paare in die Verzweiflunggetrieben – vielleicht auch Sie. Mein Tipp: Setzen Sie sich nicht unter Leistungsdruck. Denn möglicherweise sind Sie und Ihr*e Partner*in anatomisch nicht dafür gemacht, den G-Punkt bei der Penetration zu treffen. Sex ist kein Sport. Vielmehr geht es darum, gemeinsam gelungene Wege zur Befriedigung zu finden. Jeder Körper ist anders – und zwei oder mehrere Körper sind erst recht anders. Guter Sex ist eine Summe aus Anatomie, Stellungen und Techniken. Aber vor allem sind Stimmung, Lust und Emotionen entscheidend. Guter Sex ist das, was Sie als guten Sex empfinden – nicht das, was in Ratgebern, Zeitschriften oder im Internet steht.

Das P in P-Punkt steht für Prostata. Der P-Punkt ist viel weniger bekannt als der sagenumwobene G-Punkt. Dabei ist er deutlich einfacher zu finden. Die Prostata liegt etwa fünf bis sieben Zentimeter im Körperinneren unterhalb der Harnblase und umschließt den oberen Teil der Harnröhre.

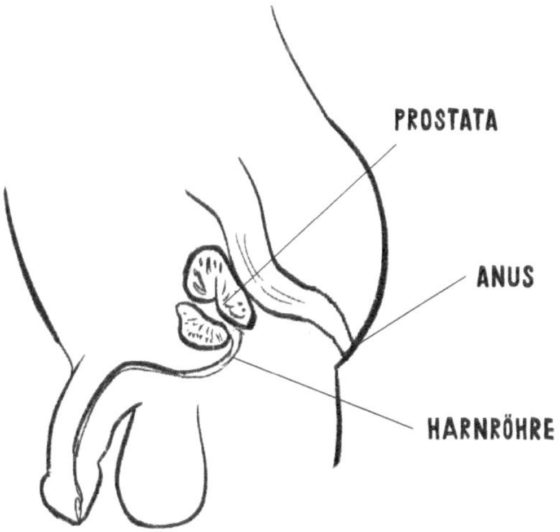

Die Stimulation der Prostata kann für Menschen mit Penis sehr erregend sein. Sie erfolgt entweder durch eine sanfte Massage des

Dammes oder durch das Einführen von Fingern oder Sextoys in den Anus. Auch hier gilt die übliche Vorsicht. Der Anus muss sanft daran gewöhnt werden.

Manche Menschen empfinden dabei ein so intensives Lustgefühl, dass sie einen Orgasmus bekommen. Das bedeutet *nicht,* dass sie schwul sind.

Manche fühlen sich unwohl, wenn sie die Prostata ihres Sexualpartners stimulieren sollen. Wie bei allem gilt: Alles kann, nichts muss. Wenn die Frau nicht möchte, sollte das Paar den P-Punkt beim gemeinsamen Sex ausklammern. Dem Mann bleibt dann immer noch die Möglichkeit, seine Prostata bei der Selbstbefriedigung zu erkunden.

WEIBLICHE EJAKULATION

Es gibt Frauen, die ejakulieren. Durch die Stimulation einer bestimmten Zone entlang der Harnröhre wird in einer Drüse ein Sekret gebildet, das sich mit Vaginalflüssigkeit zu Ejakulat (nicht gleich Sperma!) verbindet. Die Drüse (Skene-Drüse) wird als „weibliche Prostata" bezeichnet.

Manche Paare empfinden es als Bereicherung, wenn die Frau während des Höhepunkts ejakuliert. Aber die weibliche Ejakulation ist kein Gradmesser für die Qualität des Orgasmus. Denn nicht bei allen Frauen ist die Skene-Drüse so groß, dass sie eine entsprechende Menge Sekret bilden kann. Und trotzdem sind diese Frauen genauso orgasmusfähig und können den gleichen Rausch erleben wie andere.

Nicht jede Frau merkt, wenn sie ejakuliert. Denn manchmal ist die Menge an Ejakulat zu klein. Diese kann von wenigen Tropfen bis hin zu einem Teelöffel variieren.

MEDIZINISCHE VORSORGE

Hier eine kleine Erinnerung: Bitte lassen Sie sich regelmäßig ärztlich durchchecken – auch die Männer. Frauen sollten einmal

pro Jahr zum*zur Gynäkolog*in, Männer zum*zur Urolog*in. Viele Krankheiten lassen sich durch regelmäßige Checks frühzeitig erkennen – und das erhöht die Heilungschancen erheblich. Wer wechselnde Sexualpartner*innen hat, sollte sich einmal pro Jahr auf STIs testen lassen, auch wenn keine Indizien für eine Erkrankung vorliegen. Viele STIs zeigen erst im späteren Verlauf Symptome.
Wer Sex außerhalb einer festen Beziehung hat, sollte verantwortungsvoll handeln und Kondome und Lecktücher benutzen. Prävention ist der beste Schutz.

DRUCK, DRUCK UND NOCH MEHR DRUCK

Früher diente Sex in erster Linie der Fortpflanzung. Doch die Fixierung darauf ist – zum Glück – längst vorbei. Dafür muss Sex heutzutage viele, viele Erwartungshaltungen erfüllen. Das erzeugt ganz schön viel Druck bei denjenigen, die ihn haben – nämlich uns.

GUTER SEX = GLÜCKLICHE BEZIEHUNG/ SCHLECHTER SEX = ?

Sex gilt als Gradmesser für eine Beziehung. Wer selten oder keinen Sex mehr miteinander hat, steht kurz vor der Trennung. Das jedenfalls ist die allgemeine Annahme.
Dabei lässt sich die Qualität einer Beziehung nicht zwangsläufig an der Qualität des Sexes ablesen. Ich hatte vor einiger Zeit ein Paar in meiner Praxis, das seit sieben Jahren keinen Sex mehr hatte. Und beide Partner waren happy. Der engste Freundeskreis wusste davon – und kam nicht damit klar. Eine glückliche Beziehung ohne Sex?! Undenkbar! Da kann doch was nicht stimmen! Bei jedem Treffen kam irgendwann die jahrelange Sexflaute auf

den Tisch. Das Paar hatte ständig das Gefühl, sich erklären zu müssen. Irgendwann waren die beiden sich selbst nicht mehr sicher, wie zufrieden sie mit ihrer Beziehung waren. Bis sie Hilfe in meiner Praxis suchten. Sie wollten herausfinden, ob ihre Beziehung so schlecht lief, wie die Freunde annahmen. Nach ein paar intensiven Gesprächen stand fest: Die beiden waren wirklich glücklich miteinander. Und sie brauchten keinen Sex, um sich einander nahe zu fühlen. Ihre Definition von gelungener Sexualität war vielmehr auf gemeinsame körperliche Verbundenheit ausgelegt.

Das Beispiel zeigt, dass der Stellenwert von Sex innerhalb einer Beziehung häufig nur ein gelernter Stellenwert ist – und wie sehr wir uns davon unter Druck setzen lassen. Dabei muss jedes Paar für sich definieren, wie wichtig Sex für die Partnerschaft ist und welche Funktion er hat.

Im Folgenden möchte ich Ihnen eine Übung an die Hand geben. Sie soll Ihnen helfen, sich über Ihre Vorstellungen von Partnerschaft und Sexualität bewusst zu werden und diese mit denen Ihres Lieblingsmenschen abzugleichen.

BILD VON SEXUALITÄT UND PARTNERSCHAFT

Ziel der Übung:

Über (unterschiedliche) Vorstellungen von Partnerschaft und Sexualität ins Gespräch kommen

Wann:

Jederzeit bei Bedarf oder nach großen Lebensereignissen

Methode:

Jede*r sucht zwei Bilder aus dem Internet, Zeitschriften, Kata-

logen oder Ähnlichem heraus. Das eine Bild soll die Vorstellung von der perfekten Partnerschaft widerspiegeln, das andere die Vorstellung von der perfekten gelebten Sexualität. Jede*r wählt die Bilder nach ganz subjektiven Gesichtspunkten aus – ohne Rücksichtnahme auf das, was die andere Person dazu denken könnte. Und vor allem auch ohne Rücksichtnahme auf gesellschaftliche Konventionen.
Im nächsten Schritt sollten Sie sich Zeit nehmen, über die Bilder zu reden. Gehen Sie dabei wie folgt vor:
Einigen Sie sich darauf, mit welchem Thema Sie anfangen möchten (Partnerschaft oder Sexualität). Sie können die Themen auch an zwei unterschiedlichen Tagen besprechen.
Halten Sie die Bilder am Anfang verdeckt. Person A erzählt, was seiner Vorstellung nach auf dem Bild von Person B zu sehen ist.

- Ist das Bild konkret oder abstrakt?
- Sind Menschen darauf dargestellt oder nicht?
- Bunt oder schlicht?
- Foto oder Grafik?
- Mit primären Geschlechtsorganen oder ohne?
- Gibt es konkrete Bezüge zur eigenen Partnerschaft/Sexualität?

Im Anschluss sagt Person B, was Person A seiner Meinung nach für ein Bild gewählt hat.
Nun enthüllen beide Personen ihre Bilder. Person A beschreibt, was er*sie im Bild von Person B sieht und wie es auf ihn*sie wirkt – und umgekehrt.
Dann erläutern beide Personen sich gegenseitig, warum sie das Bild gewählt haben.
Zum Schluss tauschen Sie sich darüber aus, wo Sie Gemeinsamkeiten erkennen und wo Sie offensichtlich unterschiedliche Vorstellungen von der perfekten Beziehung beziehungsweise der perfekten Sexualität haben.

Möchten Sie dort, wo unterschiedliche Vorstellungen bestehen, näher zusammenrücken? Falls ja: Wie kann Ihnen das gelingen? Oder ist es für beide okay, wie es ist?

WAS IST GUTER SEX? UND WER BESTIMMT DAS?

Auch unsere Definition von Sex ist häufig gelernt – und nicht individuell: Sex ist im allgemeinen Verständnis nur dann guter Sex, wenn er mit einem Orgasmus endet. Und zwar am besten durch Penetration. Durch diese (Fehl)-Annahme werden Erektionsstörungen bei Männern und mangelnde Orgasmusfähigkeit bei Frauen überhaupt erst ein Problem. Was ist, wenn er keinen hochkriegt und sie keinen Höhepunkt bekommt? Hat der Sex dann keine Berechtigung? Und darf er nicht gut gewesen sein? Natürlich darf er das! Und deshalb gilt: Kein Paar sollte sich diktieren lassen, wie guter Sex sich anzufühlen hat. Sein Penis erigiert nicht, sie kommt nicht – na und?! Wer beim Sex nur auf Penetration und Orgasmus schielt, der übersieht und verpasst möglicherweise viel. Ich weiß, wie schwer es ist, sich davon frei zu machen. Aber ich möchte Sie ermutigen, es trotzdem zu probieren.

Hier ein paar Fragen, die Sie gemeinsam besprechen können:

- Wie können Sie sich gegenseitig schöne körperliche Gefühle bereiten – ohne die Geschlechtsorgane anzufassen?
- Was sind Ihre erogenen Zonen – und wo liegen die der anderen Person?
- Was bereitet Ihnen beiden sexuelle Lust?
- Was brauchen Sie, um sich fallen zu lassen – und was sind die Dinge, die Sie dabei behindern?

Das Umdenken passiert nicht von heute auf morgen. Aber es wird viel Druck rausnehmen – ganz bestimmt.

DIE MESSLATTE HÄNGT HOCH – VIEL ZU HOCH

Wenn wir morgens das Haus verlassen, springt uns spätestens an der Straßenecke eine riesige Plakatwand ins Auge, auf der eine Frau in sauteuren Dessous lasziv mit dem Betrachter flirtet. Auf der anderen Straßenseite hängt die nächste Werbung. Dort räkelt sich ein knackiger Typ mit nacktem Oberkörper auf dem Sofa. Er ist ganz eins mit sich, seinem Body und der ganzen Welt – der 72-Stunden-Wirkung seines Deos sei Dank. Alles easy, alles sexy, alles clean.

Wir Normalsterblichen sind wahrscheinlich frisch geduscht, aber bestimmt nicht bis ins letzte Detail durchgestylt. Die Haare sind zerzaust, weil wir – mal wieder – nicht aus dem Bett kamen. Das Hemd ist falsch zugeknöpft (wir mussten gleichzeitig ein kleines Rumpelstilzchen beruhigen), auf dem Rock klebt ein Rest Müsli, den das tobende Kind dorthin katapultiert hat. Und dann betrachten wir die schönen Menschen, und uns beschleicht das Gefühl, ganz schön hinterherzuhängen. Kein Wunder, dass wir nicht dauergeil sind. Wir haben nicht die richtige Unterwäsche im Schrank. Und unser Deo hat erst gestern im Team-Meeting wieder versagt. Aber zum Glück sind wir nicht ganz verloren. Wir müssen unser Geld nur in die

richtigen Produkte investieren. Dann haben auch wir eine Chance auf den perfekten Sex. Und weniger als perfekt darf Sex nicht sein. Natürlich wissen wir, dass die Frau in Satinwäsche und mit dem lüsternen Blick nicht echt ist. Natürlich wissen wir, dass die wenigsten Frauen ihre Kerle in so einem Outfit an der Tür empfangen. Und natürlich wissen wir, dass die wenigsten Männer am helllichten Tag so hot auf dem Sofa lungern. Aber trotzdem setzen uns solche Bilder unter Druck. Weil es nicht *ein* Bild ist – sondern weil fast alle Bilder, die Sex als etwas Schönes darstellen, so sind.
Also geraten wir in einen regelrechten Shoppingwahn. Ratgeber, Hygieneartikel, Sextoys, Kosmetikprodukte – all die Dinge, mit denen wir uns auf den perfekten Sex im perfekten Moment vorbereiten können, landen in unserem Einkaufswagen.
Aber: Im echten Leben ist Sex selten perfekt – egal wie viel Geld wir dafür ausgeben. Er ist klebrig (Körperflüssigkeiten), er riecht nicht immer gut (Schweiß, ungeputzte Zähne), und manchmal läuft's einfach nicht: Eine Person will das eine, die andere das andere. Am Ende bekommt die eine wegen einer unbequemen Stellung einen Krampf im Oberschenkel, die andere kommt nicht in Fahrt. Alles ganz normal. Also: Atmen! Lassen Sie die schönen Bilder schöne Bilder sein. Und gucken Sie sich statt Werbung und Instagram-Posts lieber die Menschen aus Fleisch und Blut an, die in Ihrer Nachbarschaft leben. *Das* ist Ihre Peer-Group.

VON PORNOS INSPIRIERTER SCHÖNHEITSWAHN

Ab Ende der 90er-Jahre kam in Pornos ein neuer Intimfrisurentrend auf: die Glatze – also ein komplett blank rasierter Genitalbereich. Gleichzeitig wurde durch das Internet der Zugang zu Pornografie immer leichter. Das führte dazu, dass immer mehr Menschen Pornos konsumierten – und sich inspirieren ließen von dem, was sie dort sahen.
Seitdem wird der Intimbereich gezupft und rasiert, bis kein Haar mehr steht. Immer mehr Menschen sind untenrum komplett

blank. Und die anderen fragen sich, ob sie nachziehen sollten. Schamhaare haben schließlich keinen guten Ruf.

Ich habe in meiner Praxis mit einigen Menschen zu tun gehabt, die sich nur aus Gruppenzwang heraus im Genitalbereich rasierten. Sie fanden blank nicht schön. Aber sie hatten Angst, dass potenzielle Sexualpartner*innen sich vor ihren Schamhaaren ekeln könnten. Also lieber weg damit.

Dort, wo keine Haare mehr sind, fällt der Blick ungefiltert auf das, was drunterliegt. Bei Frauen sind das oft die inneren Vulvalippen. Und auch die fallen immer häufiger dem Schönheitswahn zum Opfer. Im wahrsten Sinne des Wortes. Denn die sogenannte Labioplastik ist in. Meistens lassen Frauen sich die inneren Vulvalippen verkleinern – oder ganz wegschneiden.

Auch dieser Trend schwappte von der Pornoindustrie ins echte Leben. In Pornos sehen alle Vulven gleich aus. Sie sehen aus, als seien sie nicht gealtert – oder, spitz formuliert: Als seien es die Vulven von jungen Mädchen. Ich finde das sehr bedenklich. Und für mich ist dieses „Schönheitsideal“ absolut nicht nachvollziehbar. Wenn Sie eine kleine Erinnerung brauchen, wie vielfältig Vulven im echten Leben daherkommen, empfehle ich die Illustration auf Seite 154.

Männer rennen ebenfalls zum Schönheitschirurgen. Bei ihnen stehen unter anderem Penisvergrößerungen auf der Wunschliste. Denn GROSS gilt immer noch als *der* Schlüssel zu erfülltem Sex. In all meinen Jahren als Sexualtherapeut habe ich allerdings sehr, sehr wenige Frauen getroffen, für die guter Sex eine Frage der Penisgröße war.

Auch der Anus wird in Pornos immer häufiger in Szene gesetzt. Analverkehr ist dort gängige Praxis. Viele Menschen haben diese Sexualpraktik übernommen. Analverkehr ist heutzutage deutlich weiter verbreitet als noch vor zehn Jahren (siehe „Voll Porno“ in Kapitel 6). Bitte verstehen Sie mich nicht falsch, ich möchte nicht gegen Analverkehr wettern. Ich finde es gut, dass Anus und Prostata als Lustzentren positiver besetzt sind als früher.

Doch wieder wird in Pornos ein falsches Bild vermittelt: Wenn der Anus schon eine so zentrale Rolle spielt, soll die Haut rund ums Poloch nämlich bitte vornehm blass aussehen. Also wird sie gebleicht. Entweder kosmetisch mit Cremes. Oder mit einer Laserbehandlung, bei der die dunklen Hautpigmente zerstört werden. Das sogenannte „Analbleaching" ist mittlerweile gängiger als Sie glauben.
Die Kosmetikindustrie hat den Genitalbereich für sich entdeckt und flutet den Markt mit teuren Cremes, die die Haut „jünger und frischer" aussehen lassen, sie „aufhellen" und „Hautunregelmäßigkeiten minimieren". Nach Pedi- und Maniküre hat die „Vagiküre" ihren großen Auftritt.
Kleine Erinnerung: Für die Pflege im Intimbereich reicht Wasser völlig aus. Wenn Sie mögen, können Sie eine pH-neutrale Seife verwenden. Mehr bitte nicht.
Viele von uns glauben, ein perfektes Äußeres sei ein wesentlicher Bestandteil von Sexualität. Das stimmt nur in Teilen. Sehr wahrscheinlich haben vermeintlich attraktive Menschen es leichter, eine*n Sexualpartner*in zu finden. Aber: Auf den Sex selbst hat das Aussehen keinerlei Einfluss.

Ob ...

- ein Mensch dick ist oder dünn,
- die Brüste groß sind oder klein,
- der Penis krumm ist oder gerade,
- der Genitalbereich rasiert ist oder behaart,
- die inneren Vulvalippen zu sehen sind oder nicht

... hat keine Auswirkung darauf, ob der Sex gut ist oder schlecht. Und die äußeren Merkmale bestimmen auch nicht, wie fortpflanzungsfähig jemand ist.
Denn manchmal ist der Sex perfekt, *obwohl* der Moment nicht perfekt ist – und der Körper erst recht nicht. Im Intimbereich sprießen die Haare, unterm Kopfkissen kommt ein oller Socken

zum Vorschein, und im Zimmer nebenan spricht der Steuerberater auf den Anrufbeantworter. Und trotzdem hat genau dieser Sex das Zeug dazu, der beste Sex ever zu sein.

IM AUSTAUSCH BLEIBEN

Langjährige Partner*innen verstehen sich oft ohne viele Worte. Das ist toll. Aber es ist ein riesiger Unterschied, ob man gemeinsam schweigt – oder nicht miteinander redet. Und ich erlebe viele Paare, die nicht miteinander reden. Daher meine Empfehlung: Auch wenn Sie Ihre*n Partner*in in- und auswendig kennen, auch wenn Sie sich ohne Worte „lesen" können – bleiben Sie im Kontakt. Es müssen ja keine Gesprächssturzbäche sein. Aber ein regelmäßiger Austausch ist die Voraussetzung dafür, dass es nicht zu Missverständnissen kommt. Und die können immer auftauchen – egal, wie lange die Beziehung dauert. Denn die Bedürfnisse der einzelnen Person wandeln sich im Laufe der Zeit. Es ist wichtig, dass der*die Partner*in davon weiß. Auch hier habe ich eine Übung, die Ihnen helfen kann.

120 SEKUNDEN

Ziel der Übung:
Einen Zugang zu den eigenen Gefühlen bekommen und diese kommunizieren lernen; regelmäßiger Austausch mit dem*der Partner*in

Wann:
Mindestens alle zwei Tage, wenn möglich täglich am Abend

Methode:
Richten Sie einen festen Zeitpunkt am Abend ein, an dem Sie

sich gegenseitig erzählen, wie Sie sich an diesem Tag gefühlt haben. Jede*r Partner*in bekommt hierfür zwei Minuten Zeit. Achten Sie darauf, über Ihre *Gefühle* zu sprechen – und nicht über Situationen, die Sie erlebt haben.
Im Anschluss an die zwei Minuten können Sie sich gerne miteinander austauschen – müssen das aber nicht tun. Das können Sie nach Tagesform und Redebedarf entscheiden.
Sie können sich auch gerne hin und wieder ein bestimmtes Thema aussuchen, das Sie in 120 Sekunden abhandeln – zum Beispiel: „Deine Gefühle dazu, dass …

- … wir uns im Moment so selten sehen.
- … wir lange keinen Sex mehr hatten.
- … unsere ganzen nächsten Wochenenden verplant sind.

Diese Übung hilft Ihnen, sich Ihre Gefühle bewusst zu machen und sie zu kommunizieren.
Möglicherweise fällt es Ihnen anfangs schwer, so viel von sich zu offenbaren. Sie fühlen sich regelrecht nackig. Über Gefühle zu reden ist ein großes Ding – alleine schon deshalb, weil vielen von uns der Zugang dazu fehlt. Manchmal braucht es etwas Orientierung, um dem Chaos im Kopf einen Namen zu geben. Hierzu kann es nützlich sein, eine Liste von Gefühlen zu googeln. Oder Sie lesen sich den Abschnitt „Deine Gefühle" im Kinderkapitel noch mal durch.
So oder so wird es mit der Zeit für Sie immer einfacher werden, Ihre Empfindungen wahrzunehmen und darüber zu sprechen.

IMMER SCHÖN SACHLICH – NA JA: FAST IMMER

Auch unter langjährigen Sexualpartner*innen ist eine sachliche Sprache wichtig und hilfreich. Wie sprechen Sie über Fantasien, Wünsche, Abneigungen? Dafür brauchen Sie und Ihr*e Partner*in Worte, die Sie beide gleichermaßen verstehen.

Wenn Sie keine gemeinsame Sprache sprechen, dann empfehle ich Vokabeltraining – und den Sprung ins kalte Wasser. Folgende Übung lege ich Paaren in meiner Praxis regelmäßig ans Herz.

VOKABELTRAINING

Ziel der Übung:
Eine gemeinsame Sprache finden

Methode:
Setzen Sie sich gemeinsam zu Hause hin und überlegen Sie, mit welchen Worten Sie Ihre Lust ausdrücken.

- Welche Begriffe nutzen Sie?
- Welche Begriffe nutzt Ihr Gegenüber dafür?
- Wie nennen Sie Ihre eigenen Geschlechtsteile, wie Ihr*e Partner*in seine*ihre?
- Wie bezeichnen Sie die Ihres*er Partner*in, wie er*sie Ihre?
- Sind Sie jeweils damit einverstanden?

Sie können darüber nachdenken, ob Sie für unterschiedliche Situationen unterschiedliche Begriffe verwenden möchten.

- Wann finden Sie medizinische Bezeichnungen angemessen, wann umgangssprachliche?
- Gibt es Momente, in denen Sie „versaute" Sprache mögen – und wo geht „versaut" für Sie überhaupt los?

Vielleicht fühlen Sie sich am Anfang mit dieser Form von Vokabeltraining etwas unwohl. Das geht vielen Paaren so. Aber Sie werden merken: Sie können das trainieren wie jede andere Sprache auch. In einem fremden Land kommen sie besser klar, wenn Sie sich verständigen können. Und genauso werden die Missverständnisse zwischen Ihnen und Ihrem*Ihrer Partner*in durch eine gemeinsame Sprache weniger werden. Angenehmer Nebeneffekt des ganzen Unterfangens: Sie verbringen bewusst und intensiv Zeit miteinander.

WELCHE FRAGEN SOLLTE MAN IN EINER ERWACHSENEN BEZIEHUNG STELLEN – UND WELCHE BESSER NICHT?

In den folgenden Abschnitten gebe ich Ihnen eine Liste von Themen an die Hand. Diese soll als Anregung dienen. Selbstverständlich können Sie grundsätzlich *alles* besprechen, was Ihnen wichtig ist. Die Themen ändern sich im Verlaufe der Beziehung. Sie können verschwinden und wieder auftauchen.

EIGENE HALTUNG

Viele Jugendliche machen sich Gedanken darüber, was ihnen im Bereich Sexualität und Partnerschaft wichtig ist. Wer Neuland entdeckt, ist aufmerksam und hellwach.
Bei erwachsenen Paaren erlebe ich sehr häufig, dass sie ihre Beziehung und ihr Sexualleben einfach laufen lassen. Dass wir Altbekanntes nicht mehr mit der gleichen Wachsamkeit betrachten, ist ganz normal. Trotzdem sollten auch Erwachsene ihre Beziehung und ihre Sexualität reflektieren.

Die eigenen Bedürfnisse und die daraus resultierenden Wünsche an den*die Partner*in ändern sich. Was vor fünf Jahren galt, kann heute längst hinfällig sein. Die Partner*innen müssen die gegenseitigen Erwartungen kennen, um eine eigene Haltung dazu zu entwickeln. Nur so können beide gemeinsam die Beziehung an die Veränderungen anpassen. Eine regelmäßige Standortbestimmung ist also wichtig, um die Beziehung – und mit ihr den gemeinsamen Sex – lebendig zu halten.
Hier ein paar Anregungen für Fragen, die Sie sich als Paar gegenseitig stellen können:

Gemeinsame Zeit:

- Wie viel Zeit möchten wir miteinander verbringen?
- Und *wie* möchten wir die gemeinsame Zeit verbringen? Zum Beispiel:
- Ist es okay, am gleichen Ort zu sein und unterschiedliche Dinge zu tun?
- Verzichten wir auf unsere Smartphones, wenn wir gemeinsam auf dem Sofa sitzen?
- Ist gemeinsames Fernsehgucken ein Gemeinschaftserlebnis oder nicht?
- Haben wir gemeinsame Ziele und Ideen? Zum Beispiel:
- Haben wir beide die gleiche Vorstellung von Urlaub und Entspannung?

Finanzen:

- Wie gehen wir damit um, wenn eine*r von uns wegen der Betreuung von Kindern weniger oder gar nicht arbeitet?
- Schließen wir die dadurch für eine*n Partner*in entstehende Vorsorgelücke – und wenn ja: Wie?
- Wie regeln wir unsere Finanzen im Falle einer Trennung?
- Wie finden wir das richtige Maß zwischen „Sich was gönnen“ und Geld zur Seite legen?

Kinder und Beziehung:

- Möchten wir beide noch mehr Kinder haben?
- Wie möchten wir unsere Beziehung leben, wenn die Kinder aus dem Haus sind?
- Möchten wir als Paar immer am gleichen Ort leben?

Sex:

- Was ist uns beim Sex wichtig? Zum Beispiel:
- Vorspiel: Ja oder nein? Ausgedehnt oder zackig?
- Ist es wichtig, wer die Initiative ergreift?
- Welche Sexualpraktiken mögen wir beide?
- Gibt es etwas, das eine*r von uns gerne ausprobieren würde?
- Wann und wie häufig ist Blümchensex okay?
- An welchen Orten möchten wir Sex haben?
- Wie häufig möchten wir Sex haben?
- Wann braucht wer körperliche Nähe – ganz ohne Sex?

Jede Beziehung gelangt an Weggabelungen, an denen die Partner*innen Entscheidungen treffen müssen. Wenn sie nicht miteinander reden, biegen sie womöglich in unterschiedliche Straßen ab. Irgendwann stellen sie dann fest, dass sie ganz weit voneinander entfernt auf unterschiedlichen Wegen wandeln – und im schlimmsten Fall nicht mehr zueinanderfinden. Wenn sie die Weggabelung aber nutzen, um sich mit den eigenen Bedürfnissen und denen der anderen Person auseinanderzusetzen, können Sie einen Konsens finden. Und gemeinsam die Straße wählen, die am besten zu Ihnen passt.

Zusätzlich empfehle ich Ihnen eine Übung, mit der Sie Ihre Beziehung alle paar Jahre einem gründlichen Check-up unterziehen können. Hier werfen Sie einen Blick auf das, was war, und das, was ist, – und besprechen, was kommt oder kommen soll.

BEZIEHUNG ALS BÖRSENKURVE

Ziel der Übung:
Selbstreflektion, Standortbestimmung, Zukunftsvision

Wann?
Sofort – und dann in regelmäßigem Abstand (circa alle drei Jahre)

Methode:
Beide Partner*innen bekommen die Aufgabe, ihre Beziehung wie eine Börsenkurve auf einer bestimmten Zeitachse darzustellen. Das macht zunächst jede Person für sich alleine.
Wenn Sie die Übung zum ersten Mal machen, starten Sie die Zeitachse zu Beginn Ihrer Beziehung. Bei jedem weiteren Mal starten Sie zu dem Zeitpunkt, an dem die letzte Beziehungskurve endete.
Bauen Sie die Beziehungskurve anhand von einschneidenden Ereignissen Ihrer Partnerschaft und benennen Sie diese (Verlobung, Geburt des Kindes, große Streits, Verlust eines geliebten Menschen etc.).
Wichtig ist, sowohl die Hochs als auch die Tiefs zu skizzieren. Die besonders hohen und tiefen Ausschläge füllen Sie mit Leben (Fotos, Gegenstände oder andere Erinnerungen).
Nehmen Sie sich im Anschluss einen Abend Zeit. Legen Sie die Beziehungskurven zunächst vor sich hin. Beschreiben Sie nacheinander – ganz sachlich – was Sie auf dem jeweils anderen Blatt sehen. Lassen Sie das zunächst auf sich wirken.

Danach können Sie besprechen, welche Phasen Sie wie empfunden haben. Sind Ihre Ansichten darüber unterschiedlich oder ähnlich?
Betrachten Sie den Punkt, an dem Sie gerade stehen. Wo haben Sie den Punkt gesetzt, wo Ihr*e Partner*in?
Nehmen Sie die Tiefs in den Fokus. In der gemeinsamen Reflektion können Sie herausfinden, was Sie ins Tal führte und ob es ein bestimmtes Muster gibt. Falls ja, können Sie beim nächsten Mal versuchen gegenzusteuern. Überlegen Sie, wie Sie als Paar die Tiefs überwunden haben.
Und natürlich sollten Sie sich die Höhepunkte Ihrer Beziehung anschauen und gemeinsam in schönen Erinnerungen schwelgen.
Zum Schluss werfen Sie einen Blick in die Zukunft. Wo entwickelt die Beziehung sich aktuell hin? Sind Sie mit der Aussicht zufrieden?

Die Beschäftigung mit der gemeinsamen Vergangenheit zeigt gegenseitige Wertschätzung. Im Austausch miteinander können Sie Arbeitsfelder für Ihre Beziehung abstecken.
Legen Sie ein besonderes Augenmerk auf das, was gut gelaufen ist (und gut läuft). Das vergisst man als Paar nämlich viel zu schnell. Wenn Sie die Übung ein paarmal gemacht haben, werden Sie feststellen: Nach jedem Tal folgt ein Aufschwung. Diese Erfahrung kann in schwierigen Zeiten helfen.
Mein Tipp: Halten Sie das Blatt griffbereit in einer Schublade. Wenn Ihre Beziehung in unruhige Fahrwasser gerät, können Sie es als Erinnerungsstütze nutzen und den Blick auf die positiven Dinge richten.

Ich mache diese Übung oft mit Paaren in meiner Praxis. Die Sitzungen, in denen die Partner*innen sich gegenseitig ihre Beziehungskurven präsentieren, sind meistens sehr rührend. Denn die allermeisten geben sich richtig, richtig viel Mühe.

WIE PRIVAT MUSS SEX SEIN?

Ich empfehle Beziehungspartner*innen eine ganz klare Regelung zu finden, wer mit wem über das gemeinsame Sexleben sprechen darf. Ich habe immer wieder Paare in meiner Praxis sitzen, die sich nie Gedanken darüber gemacht haben. Jede*r macht so, wie er*sie es – persönlich – für richtig hält. Und das kann zu Problemen führen. Ich hatte vor einiger Zeit folgenden Fall: Die Frau hatte erfahren, dass ihr Partner sich seinem besten Freund anvertraut hatte – der gleichzeitig ihr Bruder war. Dass ihr das unangenehm war, ist nachvollziehbar. Dass er mit seinem engsten Vertrauten reden wollte, ist ebenfalls verständlich.

Wenn wir im Job Probleme haben, besprechen wir diese mit unseren Freund*innen. Aber unsere Beziehungs- und unsere sexuellen Probleme betreffen nicht nur uns selbst, sondern auch unsere*n Partner*in. Und diese*n kennen unsere Freund*innen in der Regel. Sich gegenseitig zu verbieten, sich anderen mitzuteilen, halte ich für schwierig. Wer über seine Probleme nicht reden darf, wird sie nur schwer lösen können. Das macht sie am Ende nur größer. Als Paar gemeinsam Menschen festzulegen, mit denen zu reden erlaubt ist, ist aus meiner Sicht der beste Weg.

ALS PAAR ÜBER VERFLOSSENEN SEX UND EXE REDEN

Viele Menschen nehmen sich zu Beginn einer Beziehung vor, diese nicht an vergangenen Partnerschaften zu messen. Das ist Quatsch. Denn den Grad unserer Zufriedenheit beurteilen wir, indem wir Vergleiche zu früheren Erfahrungen ziehen. Unser Kollege lädt uns zum Essen nach Hause ein und serviert Brokkoli. Klar fragen wir uns, ob dieser genauso lecker schmeckt wie der, den Oma früher für uns gekocht hat. Sprich: Zu vergleichen, ist total normal.

Wenn wir eine neue Sexualpartnerschaft eingehen (egal, ob auf Grundlage einer Beziehung oder nicht), dann vergleichen wir den

Körper des anderen Person und den gemeinsamen Sex mit unseren früheren Erfahrungen. Auf dieser Grundlage ermitteln wir, wie erfüllend wir die neue Sexualbeziehung finden. Problematisch wird es, wenn wir zu dem Schluss kommen: Früher war's besser. Dann ist echtes Feingefühl gefragt. Andernfalls schicken wir das Selbstwertgefühl unserer neuen Beziehungsperson in den Keller – und das sollten wir vermeiden. Aber wie? Statt „In meiner früheren Beziehung haben wir ... gemacht", empfehle ich „Ich fände es schön, wenn wir ... mal ausprobieren."
Oder: „So, wie ich meinen Körper kenne, ..."
Sprechen Sie von sich. Mit diesen Ich-Botschaften signalisieren Sie der anderen Person, dass Ihnen etwas fehlt – ohne den direkten Vergleich zu früher zu ziehen. Und, wer weiß? Vielleicht hat auch Ihr Gegenüber Redebedarf.
Ich bin der Meinung, dass man in einer Partnerschaft seine Ex-Beziehungen oder die Anzahl seiner früheren Sexualkontakte nicht offenlegen muss. Denn das Wissen kann Druck erzeugen. Wer selbst weniger Sexualpartner*innen hatte, hat möglicherweise Angst, sexuell nicht genügend Tricks auf Lager zu haben. Wenn der*die Partner*in eine glückliche Beziehung hinter sich hat, entsteht möglicherweise der Druck, das Vergangene genauso gut zu wiederholen. Aber die Anatomie der Körper und die Lebensphase, in der zwei Menschen zusammenfinden, sind immer individuell. Das, was in einer Ex-Beziehung funktioniert hat, lässt sich nicht reproduzieren. Und genau darin liegt die Chance jeder neuen Partnerschaft.

WIE SCHAFFT MAN ES, DEN PULS EINER BEZIEHUNG AM LEBEN ZU HALTEN?

Wenn zwei Menschen neu zusammenkommen, dann bringen beide ein ganz eigenes Bild von Beziehung mit. Ob und wie weit diese auseinanderliegen, schert am Anfang niemanden.

Stattdessen hängt der Himmel voller Gänseblümchen. Die Beziehung ist mit einer dicken Schicht Zuckerguss überzogen, und es gibt nur eine Geschmacksrichtung: lecker. Eine Macke ist keine Macke, sondern liebenswert. Egal, wie der Sex ist – er ist bombastisch. Im Rausch der Gefühle ist die Schnittmenge erst mal riesig. Aber irgendwann ist der Zuckerguss runtergegessen, der Alltag bricht über die Beziehung hinein. Und plötzlich ist eine Macke eine Macke und der Sex auch nicht mehr soooo toll, dass man ihn ständig haben muss. Plötzlich gewinnen die Bilder von Beziehung wieder an Bedeutung. Themen wie Familienplanung, Finanzmodelle und Sauberkeitsempfinden werden plötzlich wichtig. Und – zack – steht das Paar an der ersten Weggabelung.

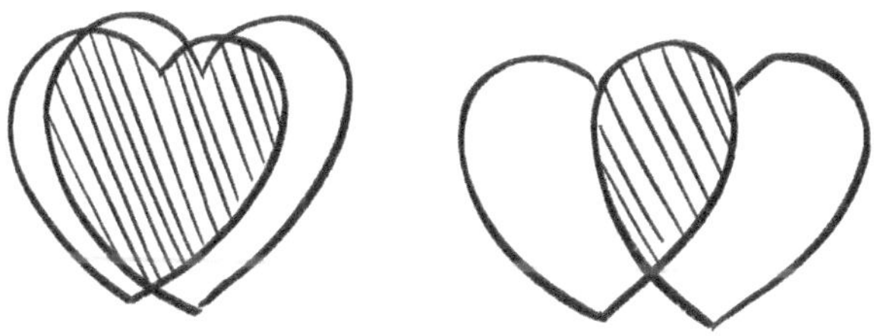

Für Paare ist es enorm wichtig, die gemeinsame Schnittmenge zu definieren – erst recht dann, wenn die Beziehung im Alltagstrott angekommen ist. Denn ein Blick auf die Schnittmenge kann helfen, die gemeinsame Perspektive zu erkennen und zu schärfen.

Schnittmenge bedeutet übrigens nicht zwangsläufig Gemeinsamkeit. Möglicherweise ist es einem Paar besonders wichtig, dass beide in Ruhe dem eigenen Hobby nachgehen können. Er geht wandern, sie zum Beachvolleyball. Obwohl beide ihre Freizeitaktivität getrennt voneinander ausüben, haben sie in diesem Punkt eine große Schnittmenge: Sie geben sich gegenseitig den Freiraum, das zu machen, was ihnen Spaß und Entspannung bringt. Viele Paare pflegen getrennte Freundschaften und finden das okay – auch das ist eine große Schnittmenge, die nicht auf Gemeinsamkeit beruht. In anderen Punkten ist die Schnittmenge vielleicht nicht besonders groß – dann sollte man genügend Kompromisse finden, um die Beziehung auf die nächste Ebene zu heben. Denn wenn nicht, dann ist an dieser Stelle Schluss.

Besteht die Beziehung hingegen fort, bricht bei vielen Paaren die Phase an, in die sie sich später häufig zurücksehnen: Die Partner*innen haben Zeit füreinander und sind flexibel. Abends spontan mit Freund*innen treffen, übers Wochenende kurzfristig wegfahren, ein gemütlicher Abend zu zweit auf dem Sofa – alles easy. Bevor der Kinderwunsch aufkommt, läuft vieles glatt. Und auch der gemeinsame Sex ist in der Regel so, dass er Jahre später noch als das Maß aller Dinge angesehen wird.

Jetzt ist der ideale Zeitpunkt, um das Fundament der Beziehung so zu festigen, dass sie auch zukünftige Schlechtwetterfronten gut übersteht. Dafür empfehle ich, ein paar Dinge zu besprechen. Und auch wenn Sie bereits ein oder mehrere Kinder haben, ist es ratsam, sich über die folgenden Themen auszutauschen, sollten Sie es noch nicht getan haben.

UMGANG MIT SELBSTBEFRIEDIGUNG

Sexuelle Selbstbestimmung ist ein hohes Gut. Dazu gehört, dass Menschen sich selbst befriedigen dürfen, wenn sie das Bedürfnis haben. Und zwar auch dann, wenn sie in einer festen Beziehung leben. Selbstbefriedigung kann eine Ergänzung zum Paarsex sein – oder ein Teil davon. Manche Paare stehen drauf, sich gegenseitig dabei zuzusehen.

Selbstbefriedigung innerhalb einer Beziehung löst bei Menschen ganz unterschiedliche Reaktionen und Gefühle aus. Für die einen ist sie kein Problem, andere quält die Vorstellung. Und sehr häufig

wagt keiner der Partner*in das Thema anzusprechen. Das aber kann zu Missverständnissen führen. Und deshalb sollte man dieser Auseinandersetzung nicht aus dem Weg gehen.
Möglicherweise sind die Erkenntnisse aus solch einem Gespräch unangenehm. Aber nicht darüber zu reden, macht die Sache ja nicht besser – nur verschwiegener und damit unangenehmer.
Hier ein kleines Szenario: Ein Mann befriedigt sich regelmäßig selbst. Seine Partnerin denkt, ihm sei der gemeinsame Sex nicht genug. Und tatsächlich stellt sich im Gespräch heraus, dass das der Grund ist. Das ist für sie zunächst hart. Aber was für Möglichkeiten hat er, seinen sexuellen Hunger zu stillen? Sie möchte nicht häufiger Sex haben – diese Alternative fällt also flach. Soll er sich bei einer anderen Frau holen, was er bei ihr nicht bekommt? Oft wird die Antwort hierauf ein klares „Nein!" sein. Also ist die Selbstbefriedigung ein legitimes Mittel, die Lücke zu schließen. Auf dieser Sachebene betrachtet, leuchtet auch ihr das ein. Sie muss die Vorstellung noch immer nicht mögen. Aber sie hat durch das Gespräch Klarheit – und das hilft.
Auch bei der Selbstbefriedigung lässt sich ein Vergleich zum Essen ziehen: Nach dem gemeinsamen Abendbrot greift eine*r von beiden noch in die Süßigkeitenkiste, der*die andere ist bis zum nächsten Morgen satt. Und obwohl eine Person mehr braucht als die andere, hat die gemeinsame Mahlzeit beide glücklich gemacht. Selbstbefriedigung darf also Teil einer Beziehung sein. Vielen Paaren macht es den Umgang damit leichter, wenn sie gemeinsam den Rahmen abstecken. Hier ein paar Anhaltspunkte:

- Darf die eine Person sich selbst befriedigen, wenn die andere im gleichen Bett liegt und schläft?
- Darf eine*r sich selbst befriedigen, wenn der*die andere in der Wohnung ist?
- Wo – außer zu Hause – ist Selbstbefriedigung ok?
- Welche Medien dürfen bei der Selbstbefriedigung benutzt

werden? (Am Arbeitsplatz sollte die Mediennutzung absolut tabu sein, weil das den Job gefährdet – und das wiederum Auswirkung auf die Beziehung hat.)
- Ist es in Ordnung, den gemeinsamen Computer dabei zu benutzen? Und wenn ja: Muss der Verlauf gelöscht werden?

Wie bereits in Kapitel 6 erwähnt, kann Selbstbefriedigung sich positiv auf den partnerschaftlichen Sex auswirken. Wer weiß, was sich gut anfühlt mag, kann das der anderen Person vermitteln. Und das kann den gemeinsamen Sex besser machen.
Vorsicht ist allerdings angezeigt, wenn die Selbstbefriedigung den Paarsex ersetzt. Wer sich selbst befriedigt, muss keine Kompromisse machen. Und das kann verlockend sein.
In diesem Fall sollten die Partner*innen ein offenes Gespräch suchen und überlegen, wie sie den gemeinsamen Sex attraktiv gestalten. Vielleicht hilft es auch, wenn die Partner*innen für einen bestimmten Zeitraum auf Selbstbefriedigung verzichtet wird, um so wieder mehr Lust auf Paarsex zu bekommen.

UMGANG MIT PORNOGRAFIE

Pornografie darf ein Teil von gemeinsam gelebter Sexualität sein. Pornografie ist unter Erwachsenen weder verboten noch ist sie pervers.
Aber auch hier ist es empfehlenswert, gemeinsam Regeln festzulegen. Den*die Partner*in einfach mit einem Sexfilm in der Hand zu überrumpeln, ist keine gute Idee.

- Was für Pornfilme wollen wir schauen?
- Wie häufig und bei welchen Gelegenheiten möchten wir schauen?
- Zu welchem Zweck gucken wir Pornos?
- Pornos gucken ohne einander: okay oder nicht?

Hochwertige (nicht 0815-kennst-du-einen-kennst-du-alle) Pornografie erhalten Sie im gut sortierten Erotik-Einzelhandel. Ich empfehle, die großen Sexshop-Ketten zu meiden. Falls Sie Hemmungen haben, ein Erotikgeschäft aufzusuchen, dann können Sie auch im Internet hochwertige Pornografie finden. Hierzu müssen Sie allerdings wissen, wie Sie danach suchen. Ich empfehle Ihnen, „Erika Lust" oder „feministische Pornografie" in den Webbrowser einzugeben. In diesen Pornos werden Frauen eben nicht als Sexobjekt dargestellt. Allerdings sind sie kostenpflichtig. Aber das sind die Filme aus dem Einzelhandel ja auch.

Als Paar können Sie Pornografie nutzen, um sich zu erregen. Oder Sie holen sich Anregung, bestimmte Dinge auszuprobieren. Auch können Sie sich den ein oder anderen Trick und Kniff abgucken. Wer Pornos alleine konsumiert, kann leicht in einen Sog geraten. Man kann schauen was man will, wann man will, wie man will. Vorspulen, zurückspulen, Pausetaste drücken – niemand stört, niemand hat andere Vorstellungen. Der Computer ist nicht launisch und hat keinen eigenen Kopf – anders als mit einem Menschen, der nicht immer Lust hat oder dem der Sinn auch mal nach Kuschelsex steht.

Viele wollen den Rausch, den ein Porno auslösen kann, immer wieder erleben. Das birgt eine große Gefahr. Denn Sexfilme und -videos sind überall und jederzeit verfügbar. Wer will, der kriegt. Nicht umsonst ist Pornosucht mittlerweile eine anerkannte Krankheit. Und die trifft längst nicht nur Männer. Zwar gucken Männer (aktuell noch) häufiger Pornos als Frauen. Aber Frauen holen mächtig auf. Und auch bei ihnen kann es krankhafte Züge annehmen.

Dabei ist nicht alleine die Schlagzahl entscheidend. Manche Menschen schauen täglich Pornos und sind trotzdem nicht süchtig. Aber wenn wegen des hohen Pornokonsums Sozialkontakte vernachlässigt werden oder der Arbeitsplatz keine Tabuzone mehr ist, dann wird es bedenklich.

SEXTOYS

So viel vorab: Sextoys sind *nicht* der Schlüssel zu einem erfüllten Sexleben. Man braucht sie nicht, um zufrieden zu sein.

Das Angebot an Sexspielzeugen ist in den letzten Jahren explodiert. Das, was früher nur in schmuddeligen Sexshops oder über den Versandhandel mit billig gedruckten Katalogen zu haben war, kommt heute im Hochglanzgewand daher.

Sextoys sind in. Dass sie inzwischen gesellschaftsfähig sind, finde ich gut. Aber der Boom hat eine Schattenseite: Wer keinen Paarvibrator oder Buttplugs zu Hause hat, gilt fast als prüde. Und das ist natürlich Quatsch.

Ein weiterer Irrglaube ist, dass Sexspielzeuge den Sex aufregender, größer, besser machen. Diese Erwartung kann irre hohen Druck erzeugen. Aber: Viel hilft nicht immer viel – und das gilt für Sextoys genauso wie für alles andere auch. Sie können eine lustvolle Ergänzung sein. Aber sie werden den Sex langfristig nicht verbessern, und schon gar keine Beziehung retten.

Manche Männer sehen Sexspielzeuge als Konkurrenz. Denn es gibt Frauen, die ohne Stimulation durch ein Sextoy keinen Orgasmus bekommen. Das nagt am Selbstwertgefühl ihrer Partner – verständlicherweise. Dabei sind manche Frauen so gebaut, dass sie nur durch intensive Stimulation der Klitoris zum Höhepunkt gelangen. Das hat nichts mit mangelnden Fähigkeiten der Sexualpartner zu tun, sondern hat rein anatomische Gründe. Und wenn ein Sexspielzeug ein Mittel zu erfülltem Paarsex ist, dann sollte man aus meiner Sicht versuchten, das ganz entspannt zu sehen. Ist doch prima, dass wir heutzutage so unverkrampft mit so etwas umgehen können.

Übrigens – auch bei Sextoys empfehle ich: erst reden, dann benutzen. Sie als Geschenk in eine Beziehung einzuführen ... lieber nicht.

Wer keine Erfahrung hat, sollte sich zunächst in einem Erotik-Geschäft beraten lassen und nicht direkt übers Internet einen ganzen Adventskalender bestellen. Ich hatte vor einiger Zeit ein Paar in meiner Praxis, das über einen solchen Adventskalender in einen tiefen Streit geraten war. Die Frau war sauer, weil ihr Partner nicht jeden Tag ein neues Sextoy ausprobieren wollte. Ihm wiederum war das alles viel zu viel. 24 Türchen mit 24 Sexspielzeugen in 24 Tagen? Das klang für ihn nicht nach Spaß, sondern nach enorm viel Stress.

SEXUELLE BEDÜRFNISSE UND FANTASIEN

Sexuelle Bedürfnisse entwickeln sich aus persönlichen Erfahrungen und den aktuellen Lebensumständen. Wer in seiner Ex-Beziehung Blümchensex hatte, möchte es in der neuen vielleicht etwas härter angehen. Das sexuelle Bedürfnis einer Frau ist vor dem Kinderkriegen in der Regel ein anderes als danach, ein Mensch hat als Teenie andere sexuelle Bedürfnisse als 25 Jahre später. Sexuelle Bedürfnisse ändern sich im Laufe des Lebens – und wir wünschen uns, dass sie befriedigt werden.

Anders sieht es mit sexuellenFantasien aus. Diese sind zunächst nur das: Fantasien. Und sie entstehen häufig durch Impulse von außen. Als „Shades of Grey" zu einem weltweiten Riesenerfolg wurde, träumten Millionen Menschen von sadomasochistischem Sex. Das heißt nicht, dass sie im echten Leben welchen hätten haben wollen.

Wer seine Fantasien nicht ausleben will, muss diese nicht unbedingt mit seinem Lieblingsmenschen teilen. Es ist völlig okay, die Fantasie für sich zu behalten. Eine Frau träumt vielleicht von Sex mit anderen Männern, würde dies aber niemals in die Tat umsetzen. Wieso also soll sie ihrem Partner davon erzählen? In der Regel würde es ihn nur verletzen und der Beziehung eine Delle verpassen.

Wer seine sexuellen Fantasien dagegen verwirklicht, findet möglicherweise Gefallen daran. Dann kann aus einer sexuellen Fantasie ein sexuelles Bedürfnis werden. Und dann kommt doch wieder der*die Partner*in ins Spiel.

Ich habe in meiner Praxis häufig mit Menschen zu tun, die mir Folgendes berichten: Ihr*e Partner*innen haben ihnen einen sexuellen Wunsch offenbart, der nicht mit den eigenen Vorstellungen zusammenpasst. Und die große Frage ist: Machen oder nicht? Meine Antwort ist: machen. Beim Essen gehen wir auf die Vorlieben unseres Gegenübers auch ein. Man muss kein Fan der asiatischen Küche sein und kann trotzdem ab und zu in ein thailändisches Restaurant gehen. Wieso sollten fürs Bett andere Regeln gelten? Ein Deal (beim Essen und beim Sex) könnte sein: ausprobieren und hinterher darüber reden. In der breit gefächerten Speisekarte des Thailänders findet man vielleicht doch etwas, das ganz okay schmeckt. Genauso kann bei den sexuellen Wünschen des*der Partner*in etwas dabei sein, an dem man wenigstens ein bisschen Spaß hat.

Wer nur der anderen Person zuliebe Dinge tut, sollte allerdings seine eigenen Grenzen gut kennen. Und es muss klar sein, dass diese Grenzen nicht überschritten werden. Wer merkt, dass er*sie Ekel oder Aggression entwickelt, muss sofort aussteigen. Beim Essen und beim Sex.

SINNVOLLE GEMEINSAME PAARZEIT

Viele Paare hangeln sich ab einem bestimmten Punkt in ihrer Beziehung von einem Highlight zum nächsten: ein Wochenend-Trip, der gemeinsame Besuch eines großen Events, ein Urlaub. Dazwischen sieht es häufig trüb aus.

Ich finde, gerade die kleinen Oasen im Alltag sind wichtig. In der bewusst miteinander verbrachten Zeit lädt ein Paar seinen Akku auf – und stellt so sicher, dass es dauerhaft auf Empfang bleibt. Damit diese Oasen nicht verdorren, empfehle ich: ab in den Kalender damit. Versuchen Sie, sich regelmäßig Zeit füreinander zu nehmen. Ob einmal pro Woche oder alle 14 Tage ist dabei nicht entscheidend. Wichtiger ist, die Termine ernst zu nehmen und nicht zu verschieben.

In der Zeit, die Sie dann miteinander verbringen, gibt es nur eine Vorgabe: dass Sie die Zeit *gemeinsam* verbringen. *Gemeinsam* auf der Couch sitzen und reden, *gemeinsam* Klamotten fürs Baby kaufen, *gemeinsam* die Lieblingsserie gucken. Und all das muss nicht zwangsläufig mit Sex gekrönt werden. Aber es wird für lustvolle (nicht zwangsläufig erotische) Momente in Ihrer Partnerschaft sorgen. Das Ganze lässt sich auf folgende Formel runterbrechen:

SINNVOLLE GEMEINSAME PAARZEIT + KOMMUNIKATION = EMOTIONALE NÄHE = KÖRPERLICHE NÄHE = LUSTVOLLE MOMENTE

Es ist ein Zeichen von Wertschätzung, wenn man sich Gedanken darüber macht, wie man Zeit mit seinem Lieblingsmenschen verbringen will. Daher empfehle ich, dass beide Partner*innen die Planung der gemeinsam verbrachten Zeit übernehmen – ob zusammen oder abwechselnd. Wer sich Gedanken darüber macht, welchen Film und welches Essen die andere Person besonders genießen würde, zeigt: Du bist mir wichtig.

KINDERWUNSCH UND KINDERKRIEGEN

Ein Paar darf nur dann ein (weiteres) Kind in die Welt setzen, wenn beide das wollen. Hier gibt es aus meiner Sicht keine Kompromisse. Denn schließlich geht es um einen – auf viele Jahre von den Eltern abhängigen – kleinen Menschen und sein Lebensglück. Wenn das Timing von zwei Partner*innen nicht zusammenpasst, dann hilft – wieder mal – nur reden. Und zwar in aller Offenheit. Das kann extrem unangenehm sein, für beide Seiten.

Grundsätzlich ist die Person in der überlegenen Position, die kein Kind will. Die andere Person hat das Nachsehen und muss ihren Herzenswunsch zurückstellen. Ich empfehle, gemeinsam einen Zeitplan zu entwickeln. Dieser muss klar sein – kein „Wir reden in ein paar Monaten noch mal". Und er muss verbindlich sein. Ein Paar kann zum Beispiel festlegen, dass die Frau ein Jahr später die Pille absetzt. Dann gilt bis dahin: Person A nörgelt nicht rum, dass er*sie es doch früher probieren möchte. Person B steht zu ihrer Zusage, und das Paar lässt nach Ablauf des Jahres die Verhütung weg. Ich empfehle, sich auch in der Zwischenzeit über das Thema auszutauschen – allerdings an festen Terminen. Besprechen Sie alle paar Wochen oder Monate (den Abstand bestimmen Sie gemeinsam), ob die Abmachung für beide Seiten noch okay ist. Auf diese Weise ploppt das Thema nicht ständig auf. Das macht den Alltag in dieser vielleicht nicht ganz einfachen Phase entspannter.

Schwierig wird es, wenn eine*r der beiden Partner*innen grundsätzlich kein Kind (mehr) will. In diesem Fall muss das Paar sich überlegen, ob genügend Schnittmenge bleibt. Gibt es – vor allem für die Person mit Kinderwunsch – eine gemeinsame Zukunftsperspektive? An der Antwort sind schon etliche Beziehungen zerbrochen. Denn häufig lautet sie: Nein.

Natürlich tut es weh, einen Menschen zu verlassen, den man liebt. Natürlich ist die Erkenntnis traurig, dass eine Partnerschaft an unterschiedlichen Vorstellungen scheitert. Aber aus meiner Erfahrung kann ich sagen: Die wenigsten Beziehungen überleben das. Wenn sie nicht sofort in die Brüche gehen, dann nach ein paar Jahren. Und genau deshalb ist gerade bei dieser Frage absolute Ehrlichkeit ein Muss – vor allem sich selbst gegenüber. Und ganz ohne Kompromisse.

FUNKTIONSSEX

Wenn ein Paar sich entschließt, Kinder oder noch mehr Kinder haben zu wollen, dann hat das häufig Einfluss auf die Sexualität.

Plötzlich geht's beim Sex nicht nur um den Spaß – nein, der Sex dient einem Zweck.
Viele Paare mit Kinderwunsch nutzen Apps, um die fruchtbaren Tage der Frau nicht zu verpassen. Der Sex an diesen Tagen ist oft krampfiger als sonst, weil das Paar sich unter Leistungsdruck setzt. Häufig schwingt die bange Frage mit, ob es diesmal klappen wird. Nicht die beste Voraussetzung für entspannte Stunden zu zweit.
Oft hilft es, wenn das Paar sich klarmacht, dass es sich um Funktionssex handelt. Denn dann muss der Sex nicht noch zusätzlich total bombastisch sein. Vielleicht macht der Sex an diesen Tagen nicht so viel Spaß wie sonst. Na und?! Lachen Sie gemeinsam darüber, das lockert die Stimmung enorm auf.
Aus meiner Sicht sollten beide Partner*innen auch in dieser Phase offen sagen dürfen, wenn sie keine Lust auf Sex haben – Kinderwunsch hin, Kinderwunsch her. Denn wer nur Sex hat, weil er Sex haben muss, entwickelt irgendwann einen inneren Widerstand. Und den zu überwinden, ist schwierig.

WAS IST, WENN ES NICHT KLAPPT?

Viele Paare werden unruhig, wenn die Frau nach ein paar Monaten noch nicht schwanger ist, selbst wenn sie schon Kinder haben. Experten sagen: Sogar bei gesunden Frauen unter 35 Jahren kann bei regelmäßigem Geschlechtsverkehr bis zu ein Jahr vergehen, ehe sie schwanger werden. Je älter eine Frau ist, umso länger dauert es. Das heißt: Mindestens das erste Jahr können und sollten Sie gelassen bleiben. Danach empfehle ich, sich medizinischen Rat zu suchen. Oft sind es nur Kleinigkeiten, die eine Schwangerschaft verhindern – zum Beispiel ein zu früher oder zu später Eisprung. So viel zum Körperlichen.
Viele Paare stehen in der Phase unter großem psychischem Stress. Der Kinderwunsch wird zum alles bestimmenden Thema. Und so manch eine Beziehung ist darüber schon in eine echte Schieflage

geraten. Holen Sie sich professionelle Hilfe, wenn der Druck auf Sie, Ihre*n Partner*in oder Sie beide zu groß ist.

Wenn Sie gerade versuchen, schwanger zu werden, habe ich eine große Bitte: Schaffen Sie als Paar Zeit für gute Momente, in denen sich nicht alles ums Schwangerwerden dreht. Versuchen Sie, Ihr Leben losgelöst vom Kinderwunsch zu leben. Und bitte verkneifen Sie sich, Namen zu suchen, Babyklamotten zu kaufen oder wieder aus dem Keller zu holen und ein (weiteres) Kinderzimmer einzurichten. Ich empfehle, möglichst nur ein, zwei ausgewählte Ratgeber zum Thema zu lesen und sich *nicht* durchs Internet zu wühlen. Es ist voll von unseriösen Tipps und Theorien – also: Finger weg.

Natürlich ist es ratsam, in dieser Phase nicht zu rauchen und keinen Alkohol zu trinken. Aber: Vergessen Sie das Leben nicht. Den Kopf frei kriegen, ausgelassen sein – manchmal braucht es solche Momente, um wieder klarer zu sehen. Das kann helfen, die Sache entspannter anzugehen. Und das ist die beste Voraussetzung dafür, dass es mit dem Schwangerwerden klappt. Ich kenne so viele Paare, die wegen eines unerfüllten Kinderwunschs jahrelang durch die Hölle gegangen sind. Und als sie alle Hoffnung aufgegeben hatten und der Druck von ihnen abfiel, machte es plötzlich Peng! – und da war er, der heiß ersehnte blaue Streifen auf dem Schwangerschaftstest.

Besinnen Sie sich auf das, was Sie beide verbindet. Der gemeinsame Kinderwunsch ist der schönste Beweis dafür, dass Sie sich lieben.

Und: Vorsicht vor gegenseitigen Schuldzuweisungen. Wenn die Nerven blank liegen, knallt man sich vielleicht etwas an den Kopf, das man später bereut. Versuchen Sie, die Zeit als Team durchzustehen. Es wird Ihre Beziehung stärken.

SEX IN DER SCHWANGERSCHAFT

Es gibt nur wenige Gründe, warum man in der Schwangerschaft keinen Sex haben sollte. Vorsicht ist geboten bei:

- früheren Fehl- oder Frühgeburten,
- Blutungen,
- Infektionen,
- Mehrlingsschwangerschaften.

Wenn einer dieser Punkte auf Sie zutrifft, lassen Sie sich bitte gynäkologisch beraten.
Man hört und liest immer wieder, dass viele schwangere Frauen besonders viel Lust auf Sex haben. Die Geschlechtsorgane sind dank des erhöhten Östrogenspiegels in der Schwangerschaft besonders gut durchblutet und reagieren sensibler auf Berührungen. Außerdem fühlen viele Paare sich in dieser Phase besonders nah: Sie blicken voller Vorfreude in die gemeinsame Zukunft. Das kann sich positiv auf das Sexleben auswirken.
Aber es gibt in dieser Phase auch viele hemmende Faktoren, die einer entspannten Sexualität im Wege stehen können:

- Müdigkeit,
- Übelkeit,
- körperliche Veränderung der Frau (Bauch, Gewichtszunahme),
- Angst vor Komplikationen, die durch Sex in der Schwangerschaft entstehen können.

Die Angst, dass Sex dem Fötus schaden könnte, treibt übrigens häufig Männer um. Dabei ist die Sorge unbegründet. Das Kind ist durch die Fruchtblase und das Fruchtwasser gut geschützt.
Körperliche Veränderungen sind häufig für beide Partner*innen relevant. Die Frau fühlt sich unwohl in ihrer Haut, der Mann empfindet ihren Körper möglicherweise als unattraktiv. Ein unangenehmes Thema, das viele nicht zur Sprache bringen. In der Folge haben viele Paare dann für den Rest der Schwangerschaft keinen Sex mehr. Das ist grundsätzlich okay, niemand sollte sich

unter den Druck setzen, in der Schwangerschaft Sex haben zu müssen. Aber manchmal hilft es, an den Rahmenbedingungen zu schrauben, um das Problem zu lösen. Die körperlichen Veränderungen lassen sich schließlich vorerst nicht stoppen. Also warum nicht das Beste draus machen?!
Kleine Maßnahmen könnten sein:

- Licht aus,
- andere Stellungen ausprobieren (zum Beispiel von hinten, sodass der Bauch nicht im Weg ist),
- Sexualität in dieser Phase anders definieren (Kuscheln statt Penetration).

Meine Empfehlung: Schaffen Sie in der Schwangerschaft Momente der Nähe – geistige und körperliche. Und dabei liegt es an Ihnen, wie Sie diese Nähe ausgestalten. Ihr ungeborenes Kind bekommt etwas von der Glückseligkeit ab, die Sie in diesen Momenten empfinden.

SEXUALITÄT UND PARTNERSCHAFT NACH DER GEBURT

Das Kind ist da – und plötzlich ist alles anders. Die Geburt eines Babys ist wohl einer der größten Meilensteine für eine Beziehung. Und eine der größten Belastungsproben. Denn all das, was vorher galt, ist plötzlich hinfällig. Und das ist nicht nur beim ersten Kind so, sondern bei jedem weiteren auch – selbst wenn Sie als Eltern zunehmend routiniert sind. Für die eigenen Bedürfnisse bleibt plötzlich kein Platz mehr. Das schreiende, bedürftige Bündel Mensch zieht alle Aufmerksamkeit auf sich und drängt die Beziehung der Eltern in den Hintergrund. Das Baby …

- schreit (oft sehr ausdauernd),
- will permanent trinken (ob an Brust oder Flasche),

- will an der Brust nuckeln (viele Stillkinder nutzen die Brust als Riesenschnuller; ist ja soooooo kuschelig bei Mama),
- will rumgetragen werden,
- schläft nicht dann, wenn es soll – und wenn, dann bevorzugt zwischen den Eltern (ist ja soooooo gemütlich dort),
- kriegt gefühlt *ständig* Zähne (begleitet von an den Nerven sägender Dauernörgelei).

Hinzu kommen:

- die grenzenlose Müdigkeit,
- die Mehrfachbelastung durch Kind, Haushalt, Beruf,
- die Eingewöhnung in die Rolle als Vater und Mutter,
- die Neudefinition der Rolle als Partner*innen,
- das permanent schlechte Gewissen, weil man der Partnerschaft nicht mehr gerecht wird.

Kurz: Bei frischgebackenen Eltern liegen häufig die Nerven blank. Aber die Liste ist ja noch nicht am Ende. Die Geburt kann am Körper der Frau massive Spuren hinterlassen – zum Beispiel:

- Dammriss,
- Riss und/oder Verletzungen der Vagina,
- Kaiserschnitt,
- Hämorrhoiden,
- schmerzhafte Verstopfung.

All das sind nicht die besten Voraussetzungen für ein entspanntes Intimleben. Vor allem Frauen sind kurz nach der Geburt körperlich komplett fremdbestimmt – insbesondere dann, wenn sie stillen. Viele Mütter sind durch das Stillen erst mal irritiert. Denn in ihrer Wahrnehmung ist die Brust ein Körperteil, das sie mit sexueller

Erregung in Verbindung bringen. Aus der erogenen Zone wird plötzlich ein Versorgungswerk. Und damit kommt die ein oder andere Frau nicht klar. Und viele Männer auch nicht. Denn auf einmal ist die Brust ihrer Partnerin dauerhaft belagert. Viele Männer fühlen sich in dieser Phase abgemeldet – zu Recht.

Durch die enge körperliche Bindung zwischen Baby und Mutter haben Frauen oft kein Bedürfnis nach *noch mehr* Körperlichkeit. Das sexuelle Bedürfnis von Müttern ist kurz nach der Geburt häufig gleich null.
Manche Frauen können überhaupt keine Nähe ertragen – weder die ihres Mannes, noch die anderer Lebewesen. So zum Beispiel Claudia, eine Freundin unserer Familie: Ihr erstes Kind Lenny wollte in den Wochen nach der Geburt ständig an die Brust (der menschliche Schnuller!) und rumgetragen werden. Sie hatte den Säugling fast rund um die Uhr an sich kleben. Wenn Lenny (ausnahmsweise) *nicht* aufwachte, wenn sie sich während seines Mittagschlafs wegschlich, setzte sie sich aufs Sofa. Sie sehnte sich nach ein paar Minuten Ruhe. Einfach nur sitzen und alleine sein. Hahaha. Mucki, der Kater der Familie, hatte andere Pläne. Er verkroch sich zwar am liebsten im Besenschrank, weil ihm das plärrende Etwas äußerst suspekt war. Aber wenn Lenny schlief, war Muckis Zeit gekommen. Er kam ruckzuck aus seinem Besenschrank und sprang auf Claudias Schoß. Streicheln! Jetzt! Claudia brach in diesen Momenten mehrmals in Tränen aus. Sie hätte den Kater am liebsten weggescheucht. Sie konnte einfach nicht noch mehr

körperliche Nähe ertragen. Hätte ihr Mann in dieser Phase Sex gewollt, sie wäre durchgedreht. Er war klug genug, nicht danach zu fragen.

In der Phase nach der Geburt ist es wichtiger denn je, seine eigenen Bedürfnisse klar zu benennen. Manche Frauen sehnen sich nach Zärtlichkeit (aber bloß keinen Sex!), für andere ist sogar das zu viel (siehe Claudia). Männer dagegen sind körperlich nicht so beansprucht. Sie haben in dieser Phase viel häufiger Lust auf Sex als Frauen. Das ist kein Klischee, das ist eine Tatsache. Wenn Paare das nicht besprechen, dann führt das häufig zu Frust – auf beiden Seiten. Sie fühlt sich nicht verstanden und vielleicht sogar ausgenutzt, wenn er Sex erwartet. Er ist in seinem Selbstwertgefühl gekränkt, wenn sie ihn abweist.

Ein offenes Gespräch kann helfen, Enttäuschungen vorzubeugen. Der Mann muss respektieren, dass die Frau nicht will. Die Frau muss respektieren, dass der Mann Lust hat. Eine Lösung für diese Phase könnte sein, dass der Mann seine sexuellen Bedürfnisse durch Selbstbefriedigung stillt. Ich finde, das muss für die Frau okay sein – genauso wie der Mann damit klarkommen muss, dass sie ihre Ruhe haben will. Beide gemeinsam können versuchen, sich wenigstens ab und zu körperlich nahezukommen – ganz ohne erotischen Touch.

Ein kleiner Trost: Die Phase geht vorbei. Das Paar hat sich gemeinsam für diesen Weg entschieden. Jetzt heißt es: aushalten. Und auf bessere Zeiten warten – denn die werden ganz sicher kommen.

Ach, übrigens: Sogar Mucki bekommt wieder seine Streicheleinheiten, Claudia und ihr Mann haben wieder Sex (wenn auch ganz anders als vor der Geburt) – und der Kater und Lenny sind die dicksten Freunde geworden.

Wenn die Normalität einigermaßen wiederhergestellt ist, erreicht das Paar eine neue Kreuzung. Jetzt muss es ran und die gemeinsame Schnittmenge neu definieren. Vielen Eltern ist nicht bewusst, dass die Geburt eines Kindes das Sexleben *dauerhaft* ändert. Viele geben sich der Illusion hin, dass es irgendwann wird wie früher. Ich hatte schon unzählige Paare in meiner Praxis, die genau das als Wunsch formulieren: Es soll wieder so sein wie damals. Ich werde dann zum Überbringer der schlechten Botschaft: Das wird so nicht passieren. Eine Beziehung ist immer die Summe aus 1000 Dingen. Im Vergleich zu damals sind viele Faktoren dazugekommen, die die Partnerschaft genau dahin katapultiert hat, wo sie jetzt ist. Und das ist nicht nur das Kind (oder die Kinder). Alter, Job, das soziale Umfeld – all das sind Dinge, die die Beziehung prägen. Und natürlich der Alltag. Um es mal ganz krass zu sagen: Der Alltag ist ein Arschloch – und der Beziehungskiller Nummer eins. Sie sollten sich als Eltern also nicht das Ziel setzen, den alten Istzustand wiederherzustellen. Das kann nur in maßloser Enttäuschung enden. Vielmehr gilt es, die eigene und die gemeinsam gelebte Sexualität mit all ihren Erwartungen und Bedürfnissen erneut abzuklopfen. Was ist noch gültig? Und was davon ist machbar? Es kann sein, dass die Lieblingsstellung seit der Geburt total unangenehm ist. Also: Weg damit. Früher gab's Sex bevorzugt im Bett. Dort schläft aber gerade das Baby. Wieso nicht mal das Sofa ausprobieren?

Ich hatte in meiner Praxis ein Paar, das vor der Geburt des Kindes total darauf stand, beim Sex laut zu stöhnen. Es war ihre Art, sich gegenseitig zu erregen. Verständlicherweise hatten die beiden Sorge, mit lautem Stöhnen ihr Baby zu wecken. Das Problem aber war: kein Stöhnen, keine Erregung. Die zwei mussten also einen neuen Weg finden, ihre sexuelle Lust zu befeuern. Was ihnen nach einer Zeit des Ausprobierens gelang. Sie ließen das Licht an und hielten Augenkontakt, das half.

Das zeigt: Die Geburt eines Kindes kann auch die Chance sein, sich als Paar und die gemeinsame Sexualität neu zu definieren. Durch das gemeinsame Kind entsteht häufig eine noch tiefere Verbundenheit, das Vertrauen wird stärker. Beste Voraussetzungen also, um an der Kreuzung gemeinsam den nächsten Weg zu wählen.

Wenn Sie als Eltern an besagte Kreuzung kommen, dann sollten Sie sich ein paar Fragen stellen. Hier ist das Timing wichtig. Der „richtige" Zeitpunkt ist sehr individuell. Aber zögern Sie es bitte nicht zu lange raus. Ich empfehle Ihnen, spätestens nach einem halben Jahr über das Thema Sexualität ins Gespräch zu kommen. Denn sonst biegen Sie und Ihr*e Partner*in vielleicht in unterschiedliche Straßen ein. Andererseits sollten Sie die Fragen auch nicht zu früh besprechen – zum Beispiel vor der Geburt. Sie können dann noch nicht abschätzen, wo genau Sie stehen werden, wenn es so weit ist. Dass Sie über Sexualität reden, bedeutet *nicht,* dass Sie auch Sex haben. Aber Sie halten das Thema im Spiel – und das ist wichtig.

Besprechen Sie also gemeinsam in Ruhe, wie Sie sich Ihr gemeinsames Sexleben in Zukunft vorstellen. Die Antwort „Wie früher" gilt nicht.

Hier ein paar Fragen, die Sie sich gemeinsam stellen können:

- Was für Sex möchten wir haben?
- Mit Vorspiel oder ohne?
- Darf's auch mal ein Quickie sein?
- Mit anschließendem Kuscheln?
- Muss es immer mit Penetration sein?
- Laut oder leise?
- Wie oft möchten wir Sex haben? (Die Antwort auf diese Frage wird sich mit Erfahrungswerten ändern.)
- Muss es immer Sex sein oder reicht uns manchmal auch körperliche Nähe – ganz ohne Erotik?
- Wie verhüten wir?
  (Vorsicht: Auch stillende Frauen können schwanger werden. Ich empfehle aber, von hormonellen Verhütungsmitteln während des Stillens abzusehen.)
- Wo möchten wir Sex haben?
- Muss es immer zu Hause sein?
- Wenn woanders: Wo?

- Was für Rahmenbedingungen brauchen wir für entspannten Sex?
- Darf das Kind in der gleichen Wohnung sein?
Und wenn ja:
- Muss es schlafen?
- Darf es im Nebenraum liegen und glücklich im Laufstall spielen?
- Oder muss das Baby von jemand anderem versorgt sein (z. B. Oma, Opa, Babysitter).
- Was muss erledigt sein, damit sich beide auf den Sex einlassen können? (Wäsche im Schrank verstaut, Windeln in der Mülltonne entsorgt, Küche aufgeräumt etc.)

Gerade die letzten Fragen sind besonders kniffelig. Möglicherweise ist es für Sie als Paar okay, intim zu werden, während Ihr Baby in der gleichen Wohnung ist. Sie müssen allerdings damit rechnen, dass Ihr Kind Ihre Pläne durchkreuzt. Ein kleines Quäken und Knöttern von nebenan – und schon ist der Sex vorbei. Gerade dann, wenn's am schönsten ist – oder möglicherweise noch nicht mal angefangen hat. Willkommen in der Realität.

Darf das Kind im gleichen Zimmer schlafen, während die Eltern Sex haben? Diese Frage scheidet die Geister. Grundsätzlich gilt: Sobald das Kind aufwacht, muss der Sex sofort vorbei sein – egal, wie schön es gerade ist. Und klar ist: Der Sex muss so sein, dass er das schlafende Baby nicht stört. Laute Geräusche und wildes Turnen sind tabu. Wenn diese Regeln klar sind und eingehalten werden, dann spricht nichts dagegen. Vorausgesetzt, beide können sich darauf einlassen.

Viele Eltern (vor allem die Väter) können sich nicht entspannen, wenn das Kind in der gleichen Wohnung ist. Es ist völlig okay, Oma oder Opa, den Onkel, eine Freundin oder eine*n Babysitter*in zu engagieren, damit Sie als Eltern in Ruhe Sex haben können. Muss ja niemand wissen.

Sie können selbstverständlich Ihr Kind auch in gute Hände geben und *keinen* Sex haben, sondern stattdessen einfach in Ruhe schlafen, endlich mal wieder Ihrem Hobby nachgehen oder entspannt nebeneinander im Bett liegen und lesen. All das bringt Sie wieder in Kontakt mit sich selbst und miteinander. Und hilft, Ihre Beziehung zu beleben.

Es kann passieren, dass Sie alle Fragen zu Ihrem neuen Sexleben geklärt haben – und trotzdem herrscht im Bett Flaute. Wichtig ist, die eigene Unlust und/ oder die der anderen Person zu akzeptieren. Wenn beide nicht scharf auf Sex sind, ist das zunächst völlig in Ordnung. Hier müssen Sie nur aufpassen, den Anschluss nicht zu verpassen. Ich empfehle, es in regelmäßigen Abständen einfach auszuprobieren. Vielleicht kommen Sie ja doch wieder auf den Geschmack.

Übrigens: Bei den allermeisten Paaren trifft in den allermeisten Situationen Lust nicht auf Lust – unabhängig davon, ob sie große, kleine oder gar keine Kinder haben. Häufig hat nur einer von beiden Lust auf Sex, der*die andere macht am Anfang „nur“ mit. Bei ihm*ihr entsteht die Lust dann durch den Körperkontakt – zum Beispiel während des Vorspiels.

Daher mein Tipp: Geben Sie Ihrer Lust eine Chance. Wenn Sie nach ein paar Minuten immer noch nicht erregt sind, können Sie das Ganze wieder stoppen. Und stattdessen kuscheln.

Wenn über einen längeren Zeitraum nur ein*e Partner*in keine Lust auf Sex hat, muss der andere die Zeit mit Selbstbefriedigung überbrücken. Hilft ja alles nix. Aber auch hier sollten Sie dem partnerschaftlichen Sex regelmäßig eine Chance geben.

Die ersten sexuellen Gehversuche nach dem Kinderkriegen können wackelig sein. Manche Paare fühlen sich einander fremd und unsicher. Gehen Sie vorsichtig aufeinander zu. Sie können auch mit kleinen Schritten Strecke machen. Das Einzige, was Sie brauchen, ist etwas Geduld.

DER ALLTAG IST EIN ARSCHLOCH

Wir sollten den Alltag im Griff haben – und nicht umgekehrt. Hier ist mein ultimativer Tipp, wenn Sie Jobs, Kinder, Hobbys und tausend andere Dinge jonglieren müssen.

WÖCHENTLICHE ALLTAGSKONFERENZ

Wann:
Einmal pro Woche, an einem festgelegten Tag

Methode:
Planen Sie gemeinsam die kommenden sieben Tage.

- Wer hat wann welche Termine?
- Wer holt die Kinder wann wo ab und bringt sie wann wo hin?
- Wer kauft ein?
- Wer kocht wann und was?
- Wer übernimmt welche Hausarbeiten? Etc.
- Und, ganz wichtig: Wann verbringen Sie schöne Zeit miteinander?

Schaffen Sie sich gleichzeitig eine Tafel oder ein Whiteboard an. Hierauf notieren Sie all die Themen, die unter der Woche anfallen und nicht sofort besprochen werden müssen. Diese Themen nehmen Sie dann mit in die nächste Alltagskonferenz.

Es ist leichter, den Alltag zu planen, wenn man nicht mittendrin steckt. Wenn von vorneherein klar ist, wer am Dienstag fürs Kochen zuständig ist, können sich alle Seiten darauf einrichten. Wenn die zuständige Person nicht bestimmt ist, dann kann's stressig werden.

Denn möglicherweise haben beide Partner*innen just am Dienstag total viel zu tun und meinen, der*die andere müsse das Kochen übernehmen. Dann droht Krach, weil beide sich im Stich gelassen fühlen. Die Alltagskonferenz hilft dabei, den Alltag nicht mit seiner eigenen Planung zu überfrachten.

UMGANG MIT PROBLEMEN

Jede Beziehung kommt irgendwann an den Punkt, an dem Probleme auftauchen. Wie auch immer die Probleme gelagert sind, wo auch immer sie herrühren, wie stark ausgeprägt sie sein mögen – es gibt nur drei Möglichkeiten, sie zu lösen:

- sachlich bleiben,
- miteinander reden,
- sachlich miteinander reden.

Ich weiß, dass ich mich wiederhole. Ich weiß, dass das viel einfacher klingt, als es ist. Aber ich weiß auch, dass kein Weg daran vorbeiführt. Dass es hinterher in der Regel besser ist als vorher. Und dass man das üben kann.

Alle Beziehungsprobleme gehen in der Regel mit mangelnder Kommunikation einher. Je länger Sie Probleme mit sich herumschleppen, umso größer wird die Schwelle, darüber zu reden. Je eher Sie sie ansprechen, umso einfacher können Sie – gemeinsam – eine Lösung finden. Das ist vergleichbar mit Spurrillen auf der Autobahn: je tiefer diese sind, umso größer die Schleudergefahr, die von ihnen ausgeht.

Natürlich haben zwei Menschen nicht immer die gleichen Bedürfnisse. Je weiter diese auseinanderliegen, umso schwieriger wird es, den Graben zu überwinden. Aber nur wer sich der anderen Person mitteilt, hat überhaupt eine Chance dazu.

Die Erkenntnis, dass nicht mehr alles rosarot ist, kann bisweilen bitter sein. Aber wer dann eine gemeinsame Sprache findet, katapultiert die Beziehung aufs nächste Level.

Ein Paar ist bereits eine Weile liiert. Der Sex ist nicht mehr wahnsinnig aufregend und spannend – und deshalb haben sie ihn auch nicht mehr ständig. Ruckzuck fängt das Gedankenkarussell an, sich zu drehen. Eine*r denkt: „Zwei Wochen rum, wird mal wieder Zeit für Sex. Gehört doch dazu. Aber eigentlich will ich lieber kurz lesen und früh schlafen. Wenn wir keinen Sex haben, dann betrügt sie mich vielleicht bald. Findet sie mich überhaupt noch attraktiv? Ich sollte mich im Fitnessstudio anmelden."
Und der*die andere? Da rattert es ebenfalls im Kopf: „Zwei Wochen rum, wird mal wieder Zeit für Sex. Gehört doch dazu. Aber eigentlich will ich lieber kurz lesen und früh schlafen. Wenn wir keinen Sex haben, dann betrügt er*sie mich vielleicht bald. Findet er*sie mich überhaupt noch attraktiv? Ich sollte mich im Fitnessstudio anmelden."
Herzlich willkommen im Teufelskreis.
Was würde den beiden in diesem Moment helfen? Richtig. Reden. Ein Gespräch über Lust (oder Unlust) könnte in dieser Situation sehr befreiend sein. Beide würden feststellen, dass es der anderen Person genauso geht – und nach kurzer Abendlektüre glücklich nebeneinander einschlafen.
Was für diesen Moment eine Lösung sein kann (einfach keinen Sex haben), sollte aber nicht zum Standard werden – oder nur dann, wenn es eine bewusste Entscheidung ist, die das Paar regelmäßig auf den Prüfstand stellt. Wenn ein Paar lange keinen Sex hat und *nicht* darüber redet, wird die Hürde immer höher.

In den folgenden Abschnitten gehe ich auf Themen ein, die in Beziehungen irgendwann wichtig werden können.

LUSTLOSIGKEIT

Lustlosigkeit kann viele Ursachen haben – zum Beispiel:

- Depressionen,
- Nebenwirkungen von Medikamenten,
- körperliche Veränderungen,
- hormonelle Veränderungen,
- Stress,
- Schicksalsschläge,
- Erwartungsdruck,
- Unzufriedenheit mit der Beziehung.

Viele Menschen glauben, dass Lustlosigkeit nur Frauen betrifft. Das würde ich so nicht unterschreiben. Auch Männer können keine Lust auf Sex haben.

Lustlosigkeit nagt am Selbstwertgefühl des*der Partner*in. Wer ständig einen Korb kassiert, beginnt irgendwann, an sich selbst zu zweifeln.

Je öfter der eine die andere Person wegen Lustlosigkeit abblitzen lässt, desto mehr gemeinsame Schnittmenge geht verloren. A wagt keine Kontaktaufnahme mehr – vor lauter Angst, zurückgewiesen zu werden. B ist froh darüber, er*sie hat ja ohnehin keinen Bock – und ergreift deshalb auch nicht die Initiative.

SEX AUF ANSAGE

Dass Paare, die längere Zeit zusammen sind, weniger Sex haben und nicht mehr bei jeder Berührung wie elektrisiert sind, ist völlig normal. Damit das Sexleben nicht immer mehr einschläft, kann es helfen, sich – ganz sachlich – zum Sex zu verabreden. Das klingt nicht nur unsexy, das ist unsexy. Aber die Sachlichkeit bildet die Grundlage, auf der sich eine neue, andere Sexualität entfalten kann. Denn die Frage ist, wie man die unsexy getroffene Verabredung gestaltet. Und auch hier bietet sich als Vergleich der

Brokkoli an: Man kann Brokkoli schnell, zwischendurch und mit Blick aufs Handy essen. Oder man kann das Essen durch gemeinsames Einkaufen und Zubereiten, durch Gespräche (nicht zwangsweise über Brokkoli!), einen schön gedeckten Tisch und ein leckeres Glas Wein zelebrieren. Wenn ein Paar sich dann noch darüber austauscht, wie es den Brokkoli am liebsten isst – als Rohkost, mit Sauce Hollandaise, im Ofen überbacken – hat es einen wichtigen Schritt getan, um die Beziehung lebendig zu halten.

WAS TUN BEI LANGEN DURSTSTRECKEN?

Ich begleite in meiner Praxis häufig Paare, die gar keinen Sex mehr haben. Seit Jahren. In diesem Fall heißt es: Alles auf Anfang – und gemeinsam einen Weg finden, wie sich die Körperlichkeit zwischen den beiden Menschen neu entfalten kann. Die folgende Übung hat sich dabei als sehr effektiv erwiesen.

KÖRPERKONTAKT - SCHRITT FÜR SCHRITT

Ziel der Übung:
Sich körperlich wieder annähern

Wann:
Nach Bedarf

Methode:
Überlegen Sie gemeinsam mit Ihrem*Ihrer Partner*in, wie Sie körperlich in Kontakt kommen können – zum Beispiel beim Rücken streicheln.

Von nun an streicheln Sie sich bitte gegenseitig regelmäßig (mindestens einmal pro Woche) den Rücken. Legen Sie vorher die Rahmenbedingungen fest:

- An welchem Ort soll das Ganze stattfinden?
- Soll das Ganze im Stehen, Sitzen, Liegen passieren?
- Licht an oder aus?
- Klamotten an oder aus?

Diese Rahmenbedingungen können Sie jederzeit neu abstecken. Während Sie körperlichen Kontakt haben, beobachten Sie sich bitte selbst. Versuchen Sie, die Berührungen ganz bewusst wahrzunehmen:

- Wie fühlt es sich an, wenn der*die Partner*in mit der ganzen Hand streichelt?
- Ist es schöner, wenn er*sie den Rücken nur mit den Fingerspitzen anfasst?
- Erzeugt das Streicheln Gänsehaut?
- Und wie empfindet der*die streichelnde Partner*in den Körperkontakt?

Sinn der Übung ist es, den Kopf neu zu programmieren. Das Gehirn muss neue körperliche Erfahrungen machen und diese positiv besetzen. Um Lust geht es in diesem Moment noch nicht.

Nach einigen Wochen wird die Übung Schritt für Schritt erweitert. Jeder Step kann sich über mehrere Wochen ziehen – das ist bei jedem Paar individuell.

- Wenn bis dahin noch nicht geschehen: den nackten Rücken streicheln.
- Nicht nur den Rücken, sondern den ganzen Oberkörper streicheln.
- Länger streicheln.
- Nach dem Streicheln innig umarmen.
- Nach dem Streicheln küssen.
- Stimulation der Geschlechtsorgane.

Die Paare, die in meiner Praxis Hilfe suchen und denen ich diese Übung empfehle, begleite ich mit ergänzenden Gesprächen. Aber auch ohne Gesprächsführung durch eine*n Therapeut*in können Sie sich untereinander austauschen – und zwar über folgende Fragen:

- Welche Bedürfnisse haben Sie? (gemeinsam und jeder für sich)
- Wie viel Lust haben Sie aufeinander?
- Was für eine Vorstellung haben Sie von Sex in der Partnerschaft? (in diesem Moment und zukünftig)

Die Übung eignet sich übrigens auch für Paare, die regelmäßig Sex haben. Sie hilft, die Festplatte zu löschen und gemeinsam auf Anfang zu gehen. Vielleicht entdecken sie dabei ja etwas Neues.

WENN DER SEX IMMER GLEICH IST

Wenn Sie den Sex mit Ihrem*Ihrer Partner*in langweilig finden, dann müssen Sie sich zuallererst folgende Fragen stellen:

- Wann sind Sie zufrieden mit Ihrem Sexualleben?
- Und welchen Anteil hat Abwechslung an dieser Zufriedenheit?

Der große Knackpunkt ist: Wie abwechslungsreich und aufregend muss Sex in einer langen Partnerschaft sein, um als „gut" durchzugehen?

Wer nach ständiger Abwechslung sucht, wer sich im Bett ständig neu erfinden will, stellt sich und den*die Partner*in unter einen enormen Druck. Das ist anstrengend.

Es ist völlig okay, neue Stellungen, Sextoys und -praktiken zu testen – und sie wieder sein zu lassen, wenn sie die Erwartungen nicht erfüllen. Wenn ein Paar dagegen gemeinsam Spaß an

Abwechslung und Experimenten hat: prima. Dann hat ein Topf seinen Deckel gefunden. Es sollte nur kein Zwang daraus werden. Zu Ihrer Beruhigung: Paare, die im Bett ständig Neues ausprobieren, sind auf Dauer nicht zufriedener mit ihrem Sexleben oder glücklicher in ihrer Beziehung. Das ist eine Erfahrung, die ich in meinem Praxisalltag immer wieder mache.

Und wenn Sie schon vorher wissen, wie der Sex ablaufen wird (weil er immer so abläuft), dann kann das auch Vorteile haben: Viele Menschen können sich besser fallen lassen, wenn sie wissen, was sie erwartet.

FLIRTS

Wir können unzählige Freund*innen, Kinder und Familienmitglieder lieben. Aber die Liebe mit Geigen im Himmel ist zu exklusiv, um sie auf mehrere Menschen zu verteilen. Das jedenfalls ist weitverbreiteter Konsens. Wer in einer festen Beziehung lebt und plötzlich romantische Gefühle für einen anderen Menschen entwickelt, gerät deshalb in einen großen inneren Konflikt.

Wer lange mit dem*der Partner*in zusammen ist, vermisst häufig das Gefühl des Frischverliebtseins. Die Liebe, die über die Jahre entstanden ist, taugt nicht für schönes Flattern in der Brust. Und dann kommt der*die neue Kolleg*in um die Ecke. Das Lächeln? Bezaubernd. Die Komplimente? Wie Öl. Das Parfum? Betörend. Plötzlich sind sie da, die Flugzeuge im Bauch. Und plötzlich sind sie da, die Zweifel. Was stimmt in der Beziehung nicht? Irgendetwas muss ja schieflaufen – sonst wäre das nicht passiert.

So viel schon mal vorab: Wer sich aus einer festen Beziehung heraus in einen anderen Menschen verknallt, muss in seiner Partnerschaft nicht zwangsläufig unglücklich sein. Denn es gibt große Unterschiede zwischen „verliebt sein“ und „jemanden lieben“. Und es ist durchaus möglich, für einen Menschen das eine zu empfinden – und für eine andere Person das andere.

Sollten Sie gerade in einer solchen Situation stecken oder zukünftig in eine solche geraten, hier mein Tipp: Ruhe bewahren und abwarten. Denn im ersten Rausch spielt das Gehirn Flipper.

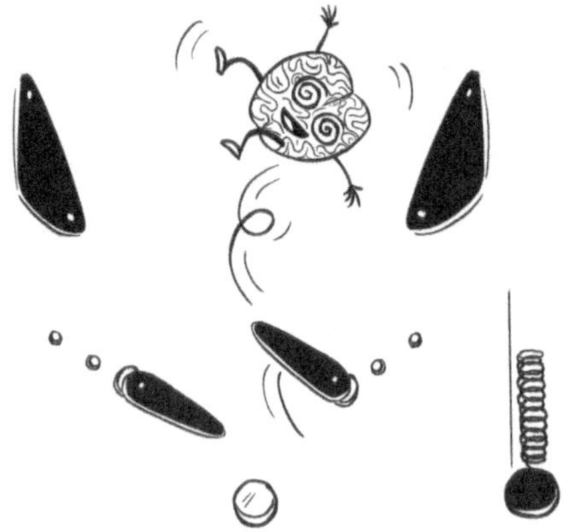

Im Gegensatz zur bestehenden Partnerschaft ist alles neu und aufregend, leicht und flockig. Man fühlt sich plötzlich lebendig wie lange nicht mehr – und die Welt scheint voller neuer Möglichkeiten und Versprechen.
Die Versuchung ist groß, sich von all diesen Gefühlen hinreißen zu lassen. Aber: Bitte treffen Sie aus der Emotion heraus keine Entscheidung, die Sie hinterher bereuen. Wenn Sie sich jetzt von Ihrem*Ihrer Partner*in trennen, dann gibt es vermutlich kein Zurück. Und so viel ist klar: Egal, wie aufregend sich die neue „Liebe" gerade anfühlt – das große Kribbeln hält nicht ewig. Irgendwann kehrt auch hier der Alltag ein – und mit ihm möglicherweise das große Erwachen.
Denn wer sich trotz fester Beziehung in einen anderen Menschen verliebt, sucht dort häufig nach etwas, das der*die eigene Partner*in nicht (oder nicht mehr) hat. Der*die Neue füllt eine Lücke – häufig allerdings nur diese eine. So lange der Körper mit Glückshormonen geflutet ist, fällt das nicht auf. Aber irgendwann lässt sich nicht mehr ignorieren, dass der eine Lückenfüller-Wesenszug als Fundament für eine dauerhafte Beziehung nicht ausreicht. Deshalb sollten Sie in so einer Situation kritisch und ganz ehrlich

prüfen, wer unter dem Strich besser zu Ihnen passt.
Ich empfehle Ihnen also, erst mal die Füße stillzuhalten. Allerdings müssen Sie sich in dieser Zeit genau beobachten. Nur Sie alleine können entscheiden, ab wann Sie Ihre*n Partner*in in Kenntnis setzen müssen. Wenn der Gefühlsrausch vorbeizieht, muss er*sie – meiner Meinung nach – nicht davon erfahren. Wenn Sie aber feststellen, dass Sie in Ihrer Beziehung dauerhaft unglücklich sind, dann müssen Sie mit Ihrem*Ihrer Partner*in reden. Das sind Sie ihm*ihr schuldig.
Wenn eine*r der*dem anderen einen Fremdflirt offenbart, ist der Schock erst mal groß. Aber viele Paare nehmen den Flirt zum Anlass, die eigene Beziehung auf den Prüfstand zu stellen. Und das hat oft eine positive, belebende Wirkung.

OFFENE BEZIEHUNG

Manche Paare entwickeln im Laufe ihrer Beziehung ganz unterschiedliche sexuelle Bedürfnisse. Die Vorstellungen, wie der gemeinsame Sex aussehen soll, driften immer weiter auseinander. Eine*r ist zufrieden mit dem Sex und den zwei Stellungen, die das Paar seit Jahren praktiziert – der*die andere strebt nach mehr Kick und Abwechslung. Was tun?
Häufig taucht an diesem Punkt der Wunsch auf, die Beziehung zu öffnen. Meistens geht die Initiative von der Person aus, der der Sex zu eintönig ist. Manchmal sucht aber auch die andere Person nach Entlastung. Schließlich kann das ständige Gefühl, den entgegengebrachten Wünschen nicht zu genügen, ganz schön erdrückend sein. Lieber eine offene Beziehung anregen, als vom*von der Partner*in verlassen zu werden – das ist in diesem Fall meistens der Gedanke, der dahintersteckt.
Meine Erfahrung ist: Offene Beziehungen sind viel leichter gedacht als gelebt. Oft scheitert das Modell daran, dass das Paar sich zu wenig Gedanken darüber macht, was eine offene Beziehung *wirklich* bedeutet. Wie fühlt es sich an, wenn der*die Partner*in mit ande-

ren Menschen Sex hat? Was macht das mit dem eigenen Selbstwertgefühl? Möglicherweise sind die anderen Sexualpartner*innen attraktiver, straffer, witziger, intelligenter, reicher, zärtlicher, bessere Küsser*in, bessere Gesprächspartner*innen – und am Ende vielleicht sogar bessere Partner*innen? Diese Gedankenspirale kommt schnell in Fahrt. Und ganz besonders kritisch wird es dann, wenn eine*r die offene Beziehung mehr lebt als der*die andere.

Ich habe schon viele Paare erlebt, die nach kurzer Zeit in den sicheren Hafen ihrer Zweierbeziehung zurückgerudert sind. Und ich habe genauso viele Paare erlebt, deren Partnerschaft an der offenen Beziehung gescheitert ist. Das, was ein belebender Impuls hätte sein sollen, entpuppte sich als Sargnagel.

Bitte verstehen Sie mich nicht falsch: Ich möchte nicht grundsätzlich davon abraten, die Beziehung zu öffnen. Ich möchte nur appellieren, sich vorher gründlich mit der Idee auseinanderzusetzen. Das Öffnen einer Beziehung kann ein adäquates Mittel sein, Schwung in die Partnerschaft zu bringen. Aber die Rahmenbedingungen müssen klar abgesteckt sein. Das Paar muss sich gemeinsam Regeln überlegen, an die beide sich halten – ganz ohne Ausnahmen und Kompromisse. Folgende Fragen sollten unbedingt geklärt sein:

- Wer darf wann und mit wem Sex haben?
- Gibt es No-Gos? Zum Beispiel:
    - die Sexpartner*innen dürfen keine Freund*innen/Bekannte/Kolleg*innen sein,
    - bestimmte Sexualpraktiken sind tabu.
- An welchen Orten ist Sex außerhalb der Partnerschaft erlaubt? Zum Beispiel:
    - in den gemeinsamen vier Wänden,
    - im gemeinsamen Bett,
    - im Zuhause des anderen,
    - nur auf „neutralem“ Grund (Hotel etc.)?

- Muss Sex außerhalb der Partnerschaft vorher abgesprochen werden?
- Müssen die Partner*innen sich gegenseitig informieren, wenn es zu Sexualkontakten außerhalb der Beziehung gekommen ist?
- Müssen die Partner*innen sich gegenseitig informieren, mit wem es zu Sex außerhalb der Beziehung gekommen ist?
- Wie viel möchte der*die andere Partner*in vom Sex außerhalb der Beziehung erfahren?
- Wer soll/darf von der offenen Beziehung wissen?
- Welche Verhütungsmethode müssen die Partner*innen bei Sex mit anderen anwenden?
- Müssen beide Partner*innen regelmäßig zum Arzt, um sich auf Krankheiten untersuchen zu lassen?
- Und – ganz wichtig: Wie häufig werden diese Regeln überprüft?

Ich empfehle, die Rahmenbedingungen mindestens alle sechs Monate neu zu besprechen und gegebenenfalls anzupassen – bei Bedarf auch früher.

FREMDGEHEN

Fremdgehen ist einer der häufigsten Gründe, warum Paare in meiner Praxis landen. Meine Erfahrung ist: Es sind meistens die Paare ohne gemeinsame Perspektive, bei denen das Fremdgehen irgendwann zum Thema wird. Wobei gemeinsame Kinder oder ein noch nicht abbezahltes Haus als Perspektive nicht reichen. Ich spreche von Werten, Träumen und Visionen.

Fremdgehen passiert selten aus einer Laune heraus. In der Regel hat das Paar sich schon länger auseinandergelebt, bevor einer von beiden ausschert und der Beziehung einen Tiefschlag verpasst.

„Fremdgehen" ist ein sehr dehnbarer Begriff – und jeder Mensch

hat seine ganz eigene Auslegung davon, wo es anfängt und was gerade noch im Bereich des Vertretbaren liegt. Umso wichtiger ist es, die Definition des*der Partner*in zu kennen und die eigene mit ihm*ihr zu teilen.
Mein Tipp: Reden Sie mit Ihrem*Ihrer Partner*in frühzeitig darüber – auch wenn es ein unangenehmes Thema ist. Aber: je entspannter die Beziehung, umso leichter das Gespräch. Je größer die Schieflage, umso krampfiger wird es.
Anhand der folgenden Punkte können Sie klären, wo Ihre rote Linie und die Ihrer Beziehungsperson verläuft:

- Pornografie konsumieren
  (Ich habe in meiner Praxis Paare erlebt, bei denen eine*r sich vom anderen betrogen fühlte, weil diese*r Pornos geschaut hat.)

- Sexting/erotischer Webcam-Chat
  (Viele Menschen definieren fremdgehen als den Moment, in dem ihr*e Partner*in mit einem anderen Menschen in eine erotische Kommunikation tritt. Es muss keinen körperlichen Kontakt geben.)

Und dann noch folgende „Klassiker“:

- Küssen,
- Petting,
- Geschlechtsverkehr mit Penetration,
- Affäre,
- sich ernsthaft verlieben.

Besprechen Sie auch folgende Dinge:

- Ist es ein Unterschied, ob der*die Partner*in während des Fremdgehens durch z. B. Alkohol- oder Drogenkonsum in seinem Urteilsvermögen eingeschränkt ist?
- Gilt der Besuch bei einer*einem Prosituierten als Fremdgehen?
- Was passiert hinterher: Unter welchen Umständen möchte der*die Partner*in vom Fremdgehen erfahren, unter welchen nicht?

Nutzen Sie die Fragen, um Ihre jeweiligen Blickwinkel zu verstehen. Sie müssen die Grenzen kennen, um sie zu respektieren. Ein offenes Gespräch ist also die beste Prävention. Außerdem schaffen Sie damit eine wichtige Basis und großes Vertrauen. Beides kann Ihre Beziehung retten, wenn sie irgendwann wegen Fremdgehens auf der Kippe stehen sollte.

ES IST PASSIERT – WAS NUN?

Wer seine*n Partner*in betrügt, muss dringend folgende Fragen für sich klären:

- Wieso ist es dazu gekommen?
- Warum reicht mir die Partnerschaft nicht?
- Soll ich meiner*meinem Partner*in das Fremdgehen beichten oder nicht?

Paare, die das Thema Fremdgehen zu einem früheren Zeitpunkt besprochen haben, sind jetzt klar im Vorteil. Der*die Fremdgeher*in kann sich an die damals getroffene Absprache halten und weiß, wie er*sie sich verhalten muss. Aber das ist – bedauerlicherweise – nicht die Regel.
Aus meiner Praxiserfahrung weiß ich: Es ist für die betrogene

Person viel, viel schlimmer, über Umwege von dem Ausrutscher zu erfahren als aus dem Mund des*der Partner*in. Der Vertrauensbruch wiegt häufig genauso schwer wie das Fremdgehen selbst.

Wenn der*die Fremdgeher*in seinen*ihren Fehler von sich aus gesteht, dann ist die Wahrscheinlichkeit viel höher, dass das Paar gemeinsam einen Weg findet, die Beziehung weiterzuführen. Wenn der*die Betrogene aus anderer Quelle von dem Fremdgehen erfährt, bedeutet das häufig das Aus.
Wenn es beim Ausrutscher „nur“ um Sex ging, dann können viele betrogene Menschen das – nach einer gewissen Zeit – ganz gut verarbeiten. Waren bei der Affäre Gefühle im Spiel, dann geht es noch mehr an das eigene Selbstwertgefühl. Und das tut richtig weh. Besonders schlimm ist es, wenn der*die Betrogene den*die Rival*in kennt.

Natürlich kann ein Paar erst mal versuchen, alleine mit der Sache klarzukommen. Häufig ist der Riss durch die Beziehung aber so tief, dass er nur mit professioneller Hilfe gekittet werden kann. Denn das Wichtigste ist, das Vertrauen wiederherzustellen. Und das funktioniert selten zu zweit am Küchentisch.
Eine Beziehung kann ein Fremdgehen oder eine Affäre überleben. Aus meiner Sicht ist die Chance allerdings weitaus höher, wenn das Paar durch eine*n Therapeut*in – oder im besten Fall durch einen Therapeuten *und* eine Therapeut*in – begleitet wird. Und das sage ich nicht, weil ich damit mein Geld verdiene, sondern aus tiefster Überzeugung. In den Nachwehen einer Affäre gibt es viele Fallen, in die ein Paar tappen kann. Therapeut*innen kennen diese Fallen, die Betroffenen selbst kennen sie in der Regel nicht. Denn die Maßnahmen stehen im Widerspruch zum Instinkt des*der Betrogenen, der*die nach einem solchen Vertrauensbruch sehr wahrscheinlich auf Krawall gebürstet ist. Das verletzte Selbstwertgefühl zeigt sich häufig in gesteigerter Streitlust.

Dabei ist es gerade in dieser Situation für ein Paar besonders wichtig …

- gemeinsam für schöne, gute Momente zu sorgen,
- sich gegenseitig Freiräume zuzugestehen und die andere Person *nicht* ständig zu kontrollieren,
- über das Fremdgehen/die Affäre nur einmal pro Woche zu reden und *nicht* jeden Tag. Sollte ein*e Partner*in zu großen Leidensdruck empfinden, darf er*sie das Thema natürlich ansprechen. Es sollte aber eine Ausnahme bleiben.

Gerade der letzte Punkt fällt Menschen, die von ihrem*ihrer Partner*in betrogen worden sind, schwer. Sie bohren und bohren und bohren immer wieder nach – in der Hoffnung, Antworten auf das Unbegreifliche zu bekommen. Aber die Wunde muss heilen. Und das funktioniert nur, wenn man nicht täglich darin herumpuhlt. In den Gesprächen über das, was passiert ist, ist Offenheit die oberste Pflicht. Das gilt für beide. Sie müssen wissen, wie der*die jeweils andere sich fühlt – ganz ungeschönt und ohne Filter. Der*die Fremdgeher*in muss ehrlich teilen, was er*sie bei dem Ausrutscher gesucht und vielleicht auch gefunden hat. Nur so kann die andere Person *wirklich* verstehen, wie es dazu kommen konnte. Und nur so können beide Partner*innen gemeinsam erarbeiten, was in ihrer Beziehung fehlt.
Genauso wichtig ist es, Vertrauen wieder zu lernen. Als Betrogene*r dem*der Partner*in hinterherzuschnüffeln oder das Handy zu durchsuchen ist ein absolutes No-Go. Was auch immer der*die andere getan hat, er*sie hat ein Recht auf Privatsphäre. Umgekehrt steht der*die Fremdgeher*in in der Pflicht, sich das Vertrauen der anderen Person erneut zu erarbeiten – und zwar auf allen Ebenen. Wer ankündigt, um 18 Uhr zu Hause zu sein, muss um 18 Uhr zu Hause sein – oder sich melden, wenn's später wird. Wer zusagt, am Wochenende nicht zu arbeiten, um

gemeinsam Zeit verbringen zu können, muss das Versprechen einhalten. Wer sich bereit erklärt, den Großeinkauf zu übernehmen, muss das tun. Verbindlichkeit ist der Weg, das Vertrauen wiederherzustellen. Das alles braucht Zeit. Viel Zeit sogar.
Wenn alle Bemühungen scheitern und der*die Betrogene auch nach einem angemessenen Zeitraum kein Vertrauen fassen kann, dann muss das Paar die Beziehung insgesamt hinterfragen. Denn dann gibt es vermutlich Probleme über das Fremdgehen hinaus. Vielleicht ist der Riss so tief, dass er nicht gekittet werden kann. Eine gemeinsame Vision ist, wie bereits oben erwähnt, die beste Vorsorge gegen das Fremdgehen. Suchen Sie mit Ihrem*Ihrer Partner*in regelmäßig den Austausch darüber, was Ihnen beiden wichtig ist, wo Sie gerade stehen und wie zufrieden Sie in der Partnerschaft sind. So merken Sie schnell, wenn Ihrer Beziehung die Schnittmenge verlorengeht – und können rechtzeitig gegenlenken.

KÖRPERLICHE VERÄNDERUNGEN

Um es mal klar zu sagen: Wir alle werden mit zunehmendem Alter nicht straffer, schöner und attraktiver. Häufige körperliche Veränderungen ab Mitte 30 sind

- Gewichtszunahme,
- graue Haare,
- Falten.

Viele Menschen haben zu diesem Zeitpunkt eine Familie gegründet und deshalb weniger Zeit, sich um sich selbst zu kümmern. Frauen tragen häufig die postnatalen Kilos mit sich herum, viele Männer arbeiten im Sitzen und ernähren sich nicht ausgewogen genug. Außerdem ist den meisten ihr Äußeres nicht mehr so wichtig wie noch einige Jahre zuvor. Der Fokus liegt auf anderen Dingen. Die Kleidung soll lieber alltagstauglich als stylish sein. T-Shirt statt Designerhemd, bequeme Sneaker statt Highheels.

Das Baby kotzt sowieso alles voll, und der Kinderwagen schiebt sich leichter in flachen Schuhen. Punkt. Das ist alles ganz normal und völlig okay.

Aber: Manchmal gehen die äußerlichen Veränderungen so weit, dass der*die Partner*in sich daran stört. Es kann passieren, dass er*sie sich sexuell zur anderen Person nicht mehr hingezogen fühlt. Was tun? Ansprechen! Aber natürlich mit Feingefühl und dem richtigen Timing. Sie dürfen Ihrem Partner sagen, dass er mehr Sport treiben sollte, um ein paar Kilos zu verlieren. Sie dürfen Ihrer Frau mitteilen, dass Sie ihren Schlabberlook zu Hause okay finden – aber in der Öffentlichkeit nicht. Es steht einem Mann aber nicht zu, einer Frau kurz nach der Geburt zu sagen, sie sei ihm zu dick.

Seien Sie sich bewusst, dass Ihre Ansage für Ihr Gegenüber erst mal ein harter Schlag ist. Der Körper ist ein sehr sensibles Thema – für Männer und für Frauen gleichermaßen übrigens. In der Regel wissen die Menschen selbst, dass sie sich äußerlich verändert haben. Darauf angesprochen zu werden, ist wie ein doppelter Spiegel – und der tut doppelt weh.

Aber in einer Beziehung muss Platz sein für Aufrichtigkeit – auch wenn sie schmerzhaft ist. Wichtig ist, wie Sie mit der äußerlichen Veränderung Ihres Partners oder Ihrer Partnerin in der Praxis umgehen.

Beispiel Gewichtszunahme: Schalten Sie beim Sex nicht plötzlich das Licht aus, um die Speckrollen nicht sehen zu müssen. Verkneifen Sie sich jegliche Kommentare, wenn er oder sie sich einen Schokoriegel gönnt. Und vor allem: Setzen Sie ihm oder ihr niemals die Pistole auf die Brust. Das erzeugt den Eindruck, dass Sie nur noch den einen Makel sehen. Das Selbstwertgefühl stürzt in den Keller.

Stattdessen sollten Sie sich bewusst machen – und Ihrem*Ihrer Partner*in vermitteln – dass die äußerliche Veränderung nur ein ganz kleiner Teil dessen ist, was ihn oder sie ausmacht.

Das macht es leichter, diesen kleinen Teil zu ändern. Auch wenn das alles sehr abgedroschen klingt: Zeigen Sie, dass sie sie*ihn lieben und schätzen – trotz des kleinen Makels.

WECHSELJAHRE

Eines vorab: Die Wechseljahre sind keine Krankheit, sondern ein normaler Umstellungsprozess. Sie sind nicht nur für Frauen ein Thema – auch Männer kommen in die Wechseljahre. Um diese Zeit ist eine regelrechte Hysterie ausgebrochen – und diese führt dazu, dass viele Menschen die „kritischen Jahre" (ein offizielles Synonym im Duden!) mit Horror erwarten. Manche steigern sich bereits im Vorfeld so sehr in ihre Angst hinein, dass sie die Umstellung als weitaus schlimmer empfinden, als sie – rein objektiv betrachtet – ist. In jedem Buchladen liegen unzählige Ratgeber zu dem Thema und vermitteln den Eindruck, als sei dieser Lebensabschnitt ohne Hilfe gar nicht zu überstehen.
Entspannen Sie sich. Klar ist: Die Wechseljahre stellen einen Umbruch dar, es läuft nicht immer alles glatt, und es kann unangenehme Phasen geben. Aber klar ist auch: Es geht vorbei.

NEUSTART

Die Wechseljahre markieren den Eintritt ins letzte Lebensdrittel. Viele Menschen blicken an diesem Punkt zurück und fragen sich, wie zufrieden sie mit ihrem Leben sind. Manche geraten in Panik und versuchen, die Zeit aufzuhalten oder Verpasstes nachzuholen. Der Mann, der sich ein dickes Motorrad kauft, mag ein Klischee sein. Genauso wie die Frau, die sich plötzlich kleidet wie ihre Tochter. Aber an vielen Klischees ist etwas Wahres dran.
Es gibt Paare, die an diesem Punkt plötzlich ihre Beziehung infrage stellen. Das soll es jetzt gewesen sein?! Einige haben Angst, die Chance auf einen letzten Frühling zu verpassen – und trennen sich.

Häufig fallen die Wechseljahre mit dem Auszug der Kinder zusammen. Plötzlich ist die Hütte leer – und die Eltern sind nach Jahren des Sorgens für andere auf sich alleine gestellt. Viele fragen sich an diesem Punkt, wie es mit ihnen als Paar weitergeht. Und das kann so oder so ausgehen. Ich erlebe viele Paare, die sich nichts mehr zu sagen haben. Ohne die Kinder fehlt der Beziehung der Kitt. Andere Eltern nutzen die gewonnene Freiheit, um sich neu zu entdecken. Sie suchen sich ein gemeinsames Hobby und genießen es, endlich wieder Zeit füreinander zu haben. Eine Freundin erzählte mir vor Kurzem die Geschichte von einer jungen Kollegin. Diese war ein paar Jahre zuvor zeitgleich mit ihrer Schwester zu Hause ausgezogen. Anstatt ihren Töchtern nachzutrauern, blühten die Eltern regelrecht auf. Sie entdeckten das Mountainbiken und das Reisen für sich. Die Kollegin war beinahe etwas betroffen, dass die Eltern ihren Auszug so gelassen verwunden hatten.

Die Geschichte zeigt: Die Wechseljahre können ein Neuanfang sein. Und ich möchte jeden ermutigen, sie als Chance zu sehen und mit einer satten Arschbombe ins letzte Lebensdrittel zu starten.

KEINE ANGST VOR STOLPERSTEINEN

Zur Beruhigung: Mit den Wechseljahren hört der partnerschaftliche Sex nicht auf – und er wird auch nicht zwangsläufig weniger. Das Paar erreicht lediglich eine neue Wegkreuzung. Es geht um eine Neuorientierung – genau wie bei aufkommendem Kinderwunsch, nach der Geburt oder an anderen wichtige Stationen im Leben. Nicht mehr. Nicht weniger.

Wichtig dabei ist: Man muss die kleinen Stolpersteine kennen, die in dieser Phase auf dem Weg liegen. Auch das ist in anderen Lebensabschnitten nicht anders. Funktionssex bei Kinderwunsch ist nicht romantisch. Nach der Geburt eines Kindes wird der Sex erst mal weniger. Wem diese Dinge bewusst sind, der kann besser damit umgehen. Und das Gleiche gilt für die

Wechseljahre. Wer als Paar die Probleme klar benennt, anstatt drum herumzueiern, kommt besser durch.

Die Wechseljahre bringen körperliche Veränderungen mit sich, die Auswirkungen auf Ihre Sexualität haben. Neben der Frage, wie Sie damit klarkommen, ist auch der Umgang Ihres*Ihrer Partner*in damit entscheidend.
Wenn Sie sich unwohl fühlen in Ihrer Haut, sollten Sie mit Ihrem*Ihrer Partner*in darüber reden. Es kann in den Wechseljahren Abschnitte geben, in denen Ihre körperlichen Veränderungen in den Vordergrund treten. Für die Partnerschaft und die gemeinsame Sexualität bleibt vorübergehend nur die Nebenrolle übrig. Für Ihre*n Partner*in ist es wichtig zu wissen, was mit Ihnen los ist und wo Sie stehen. Nur so kann er sein Verhalten anpassen und Rücksicht nehmen.
Wenn Sie den Eindruck haben, dass die körperliche oder emotionale Belastung zu groß ist, dann suchen Sie sich professionelle medizinische oder psychologische Hilfe.

KÖRPERLICHE GRENZEN UND DER UMGANG DAMIT

Sie wird nicht mehr feucht, er bekommt keinen mehr hoch. Das mag erst mal krass klingen – ist aber kein Grund, den Sex zu meiden.
Scheidentrockenheit ist ab den Wechseljahren ganz normal. Und es gibt ein ganz einfaches Mittel dagegen: Gleitgel. Viele Paare benutzen es auch in jüngeren Jahren schon. Mein Tipp: Probieren Sie verschiedene Marken aus, bis Sie das Richtige finden.
Männer in den Wechseljahren können sich nicht mehr alleine durch ihre Fantasie erregen. Das ist die wohl größte Umstellung. Bis dahin genügten erotische Gedanken, um eine Erektion zu bekommen. Ab jetzt funktioniert das nur noch über körperliche Stimulation. Das ist ganz normal und sollte kein Grund für Kopfzerbrechen sein.

Wer gar keine Erektion bekommt, sollte eine*n Ärzt*in aufsuchen. Ich weiß, dass das für viele Männer ein schwieriger Schritt ist. Viele schämen sich – und warten zu lange. Aber: Je früher die Potenzprobleme behandelt werden, umso besser sind die Chancen, sie in den Griff zu bekommen. Hierbei spielt nämlich der Kopf eine wichtige Rolle. Und je weniger eingefahren das Angstmuster ist, umso besser kann der Betroffene es überwinden.

Mein Tipp: Versuchen Sie zu akzeptieren, dass die Sexualität eine andere ist als noch ein paar Jahre zuvor. Sehen Sie die Wegkreuzung, an der Sie gerade stehen, als Chance. Eine Chance, Ihre Sexualität neu zu definieren und neu zu entdecken. An diesem Punkt empfehle ich, die Übungen, die ich Ihnen weiter vorne an die Hand gegeben habe, zu wiederholen. Für Sie als Paar ist es hilfreich, Ihr Bild von Sexualität und Partnerschaft (Übung Seite 208) und die Börsenkurve Ihrer Beziehung (Seite 221) erneut zu überprüfen. Und die 120 Sekunden (Seite 215) können als allabendliches Ritual helfen, in dieser wichtigen Phase in engem Kontakt zu bleiben.

Und übrigens: Sie können als Paar auch ohne Erektion tollen, erfüllten Sex haben. Wie oben stelle ich hier noch mal die Frage: Wer sagt, dass Penetration ein Muss ist? Und wussten Sie, dass Männer durch manuelle oder orale Stimulation auch ohne erigierten Penis einen Orgasmus bekommen können? Dieser fühlt sich genauso spektakulär an wie mit Erektion.

Gerade für Männer ist das Umdenken häufig schwierig. Ich verstehe das. Erektionsprobleme nagen am Selbstwertgefühl – und ähnlich wie bei der Menopause der Frau markieren Sie für den Mann den Zeitpunkt im Leben, an dem der beste Teil (vermeintlich) hinter ihm liegt. Dabei habe ich in meiner Praxis schon viele Männer begleitet, die in und nach den Wechseljahren ihre Körperlichkeit ganz neu entdeckt haben. Für ein gutes Körpergefühl ist es wichtig, sich zu spüren. Klar ist Sex ein Teil davon. Aber auch Sport kann helfen, sich wohl in seiner Haut zu fühlen.

In festen Partnerschaften hängt die Qualität des körperlichen Beisammenseins meistens von der Qualität der Paarbeziehung ab. Wenn Sie sich gegenseitig das Gefühl geben, einander zu begehren, wenn Sie offen miteinander kommunizieren, wenn Sie – im besten Fall – gemeinsam über das lachen, was gerade passiert, dann haben Sie viel dafür getan, die Wechseljahre unbeschadet zu überstehen.

EINE KLEINE BITTE NOCH

In der Anrufliste unserer Praxis für Sexualität tauchen immer wieder die gleichen Nummern auf – manchmal monatelang. Hin und wieder rufen Menschen sogar im Minutentakt bei uns an und legen wieder auf. Bevor wir den Hörer abheben können, verlässt sie der Mut. Und das ist schade. Denn es ist wirklich keine Schande, sich Hilfe zu holen.
Wenn Sie irgendwann das Gefühl haben, dass Sie mit Ihrer Partnerschaft und/oder Sexualität nicht klarkommen, in eine Sackgasse geraten, dauerhaft unzufrieden sind und auf der Stelle treten, dann seien Sie mutig. Suchen Sie sich die Unterstützung, die Sie brauchen. Es gibt überall sehr kompetente Kolleg*innen, die Ihnen weiterhelfen können. Auf der Homepage der Deutschen Gesellschaft für Sexualmedizin, Sexualtherapie und Sexualwissenschaft (www.dgsmtw.de) sind zertifizierte Mitglieder aus Deutschland, Österreich und der Schweiz gelistet. Dort finden Sie bestimmt eine Praxis in Ihrer Nähe. Weitere hilfreiche Adressen finden Sie hinten im Buch.

LAST BUT NOT LEAST …

… eine Übung für gute Zeiten.

DAS PERFEKTE SEXUELLE SZENARIO

Ziel der Übung:
Sich seine eigenen sexuellen Bedürfnisse und Fantasien bewusst machen und mit dem*der Partner*in darüber ins Gespräch kommen

Wann:
Wenn die Beziehung gut läuft (und nur dann)

Methode:
Die Partner*innen entwerfen – jede*r für sich – das perfekte sexuelle Szenario. Es sollte mindestens folgende Punkte beinhalten:

- Wann findet es statt?
- Wo findet es statt?
- Welche Gerüche wären angenehm?
- Wie sollte das Licht sein?
- Wer ist dabei?
- Gibt es ein Vorspiel und wie sieht es aus?
- Wie lange dauert der Sex?
- Welche Stellungen?
- Gibt es Sextoys?
- Welche Verhütung?
- Wer hat was an?
- Wer hat welche Körperbehaarung?

Beide schreiben ihr Szenario auf und stecken es jeweils in einen Umschlag. Den bringen Sie zu einem Gespräch mit.

Variante 1:
Person A überlegt, wie das perfekte sexuelle Szenario aussieht, das Person B entworfen hat – und umgekehrt.

Variante 2:
Person A überlegt, was er sich wünschen würde, was Person B für ein perfektes sexuelles Szenario entworfen hat – und umgekehrt.

Sie können Variante 1 und 2 auch miteinander kombinieren.

Im nächsten Schritt besprechen Sie bitte Folgendes:

- Ist es wichtig, dass Sie das perfekte sexuelle Szenario Ihres*Ihrer Partner*in kennen?
- Möchten Sie wissen, was im Umschlag steht?

Möglicherweise kommen Sie zu dem Schluss, dass Sie die Briefumschläge aufheben, um sie später (oder nie) zu öffnen. Vielleicht beschließen Sie auch, die Umschläge wegzuwerfen.
Falls Sie über das perfekte sexuelle Szenario des*der Partner*in Bescheid wissen möchten, haben Sie zwei Möglichkeiten: Sie können sie sich gegenseitig vorlesen oder das andere Szenario jeweils selbst lesen. Sie können hinterher darüber reden oder schweigen – ganz wie Sie möchten. Oder Sie entwerfen gemeinsam ein sexuelles Szenario, das für Sie beide perfekt ist.

KAPITEL 8:

SIE SIND SPRACHFÄHIG. UND JETZT?

Ich war kürzlich auf einem Elternabend in einem Kindergarten, um dort einen Vortrag zu kindlicher Sexualität zu halten. Der Kindergarten hatte mich drei Jahre zuvor schon mal zu dem Thema engagiert.

In der Pause sprach mich eine Mutter an, die den Vortrag damals gehört hatte. Sie erzählte, dass sie und ihr Mann das Thema Sexualität seitdem ganz anders behandeln. Vorher hatten sie den Kindern gegenüber nur mit verniedlichenden Worten über Geschlechtsteile gesprochen. Und wenn die Kinder sich zwischen die Beine fassten, hatten sie sie ermahnt, das sein zu lassen. Mein Vortrag aber hatte sie zu einem Umdenken bewegt. Seitdem wissen die Kinder, dass sie einen Penis und eine Vulva haben – und nennen sie auch selbst so. Seitdem dürfen die Kinder ungestört ihren eigenen Körper erkunden, wenn sie das möchten. Und seitdem beantworten die Eltern alle Fragen, die die Kinder zum Thema Sexualität haben. Die Mutter sagte, dass sie und ihr Mann durch den entspannten Umgang eine wegweisende Beziehung zu ihren Kindern haben aufbauen können. Die Kinder wachsen in dem Gefühl auf, dass Sexualität gut, schön, richtig und wichtig ist. Das sei bereichernd – für die ganze Familie. Und dafür hat die Mutter sich bei mir bedankt. Es hat mich richtig gefreut, das zu hören. Und ich hoffe und wünsche mir, dass es Ihnen nach dem Lesen dieses Buches genauso geht.

Die Familie ist und bleibt der beste Ort, um über Sexualität zu sprechen. Aber Ihre Kinder werden auch außerhalb dieses geschützten Rahmens mit dem Thema in Berührung kommen. Und deshalb möchte ich Sie ermuntern, Ihre neu gewonnene Sprachfähigkeit zu nutzen. Sprache ist *das* Mittel zur Kommunikation. Stellen Sie Fragen – auch wenn sie unbequem sind. Haken Sie in der Kita und der Schule Ihres Kindes nach, wie dort das Thema Sexualität behandelt wird. Gibt es ein durchdachtes Konzept? Gibt es ausgebildete Fachkräfte? Wird neben der reinen Sachaufklärung auch Wert auf Emotionsaufklärung gelegt? Oder wird das Thema nur mit spitzen Fingern angefasst?
Falls Sie den Eindruck haben, es wird nicht genug getan, dann lassen Sie nicht locker. Es geht schließlich um Ihr Kind – und mit ihm um die nächste Generation. Schlagen Sie vor, Fachpersonal einer externen Beratungsstelle in Schule oder Kindergarten zu holen. Es ist völlig okay, wenn Lehrkräfte und Erzieher*innen sich nicht befähigt fühlen, Kinder angemessen aufzuklären. Nicht okay ist es, das Ganze deshalb unter den Tisch fallen zu lassen.

Aber ich möchte Sie auch bitten, Ihre Stimme für andere Dinge einzusetzen: für Minderheiten und gegen Sexismus. Denn da gibt es noch viel zu tun.
Wir leben immer noch in einer Gesellschaft, in der Frauen für den gleichen Job deutlich schlechter bezahlt werden als ihre männlichen Kollegen. In der Männer sich nicht trauen, in Elternzeit zu gehen – weil sie einen Knick in ihrer Karriereleiter befürchten.

Eine Gesellschaft, in der viele Frauen nach dem Kinderkriegen auf ein berufliches Abstellgleis geschoben werden.
Ein Vater steht nachmittags auf dem Spielplatz und telefoniert, während sein Kind im Sand buddelt. Alle sind gerührt. Der Mann hat soooo viel zu tun – und ist trotzdem für sein Kind da. Ein toller Kerl. Eine Mutter steht nachmittags auf dem Spielplatz und telefoniert, während ihr Kind im Sand buddelt. Aber bei ihr wird das ganz anders ausgelegt. Wieso kümmert die Frau sich nicht um ihr Kind? Die ist bestimmt total karrieregeil. Hätte sie sich vorher überlegen müssen, ob sie Kinder in die Welt setzen will ... Finden Sie das gerecht? Ich nicht.
Wir leben in einer Gesellschaft, in der Menschen sich nicht trauen, anders zu sein. Dass es das Wort „Outing" heutzutage überhaupt noch gibt, ist ein Unding. Heterosexuelle Menschen gehen schließlich auch nicht zu ihren Eltern und eröffnen ihnen, dass sie aufs andere Geschlecht stehen. Es wird Zeit, dass unsere Gesellschaft Homo- und Bisexualität als das akzeptiert, was es ist: als eine ganz normale Form von Sexualität.
Und wo wir schon dabei sind: Was wird uns weggenommen, wenn homosexuelle Menschen Kinder adoptieren? Was wird schlechter, wenn es die Möglichkeit gibt, mehr als *nur* Mann oder *nur* Frau zu sein?
Ich erlebe Menschen, die in Angst leben. Und warum? Weil sie als Mann Sex mit einem Mann haben. Weil sie sich mit ihrem äußerlichen Geschlecht unwohl fühlen. Weil sie als Papa mit ihrem Kind in die Badewanne gehen und als pädophil beschimpft werden. Ich könnte die Liste endlos weiterspinnen.
Ich finde, es geht gar nicht, dass Menschen wegen solcher Dinge angefeindet werden. Und ich brauche Sie, um das zu ändern. Widersprechen Sie, wenn jemand am Stammtisch seinen unreflektierten Mist raushaut. Sehen Sie sich Parteiprogramme unter dem Aspekt der Diskriminierung an, bevor Sie wählen gehen. Lassen Sie Ihren Sohn stolz seine lackierten Fingernägel

bei Oma präsentieren und verteidigen Sie ihn gegen gerümpfte Nasen. Vermitteln Sie Ihren jugendlichen Kindern, dass das Körperbild in Fernsehen, Werbung, auf Instagram und Co. nichts mit der Realität zu tun hat. Sensibilisieren Sie andere Eltern dafür, „Mumu und „Pipimann“ aus ihrem Wortschatz zu streichen.

Machen Sie bitte Ihren Mund auf. Sie haben eine Stimme. Erheben Sie sie.

Sex ist wie Brokkoli. Reden Sie drüber!

QUELLEN UND LITERATUR

1 „Deutsche haben immer weniger Sex“, Stiftung für Zukunftsfragen: Freizeitmonitor 2019, www.freizeitmonitor.de

2 „Eine völlig absurde Idee“, SPIEGEL online 12.07.2015, https://www.spiegel.de/panorama/justiz/vater-bei-spazier gang-angegriffen-polizei-steht-vor-raetsel-a-1043291.html, letzter Zugriff 5.2.2020

3 Schmidt, Gunter: Das neue Der Die Das, 2014, Gießen

4 Die Illustration orientiert sich an der Publikation „Mädchen, Jungen. Jungen, Mädchen“ 2016 vom pro familia Bundesverband. https://www.profamilia.de/fileadmin/publikationen/Jugendliche/maedchen-jungen.pdf

5 Die Tabelle orientiert sich an den „Standards für Sexualaufklärung in Europa“, die vom WHO-REGIONALBÜRO für Europa und der Bundeszentrale für gesundheitliche Aufklärung im Jahr 2011 veröffentlicht wurden.

6 World Association for Sexual Health (WAS): *Declaration of Sexual Rights,* Hongkong 1999.

7 Der Begriff Gefahrenabwehr wurde in diesem Zusammenhang maßgeblich von Prof. Dr. Uwe Sielert geprägt.

BÜCHER FÜR ERWACHSENE

- Adler, Dr. med. Yael: *Darüber spricht man nicht. Weg mit den Körpertabus,* München 2018.
- Adler, Dr. med. Yael: *Haut nah. Alles über unser größtes Organ,* München 2016.
- Blattmann, Sonja und Marion Mebes (Hrsg.): *Nur die Liebe fehlt ...? Jugend zwischen Blümchensex und Hardcore. Sexuelle Bildung als Prävention,* Köln 2010.
- Buddeberg, Claus: *Sexualberatung. Eine Einführung für Ärzte, Psychotherapeuten und Familienberater,* Stuttgart 2005.
- Clement, Ulrich: *Dynamik des Begehrens,* Heidelberg 2016.
- Clement, Ulrich: *Systemische Sexualtherapie,* Stuttgart 2004.
- Hartmann, Uwe (Hrsg.): *Sexualtherapie,* Berlin 2018.
- Hauch, Margret: *Paartherapie bei sexuellen Störungen. Das Hamburger Modell. Konzept und Technik,* Stuttgart 2005.
- Henning, Ann-Marlene: *Make Love. Aufklärungsbuch für Jugendliche,* Berlin 2012.
- Henning, Ann-Marlene: *Make More Love. Aufklärungsbuch für Erwachsene,* Berlin 2014.
- Henning, Ann-Marlene: *Männer. Körper. Sex. Gesundheit,* Reinbek bei Hamburg 2018.
- Henning, Ann-Marlene: *Wenn es um das Eine geht: das Thema Sexualität in der Therapie,* Göttingen 2018.
- Henningsen, Anja; Elisabeth Tuider und Stefan Timmermanns (Hrsg.): *Sexualpädagogik kontrovers,* Weinheim und Basel 2016.
- Martin, Beate und Jörg Nitschke: *Sexuelle Bildung in der Schule. Themenorientierte Einführung und Methoden,* Stuttgart 2017.
- Maß, Reubhard und Renate Bauer: *Lehrbuch Sexualtherapie,* Stuttgart 2016.

- Penny, Laurie: *Fleischmarkt,* Hamburg 2012.
- Sanyal, Mithu M.: *Vulva. Die Enthüllung des unsichtbaren Geschlechts,* Berlin 2009.
- Schmidt, Gunter: *Das neue Der Die Das,* Gießen 2014.
- Schmidt, Renate-Berenike und Uwe Sielert (Hrsg.): *Handbuch Sexualpädagogik und sexuelle Bildung,* Weinheim und Basel 2013.
- Schnarch, David: *Die Psychologie sexueller Leidenschaft,* Stuttgart 2007.
- Schnarch, David: *Intimität und Verlangen,* Stuttgart 2009.
- Sielert, Uwe: *Einführung in der Sexualpädagogik,* Weinheim und Basel 2015.
- Stiehler, Matthias und Theodor Klotz: *Männerleben und Gesundheit. Eine interdisziplinäre, multiprofessionelle Einführung,* Weinheim und Basel 2007.
- Stokowski, Margarete: *Untenrum frei,* Reinbek bei Hamburg, 2018.
- Strömquist, Liv: *Der Ursprung der Welt,* Berlin 2017.
- Strömquist, Liv: *Ursprung der Liebe,* Berlin 2018.

BÜCHER FÜR KINDER

- Hout, Mies van: *Heute bin ich,* Zürich 2012.
- Herzog, Anna und Joelle Tourlonias: *Ein Baby in Mamas Bauch,* Frankfurt 2015.
- Gathen, Katharina von der und Anke Kuhl: *Das Liebesleben der Tiere,* Stuttgart 2018.
- Gathen, Katharina von der und Anke Kuhl: *Klär mich auf,* Stuttgart 2014.
- Gathen, Katharina von der und Anke Kuhl: *Klär mich weiter auf,* Stuttgart 2018.
- Fiske, Anna: *Alle haben einen Po,* München 2019.

- Daneskov, Lars: *Wer wohnt denn da in Mamas Bauch? Ein Buch für große Geschwister,* Stuttgart 2014.
- Silverberg, Cory und Fiona Smyth: *Wie entsteht ein Baby?,* Frankfurt 2018.
- Maxeiner, Alexandra und Anke Kuhl: *Alles Familie,* Stuttgart 2010.
- Mebes, Marion und Antje Bohnstedt: *Der Gefühleflip,* Köln 2014.
- Holleben, Jan von und Antje Helms: *Kriegen das eigentlich alle? Die besten Antworten zum Erwachsenwerden,* Stuttgart 2013.
- Jones, Olivia und Jana Moskito: *Keine Angst in Andersrum: Eine Geschichte vom anderen Ufer,* Berlin 2015.

BÜCHER FÜR JUGENDLICHE

- Melin, Mårten: *Etwas mehr als kuscheln,* Stuttgart 2016.
- Henning, Ann-Marlene: *Make Love. Aufklärungsbuch für Jugendliche,* Berlin 2012.
- Jugend gegen Aids e.V. (Hrsg.): *FAQ YOU. frequently asked questions about sex and love. Ein Aufklärungsbuch,* Hamburg 2019.
- Klengel, Katja: *Girlsplaining,* Berlin 2018.
- Strömquist, Liv: *Der Ursprung der Welt,* Berlin 2017.
- Strömquist, Liv: *Ursprung der Liebe,* Berlin 2018.
- Joannides, Paul: *Wild Thing. Sextipps for Boys and Girls,* München 2013.
- Barker, Meg-John und Julia Scheele: *Queer. Eine illustrierte Geschichte,* Münster 2018.
- Stömer, Luisa und Eva Wünsch: *Ebbe & Blut. Alles über die Gezeiten des weiblichen Zyklus,* München 2017.
- Redd, Nancy Amanda: *Body Drama,* Berlin und Köln 2009.

KONTAKT-ADRESSEN UND INTERNETSEITEN

Praxis für Sexualität: www.praxis-sexualitaet.de
In der von mir mitbegründeten Praxis erhalten Sie Informationen zu Elternabenden, Fortbildungen, Vorträgen und Beratung. Melden Sie sich gerne.

Gesellschaft für Sexualpädagogik: www.gsp-ev.de
Die gsp ist ein bundesweiter Fachverband von wissenschaftlich und praktisch tätigen Sexualpädagog*innen.

Deutsche Gesellschaft für Sexualmedizin, Sexualtherapie und Sexualwissenschaft (DGSMTW): www.dgsmtw.de
Die DGSMTW ist ein Fachverband im Bereich Sexualmedizin, Sexualtherapie und Sexualwissenschaft. Auf der Internetseite können Sie nach PLZ sortiert konkrete Ansprechpersonen finden.

Institut für Sexualpädagogik: www.isp-sexualpaedagogik.de
Fortbildungen und Seminare im Bereich von sexueller Bildung und Sexualpädagogik.

Bildungskollektiv Berlin (BiKo Berlin):
www.sexuelle-bildung-berlin.de
Fortbildungen und Seminare im Bereich von sexueller Bildung und Sexualpädagogik.

Institut Kogemus: www.institut-kogemus.de
Institut des sehr geschätzten Kollegen Werner-Meyer Deters, welches im Bereich von Präventions- und Intervention bei sexualisierter Gewalt tätig ist.

Lehrinstitut für Sexualmedizin und Sexualtherapie (LiSS):
www.liss-hannover.de
Hier habe ich selbst einen Teil meiner Ausbildung absolviert.

Jugendnetzwerk Lambda e.V.: www.lambda-online.de
Im Jugendnetzwerk Lambda e.V. haben sich Landesverbände, Jugendgruppen und Einzelpersonen zusammengeschlossen, die lesbische, schwule, bisexuelle, trans*, inter* und queere Jugendliche vertreten und unterstützen. Außerdem gibt es auch Kontaktmöglichkeiten (Chat/Telefon/E-Mail) für junge Menschen, deren Eltern und Angehörigen.

Trans-Kinder-Netz e.V. www.trans-kinder-netz.de
Anlaufstelle für Eltern und Angehörige von trans*Kindern und trans*Jugendlichen.

Inter*: www.inter-nrw.de
Sehr breites und nutzerspezifisches Internetangebot zum Thema Intergeschlechtlichkeit.

Pro Familia: www.profamilia.de
Umfassende deutschlandweite Beratungsangebote zu den Themen: Sexualität, Schwangerschaft und Beratung.

Doch noch: www.doch-noch.de
Die Homepage der tollen Sexologin Ann-Marlene Henning.

Bundeszentrale für gesundheitliche Aufklärung (BZGA):
www.bzga.de
Umfangreiche und kostenlose Informationen zu den Themen Sexualaufklärung und Familienplanung.

Loveline: www.loveline.de
Ebenfalls ein Angebot der Bundeszentrale für gesundheitliche Aufklärung, hier liegt der Fokus auf jungen Menschen, die sich selbst informieren wollen.

Du bist kein Werwolf:
https://kinder.wdr.de/tv/du-bist-kein-werwolf/index.html
Eine tolle Informationsseite vom WDR über das Leben in der Pubertät. Nicht nur für junge Menschen. Die unterschiedlichen Inhalte sind fachlich super aufbereitet und sehr unterhaltsam präsentiert.

WDR KiRaKa Herzfunk:
https://kinder.wdr.de/radio/kiraka/audio/herzfunk/index.html
Hier werden reale Kinderfragen zum Thema Sexualität von Kolleg*innen beantwortet. Ein tolles Hörerlebnis für alle.

Klicksafe: www.klicksafe.de
Die Plattform rund um das Thema digitale Medien. Zielgruppe: Kinder/Jugendliche/Erwachsene/Eltern/Fachkräfte, kurzum alle Menschen, die sich über Chancen und Gefahren informieren wollen. Kostenloses Infomaterial inklusive.

JusProg e.V.: www.jugendschutzprogramm.de
JusProg e.V. ist ein gemeinnütziger Verein, der sich zur Aufgabe gemacht hat, Kinder und Jugendliche im Internet besser zu schützen. Auf der Internetseite finden Sie Informationen sowie kostenlose Filterprogramme. Diese stehen mittlerweile auch für alle gängigen Smartphones zu Verfügung.

Druck: www.zdf.de/serien/druck
Eine tolle Jugendserie über die erste Liebe, Freundschaften, Outings, Abgrenzungen usw. Ein treffender Blick auf die Lebenswelt von jungen Menschen. Eine Serie nicht nur für Jugendliche. Ich empfehle jedem Elternteil, sich diese Serie anzuschauen.

FuckYeah Sexshopkollektiv: http://www.fuckyeah.shop/
Kollektiv geführter sex-positver Sexshop, sehr gute Beratung von ausgebildeten Menschen. Sie haben auch einen Onlineshop, aber wenn man im Hamburg ist, bitte unbedingt mal vorbeischauen.

Planet-Liebe: http://www.planet-liebe.de
Ein Forum, in dem junge Menschen ihre Fragen rund um Partnerschaft und Sexualität stellen können. Seriös und gut moderiert.

DANKE, DANKE, DANKE ...

VON UNS ...

Danke an Anke Lönne fürs Anstoßen und Dranglauben, an Friederike Brost fürs Empfehlen und an Nicola Einsle fürs Eintüten. Danke an das ganze Team von EMF fürs Vorwärtstreiben und an Veronika Gruhl für die treffsicheren Illustrationen. Auch davon lebt dieses Buch. Wir schätzen uns sehr glücklich, dass ihr alle genauso an den Brokkoli glaubt wie wir.

VON CARSTEN ...

Danke für das WIR. Danke an die lieben Kolleg*innen aus der Praxis für die Weitergabe der Herzensbildung. Danke an Sarah für dein unglaubliches Talent und deine Ausdauer, meine Worte auf Papier zu bringen. Es war manchmal gruselig zu lesen, wie exakt du das umgesetzt hast. Danke in dem Zusammenhang auch an Reimar.

Dank und pure Wertschätzung an Anke – dein Glaube an mich lässt mich auch daran glauben.

VON SARAH ...

Danke an Doris, Jutti, Peco, Robert, Inessa und Katja fürs Kinderhüten. Danke an meine Freunde, die mich auf meiner Tauchstation nicht vergessen haben. Danke an Carsten – ich habe so wahnsinnig viel gelernt und bin gerüstet für alles, was kommt. Dass sich unsere Wege gekreuzt haben, macht mich sehr happy. Und ein ganz besonders dickes Danke an die drei wichtigsten Menschen in meinem Leben: an Reimar für das Auffangen, die Nachsicht, das Rückenfrei-, Beistange- und Beilaunehalten. Ohne dich hätte ich das nicht stemmen können. Und an Anton und Oskar dafür, dass ihr mich jeden Tag aus der Bahn werft, zurück auf den Teppich holt, aus dem Konzept, an meine Grenzen und zum Lachen bringt. Dass ihr eure Wettrennen gewonnen habt, ist mein größtes Glück.

NOCH MEHR BÜCHER...

VON WEGEN BIENCHEN UND BLÜMCHEN

Aufklärung, Gefühle und Körperwissen
für Kinder ab 5 Jahren

978-3-7459-0331-7
€ 16,00 (DE) / € 16,50 (A)